항공운송업무론

이향정 · 엄경아 · 연지영 · 나윤서 · 백남규

지식인

Profile

이향정
백석대학교 관광학부 항공서비스전공 주임교수

엄경아
백석대학교 관광학부 항공서비스전공 전임교수

연지영
백석대학교 관광학부 항공서비스전공 전임교수

나윤서
광주여자대학교 항공서비스과 교수

백남규
아시아나항공 근무

항공운송업무론

2015년 8월 20일 초판 1쇄 인쇄
2015년 8월 25일 초판 1쇄 발행

지은이 | 이향정 · 엄경아 · 연지영 · 나윤서 · 백남규
펴낸이 | 김종욱
펴낸곳 | 지식인
등 록 | 제301-2013-134호
주 소 | 서울시 도봉구 도봉로 476, 415호(삼성쉐르빌퍼스티)
전 화 | 02)2266-8606 (대)
팩 스 | 02)2266-8607
이메일 | jisikin2013@naver.com
홈페이지 | www.jisikinbook.co.kr

ISBN 978-89-98591-60-1 (93320)

값 24,000원

항공운송업무론

Preface

한여름의 뜨거운 햇볕 아래 놀이터에 술래가 된 아이가 눈을 감고 서있는 동안, 그 시간이 무척이나 길게 느껴집니다. 아이는 더운 햇볕을 피하고 싶고, 얼른 친구를 찾아내어 술래를 벗어나고도 싶습니다.

책을 쓰는 작업 중 한 줄의 내용을 채우기 위해 수많은 자료를 찾고 검증하는 순간이 햇볕아래 술래를 하고 있는 아이의 마음 같아서, 시간에 쫓겨 힘에 부치면 '이정도면 충분해'라며 자기위안을 삼으려는 마음이 들 때가 있었습니다. 하지만 그렇게 치열한 여름을 견디고 제법 선선한 바람이 가을의 시작을 알리는 지금, 가을과 함께 찾아온 책을 여러분께 드립니다.

이 책은 항공서비스산업의 주역이 될 후배들이 항공산업의 전반을 이해하며 현장근무에서 도움이 될 수 있도록 서비스현장에서 다년간 근무를 통해 많은 경험과 역량을 쌓은 저자들이 함께 준비하였습니다. 주요내용은 항공운송산업을 구성하고 있는 공항, 운송사업자 및 서비스 협력사들의 조직구성과 그들이 제공하는 서비스들을 살펴보고, 나아가 보다 구체적인 서비스구현을 위한 것으로 전체 10장에 걸쳐 자세하게 설명하였습니다.
제1장은 항공운송산업의 전반을 이해하기 위한 발달과정과 현황, 제2장은 항공운송산업에 있어 빠져서는 안 될 공항의 구조와 역할을 알아보았고, 제3장은 공항을 이용하는 주체 항공기에 대해 설명하였습니다. 제4장은 수업을 함께 하는 학생들이 서비스인으로서 종사하게 될 항공사업자(항공사)들의 역사를 알아보고, 항공사를 구성하는 부서 및 업무를 이해하여 진로의 선택과 취업 후 업무수행에 도움이 될 수 있도록 하였습니다.

제5장부터 제9장까지는 항공운송사업자(항공사)가 구현하는 각 부문별 서비스를 고객이 경험하는 서비스 흐름에 따라 전개해 놓았습니다. 제5장은 서비스 이용의 첫 단계인 예약 및 발권에 대한 기술적 내용을 담았고, 제6장은 탑승을 위해 공항에서 실시되는 서비스의 – 출/입국 절차, 수하물서비스 및 특수서비스 – 전반을 설명하고 있습니다. 제7장은 서비스 트렌드를 반영하여 빠르게 변화하는 IT를 기반으로 한 예약, 발권, 체크인서비스 방법을 고객이 접하게 되는 서비스의 흐름을 통하여 보여주고 있습니다. 제8장은 '항공서비스의 꽃'이라고 일컫는 객실서비스를 서비스 프로세스별로 이미지와 함께 설명하여 이해를 돕고, 제9장은 항공사의 이익률 높은 사업부문인 화물서비스에 대해 담았습니다.
마지막 제10장은 항공운송산업의 안전과 보다 효과적인 성장을 위해 시행되고 있는 「항공법」 내 항공보안 법규와 항공안전 보안에 대해 다루었습니다.

무엇보다도 이 책은 항공운송산업서비스를 이해하는 데에 꼭 필요한 내용들을 효과적인 표현과 이미지로 구성하여, 교수와 학습인이 함께 즐거운 시간이 될 수 있도록 하는 데에 역점을 두었음을 자부하고 싶습니다.

출간을 앞두고 볼수록 부족한 부분들이 있어 마음이 무겁지만, 책은 더 많은 시간과 노력을 들여도 완벽한 만족이라는 답이 없을 것 같은 생각에 용기를 내어 세상에 내어놓습니다. 작지만 이렇게 이루어낸 결실로 성취감을 느끼고, 다시 힘을 받아 더 나은 주제와 내용으로 여러분을 만날 수 있도록 더욱 노력하겠습니다.
이 모든 일을 하게 해주신 주님께 감사드리고, 더불어 항공운송업무 분야에 연구업적을 쌓아 주신 국내 · 외 선행연구자들과 출간기획부터 편집, 수정, 출판까지 전과정에 애정을 담아 주신 지식인출판사에 진심으로 감사를 전합니다.

저자 일동

Aviation Transportation & Industry

Aviation
Transportation
& Industry

항공운송산업

Aviation Transportation & Industry

Aviation
Transportation
& Industry

01 항공운송산업의 이해

항공운송산업은 항공기를 이용하여 인적 · 물적 대상을 공간적으로 이동시키는 운송활동으로 구성되는 서비스산업이다. 일반산업과 마찬가지로 운송시장에서는 공급자와 수요자 등에 의해서 구성되는 상품이 거래되고 일정한 규칙이 형성된다. 다만, 거래되는 상품이 유형재가 아니라 무형의 서비스이고, 공공성이 강하여 다른 산업에 비해 규제가 많다는 점이 다르다.

1) 항공운송산업의 유형과 특성

항공운송산업은 광의적으로 항공사뿐 아니라 개별적으로 운송활동을 하는 모든 일반항공을 포함한다. 그러나 협의적 의미에서는 경영활동의 주체에 의해 이루어지는 항공운송을 의미하며, 일반항공을 제외한 항공사의 운송만을 대상으로 한다.

따라서 일반적으로 항공운송산업이라고 하는 것은, 일정한 요건을 갖춘 항공사에 의한 일련의 상업적 활동으로 구성되는 산업을 말한다. 이때 항공사의 운송활동은

자료 : www.theguardian.com

[그림 1.1] 항공운송산업

민간부문의 시장수요에 따라 이루어지는 여객과 화물의 운송을 의미하며, 국방의 목적에 따라 이루어지는 운송활동은 제외한다.

(1) 항공운송산업의 유형

항공운송은 운송활동을 분류하는 기준에 따라 다양하게 나누고 있다. 일반적으로 운송의 형태와 대상, 지역 등의 기준에 따라 다음과 같이 분류한다.

① 운송형태에 의한 분류

- 정기항공Scheduled
- 부정기항공Non-scheduled
- 전세항공Charter

② 운송대상에 의한 분류

- 여객 운송Passenger
- 화물 및 우편물 운송Cargo

③ 운송지역에 의한 분류

- 국내항공
- 국제항공
- 지역항공

우리나라는 「항공법」에서 정하는 바에 따라 운송의 형태 기준을 다음과 같은 유형으로 구분하고 있다.

〈표 1.1〉 항공운송의 형태

구 분	정 의	사업체수
국내항공운송사업	• 국내 정기편 운항 : 국내공항 – 국내공항 사이에 일정한 노선을 정하고 정기적인 운항계획에 따라 운항하는 항공기 운항 • 국내 부정기편 운항 : 국내에서 이루어지는 국내 정기편 운항 외의 항공기 운항	8
국제항공운송사업	• 국제 정기편 운항 : 국내공항과 외국공항 사이 또는 외국공항과 외국공항 사이에 일정한 노선을 정하고 정기적인 운항계획에 따라 운항하는 항공기 운항 • 국제 부정기편 운항 : 국내공항과 외국공항 사이 또는 외국공항과 외국공항 사이에 이루어지는 국제 정기편 운항 외의 항공기 운항	
소형항공운송사업	• 국내 항공운송사업 및 국제 항공운송사업 외의 항공운송사업	8
항공기사용사업	• 항공운송사업 외의 사업으로, 타인의 수요에 맞춰 항공기를 사용하여 유상으로 농약살포, 건설 또는 사진촬영 등 국토교통부령으로 정하는 업무를 하는 사업	50
항공기취급업	• 항공기에 대한 급유, 항공화물 또는 수하물의 하역, 그 밖에 정비 등을 제외한 지상조업을 하는 사업	31
항공기정비업	• 항공기 등 장비품 또는 부품정비 등을 하는 사업 • 항공기 등 장비품 또는 부품정비 등에 대한 기술관리 및 품질관리 등을 지원하는 사업	36
상업서류송달업	• 타인의 수요에 맞춰 유상으로 「우편법」 제1조의2제7호 단서에 해당하는 수출 · 입 등에 관한 서류와, 그에 딸린 견본품을 항공기를 이용하여 송달하는 사업	605
항공운송총대리점업	• 항공운송사업을 경영하는 자를 위해 유상으로 항공기를 이용한 여객 또는 화물의 국제운송계약 체결을 대리하는 사업	178
도심공항터미널업	• 공항구역이 아닌 곳에서 항공여객 및 항공화물의 운송 및 처리에 관한 편의를 제공하기 위해 이에 필요한 시설을 설치 · 운영하는 사업	2
항공기대여업	• 다른 사람의 수요에 맞춰 유상으로 항공기, 경량항공기 또는 초경량 비행장치를 대여하는 사업	3
항공레저스포츠사업	• 타인의 수요에 맞춰 유상으로 비행선, 활공기, 경량항공기 또는 초경량 비행장치를 사용하여 조종교육, 체험 및 경관조망, 항공레저스포츠를 위해 대여, 경량항공기 또는 초경량 비행 장치에 대한 정비, 수리 또는 개조 등의 서비스를 제공하는 사업	61
초경량비행장치사용사업	• 다른 사람의 수요에 맞춰 국토교통부령으로 정하는 초경량 비행 장치를 사용하여 유상으로 농가살포, 사진촬영 등 국토교통부령으로 정하는 업무를 하는 사업	504

자료 : 국토부 항공산업과, 서울지방항공청, 부산지방항공청, 제주지방항공청

(2) 항공운송사업의 특성

항공사에 의해 수행되는 운송활동은 공공성과 영리성의 양면적 특성을 지니고 있다. 예를 들어, 국내운송은 경제적 목적에 따라 이루어지지만, 공공성을 지닌 운송기

관으로서의 규제 대상이 된다. 국제운송에 있어서도 상업적 목적 외에 종종 국가를 대표하는 국적항공사로서 국익을 지향해야 하는 역할을 담당한다.

항공운송산업은 특히 정부의 규제와 국제 항공협정과 항공정책 등에 대한 제약뿐 아니라, 운송활동이 이루어지는 시장에서 요구되는 각종 제약조건을 충족시키면서 경영 목적을 달성한다. 이와 같은 항공운송사업의 특성을 요약하면 다음과 같다.

- 자본집약적
- 노동집약적
- 기술지향적
- 규제산업
- 외부변수에 민감
- 낮은 수익성

(3) 하늘의 자유

항공기 운항은 한 국가 내에서만 이루어지지 않고 여러 나라에 영향을 미친다. 직접 오가는 국가의 항공사뿐만 아니라, 항공기가 비행하는 동안 여러 나라를 거쳐 날아가며 또한 승객수송에 대한 각국의 이해관계가 상충하기 때문에 '하늘의 자유Freedoms of Sky 또는 Freedoms of the Air'라는 개념이 도입되었으며, 1944년 시카고 컨벤션을 통해 기본원칙이 확립되었다. [그림 1.2]를 보면, 그 원칙을 쉽게 이해할 수 있다.

- 제1의 자유영공통과, Over Fly : 상대국에 착륙하지 않고 영공을 통과만 하는 자유이다.
- 제2의 자유기술착륙, Technical Landing : 운송 이외의 목적, 즉 급유, 승무원 교체, 위급환자 발생, 기타 비상상황 등의 목적으로 상대국에 착륙한 후 제3국으로 계속 운항할 수 있는 자유이다.
- 제3의 자유Set-down Right : 자국에서 상대국으로 승객, 화물, 우편물을 수송할 수 있는 자유. 즉 한국 항공사의 경우는 인천ICN에서 동경NRT 구간을 운항하는 경우이다.
  (예) ICN → NRT(인천 → 동경)

- 제4의 자유Bring Back Right : 상대국에서 자국까지 승객, 화물, 우편물을 수송할 수 있는 자유. 제3의 자유권 Return 개념이다. 즉 한국 항공사의 경우 동경NRT에서 인천ICN 구간을 운항하는 경우이다.

  (예) NRT → ICN(동경 → 뉴욕)

- 제5의 자유Standing 5th Right Freedom : 이원권의 개념이며, 상대국에서 제3국으로 승객, 화물, 우편물을 수송할 수 있는 자유이다.

  (예) ICN → NRT → NYC(인천 → 동경 → 뉴욕)

- 제6의 자유Stranding 6th Freedom : 제5의 자유권 Return 개념으로, 제3국에서 상대국으로 승객, 화물, 우편물을 수송하는 자유이다.

  (예) ICN → NRT → NYC → NRT(인천 → 동경 → 뉴욕 → 동경)

  ※ 제5자유와 제6자유는 자국의 시장보호를 위해 보통은 극히 제한적으로 체결됨

- 제7의 자유7th Freedom, Free Standing 5th Freedom : 항공협정을 체결한 상대국에서 제3국으로 운항할 수 있는 자유이며, 제5자유와는 달리 항공기가 자국에서 출발할 필요가 없이 상대국에서 제3국으로 운항하는 것이다. 따라서 제7자유는 자국 출발의 구간 없이 이루어지는 제5자유라고 할 수 있다.

  (예) 우리나라 항공기(한국출발 구간 없이)가 NRT-SPN을 운항하는 경우

  ※ 제7의 자유 역시 매우 드물게 체결되는 경우이다.

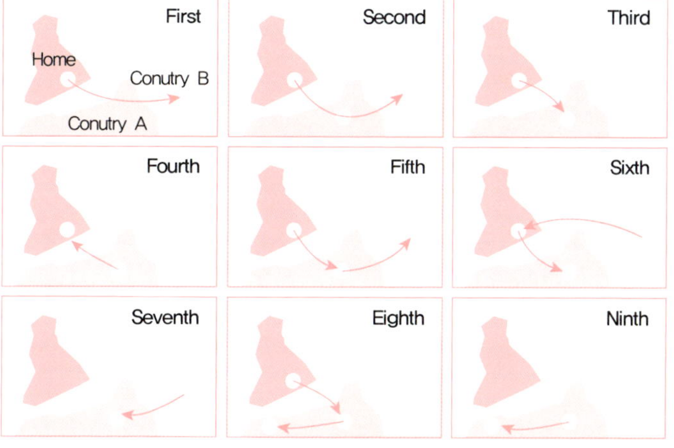

[그림 1.2] 하늘의 자유

- 제8의 자유8th Freedom, Concecutive Cabotage : 자국에서 출발한 항공기가 상대국 국가의 국내 구간을 운항하는 자유이다.

  (예) ICN → PEK → SHA(인천 → 베이징 → 상하이)

- 제9의 자유9th Freedom, Stand Alone Cabotage : (자국 출발 없이)상대국의 국내선을 완전히 자유롭게 운항하는 권리를 말한다. 즉 국내선 항공운송시장의 완전한 개방을 의미한다.

  (예) 우리나라 항공기가 일본의 국내선인 NRT-OSA 운항

  ※ 제8, 9의 자유는 자국의 국내선 시장보호를 위하여 매우 제약적으로 체결되었다.

2) 항공운송산업 주요변수와 지표

(1) 항공운송산업 주요변수

항공산업에 결정적인 영향을 미치는 주요변수는 유가, 환율, 금리이다. 항공사는 유가, 환율, 금리변동 등 재무적 위험에 노출되어 있다. 따라서 이러한 시장 위험관리를 수행해야 한다. 이에 따른 대응전략은 자연적 해지와 적극적 해지로 구분하여 관리하고 있다. 세부사항은 다음과 같다.

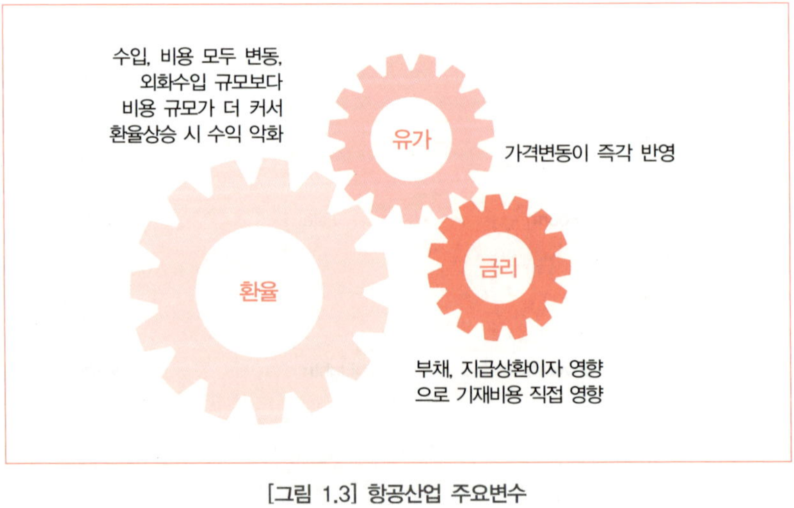

[그림 1.3] 항공산업 주요변수

〈표 1.2〉 항공산업 주요변수

<table>
<tr><th>변수</th><th colspan="3">영 향</th><th>대응전략</th></tr>
<tr><td>유가</td><td colspan="2">연간 유류 소모량 약 3천2백만 배럴</td><td>유가 1달러(배럴당) 변동 시 약 3천2백만 달러의 손익변동 발생</td><td rowspan="4">Natural Hedge
• 통화별 수입/지출 균형화 도모
• 고정금리 부채/변동금리 부채 비율을 50:50 수준으로 유지
Active Hedge
• 유가/환율
– 기본 Hedge : 통계적 수치와 시장상황을 감안, 연간 Exposure의 30% 수준에서 Hedge 시행
– 추가 Hedge : 유가/환율의 급변동이 예상되는 경우에 기본 Hedge 물량에 추가하여 Hedge 시행
• 금리
– 시장상황을 감안하여 변동금리를 고정금리로 변경하는 금리 스왑(IRS : Interest-rate Swap) 계약 시행</td></tr>
<tr><td rowspan="2">환율</td><td>평가손익 측면</td><td>달러금융 부채 약 74억 달러</td><td>환율 10원 변동 시 약 740억 원의 외화평가 손익 발생</td></tr>
<tr><td>Cash Flow 측면</td><td>연간 달러 부족량 약 28억 달러</td><td>환율 10원 변동 시 약 280억 원 이상의 Cash 변동 발생</td></tr>
<tr><td>금리</td><td colspan="2">고정금리 부채 : 약 6조2천억 원
변동금리 부채 : 약 7조6천억 원</td><td>평균금리 1% 변동 시 760억 원의 이자비용 증감 발생</td></tr>
</table>

자료 : 대한항공 2013 지속경영보고서

항공유는 원유를 정제할 때 정전기 방지제 등을 첨가하는 등 까다로운 과정을 거치기 때문에, 보통 원유가 대비 5~10달러 정도의 비싼 가격으로 거래된다.

항공유도 거래에 기준이 되는 가격지표가 있다. 대한항공의 경우, 대부분의 물량을 싱가포르 석유제품 중개시장에서 적용되는 항공유 현물시장가격지표MOPS : Mean of Platt's Singapore Kerosene를 기준으로 구매하고 있다. 항공유는 지난 한 달 평균가격 지표를 적용하여 구매하는 것이 일반적이다.

예를 들어, 현시점에 가격이 내려가 45달러라고 해도 지난달 평균가격이 배럴당 50달러였다면, 현재 항공기에 급유하는 항공유의 가격은 50달러를 적용해서 정산하게 된다. 항공사는 항공유 구입비 외에도 공항까지의 수송비, 공항 내 급유시설 사용료, 급유 조업료 등의 부대비용도 지불해야 한다.

〈표 1.3〉 제트항공유 Platts 지수 및 가격변동

구 분	2011	2012	2013	2014				2015	
				2/4분기	3/4분기	4/4분기	연간	1/4분기	2/4분기
원/달러	1,151.8	1,070.6	1,055.4	1,011.8	1,055.2	1,099.3	1,099.3	1,109.5	1,115.5
평균	1,108.0	1,126.8	1,095.0	1,029.2	1,026.6	1,087.1	1,053.1	1,100.3	1,097.4
원/100엔	1,485.2	1,247.5	1,004.7	1,000.0	960.2	920.1	920.1	923.8	912.1
평균	1,391.3	1,413.1	1,123.4	1,008.7	988.3	996.2	996.2	923.8	904.7
달러/유로	1,295.5	1,322.22	1,379.9	1,364.5	1,269.1	1,215.9	1,215.9	1,083.0	1,213
엔/달러	77.66	85.86	105.04	101.44	109.41	119.46	119.46	120.08	122.57

(2) 항공운송산업 주요지표

항공산업을 평가하는 주요지표는 다음과 같다.

- ASK Available Seat Kilometer : 항공사의 여객공급을 측정하는 지표이며 공급좌석 총운항거리이다. 계산식은 공급좌석×대권거리로 한다.
- RPK Revenue Passenger Kilometer : 항공사의 여객규모를 측정하는 지표이며 유상승객을 운송한 총거리를 말한다. 계산식은 유상승객수×대권거리로 한다.
- Yield : 승객 한 명을 1km 운송할 때 벌어들이는 수입이다. 계산식은 REV/RPK로 한다.
- RASK : 공급석 한 석을 1km 운송할 때 벌어들이는 수입이다.
- L/F Load Factor : 거리를 감안한 탑승률을 말하며, 계산식은 RPK/ASK로 한다.

02 항공운송산업의 발달

1) 비행의 역사

(1) 하늘로 사람을 올려 보낸 최초의 인물, '몽골피에'

프랑스 혁명이 발발하기 6년 전인 1783년 11월 21일, 수도 파리 서쪽에 위치한 불로

뉴 숲으로 수많은 사람들이 모여들기 시작하였다. 지금은 경제협력개발기구OECD 본부가 위치한 숲속 뮈에트 성에서 '사람을 하늘로 올려 보내는' 행사가 열린다는 소문이 퍼진 것이다. 행사장의 발사대에는 지푸라기와 양털이 타오르며 회색연기를 내뿜었고, 그 위로는 직경이 18m에 달하는 대형 열기구가 밧줄에 묶인 채 공중에서 하늘거렸다. 열기구에 매달린 바구니에는 모험을 좋아하던 물리학자 장 프랑수아 필라트르 드로지에Jean François Pilatre de Rozier와 그의 친구 프랑수아 로랑François Laurent이 올라탔다.

자료 : 위키미디어

[그림 1.4] 몽골피에 형제가 발명한 열기구

신호에 따라 밧줄을 끊자, 열기구는 천천히 하늘로 오르기 시작하였고 구경꾼들의 탄성이 이어졌다. 인류가 최초로 사람을 태우고 하늘을 나는데 성공한 '유인비행'의 시대가 열린 것이다. 이 열기구는 900m 상공에서 9km를 날아가던 중 천에 불이 붙어 베르사유 궁전 인근의 밀밭에 내려앉아야만 했지만, 탑승자는 무사하였다.

기구를 만든 사람은 '조제프 미셸 몽골피에Joseph-Michel Montgolfier, 1740~1810'와 동생 '자크 에티엔느Jacque-Etienne Montgolfier, 1745~1799' 형제였다. 호기심 많은 성격 덕분에 많은 발명품을 만들던 형 조제프는 남부 도시 아비뇽에서 살던 1777년, 빨래를 말리느라 피워놓은 연기를 보고 표정이 밝아졌다. 열기와 연기에 의해 바지주머니가 부풀어서 공중으로 날아오르려 한 것이다.

그 당시에 물에 적신 종이봉지에 수소가스를 가득 채워 공중으로 날리는 이야기가 책으로 출판되고 있었지만, 실험에 성공했다는 이는 없었다. 조제프는 나무로 사각 틀을 짜고 비단 천으로 주머니를 만들어 덮은 뒤 연기 위에 올려놓았다. 그러자 기구가 천천히 움직이며 천정까지 닿았다. 공기를 이용하여 하늘로 날아오르는 '열기구'를 최초로 개발한 것이다.

그 후 조제프는 과학지식이 풍부한 동생을 찾아갔다. 동생은 프랑스 동남부의 대도

시 리옹에서 남쪽으로 70km 정도 떨어진 작은 마을 아노네Annonay에서 가업으로 종이 공장을 운영하던 중 형의 이야기를 듣고 기구개발을 시작했다.

1782년 12월 14일. 몽골피에 형제는 마을 인근의 들판에서 열기구를 하늘로 띄웠다. 추운 겨울하늘을 가로지른 열기구는 2km 거리를 비행하다가 내려앉았다. 자신감을 얻은 형제는 이듬해 6월 4일 공개 비행실험을 벌였다. 그 열기구는 2,000m 상공까지 날아올랐다. 이러한 비행성공 소식은 전국을 뜨겁게 달궜고, 프랑스 왕 루이16세가 초청하기에 이른다. 1783년 8월 19일에는 베르사유 궁전에서 왕과 왕비 마리 앙투아네트가 지켜보는 가운데 비행실험이 진행되었다. 수탉, 오리, 양 등 여러 마리의 가축을 실은 열기구는 역시나 3km를 날아 무사히 착륙하였다. 이 열기구는 제작에 참여한 벽지제조업자의 이름을 따 '레베이용Réveillon호'라는 이름이 붙었다.

이후 11월에는 최초로 사람을 태우고 비행에 성공하여 더욱 명성을 드높였다. 지금도 캐나다 퀘벡주에서는 형제의 이름을 따서 '몽골피에 국제열기구 축제'를 열고 있으며, 1783년 공개비행 당시에 수많은 사람들이 몰려들었던 것처럼, 지금도 매년 40만 명이 넘는 관광객이 축제에 찾아와 열기구가 날아오르는 모습을 구경한다.

(2) 자크 알렉상드르 세자르 샤를르 교수의 열기구

자료 : vintagraph.com

[그림 1.5] 샤를르 교수의 열기구

샤를르 교수Jacques-Alexandre-César Charles, 1746~1823는 자신이 만든 열기구에 조수와 함께 올라타 3,000m 상공까지 날아오르며 담력을 과시했다. 다만, 몽골피에 형제보다 10일 늦은 12월 1일에서야 유인비행에 성공하여 큰 조명을 받지는 못했다. 샤를르 교수는 공기보다 가벼운 수소가스를 이용하여 비행에 성공했는데, 그의 열기구에는 가스 조정밸브가 붙어 있어 조정이 편리하여 이륙과 착륙을 자유롭게 할 수 있었다. 다만, 폭발 가능성이 높은 수소를 사용하였기에 이 방법을 따라하다가 많은 과학자들이 숨지기도 했다.

이후에는 폭발 가능성이 낮은 헬륨가스를 사용하여 열기구를 만들기도 했지만, 이는 가격이 너무 비싸 대형으로 제작하기가 어렵다는 단점이 있었다. 현재는 대부분 놀이동산에서 만들어주는 풍선이나 대기의 상태를 관측하기 위해 하늘로 올려 보내는 라디오존데Radiosonde 등에만 헬륨이 쓰인다.

열기구의 원리는 단순하다. 차가운 공기보다 밀도가 낮아 위로 상승하려는 뜨거운 공기의 성질을 이용하는 것이다. 오늘날에도 열기구는 풍선, 연소장치, 바구니라는 단순한 구성으로 이루어진다. 지금은 수소가스 대신 가정에서 취사용으로 쓰이는 프로판가스를 이용한다.

바구니에 사람이 탑승하여 연소장치를 켜면 강력한 불꽃이 피어오르며 열기를 내뿜는다. 나일론 섬유로 만든 풍선에 뜨거운 공기가 가득 차면 하늘로 날아오르기 시작하는 것이다.

(3) 라이트형제, 첫 비행 성공

1903년 12월 17일 미국 노스캐롤라이나 키티호크 해안에서 '라이트형제'의 인류 최초의 동력비행기가 이륙하였다. '플라이어 1호'로 명명된 이 비행기는 첫 시도에서 12초 동안 36m를 날았다. 이 날 몇 차례의 시도 끝에 플라이어호는 59초 동안 260m의 비행기록을 세웠다.

자료 : wright.nasa.gov

[그림 1.6] 라이트형제의 동력비행기

플라이어호는 자전거 점포를 운영하던 형 '윌버 라이트'와 동생 '오빌 라이트'가 만들었다. 라이트형제는 독일의 릴리엔탈이 글라이더 시험 중 1896년 추락사했다는 뉴스를 접하고, 항공에 흥미를 가져 비행기 연구를 시작하였다. 몇 차례의 실패를 거듭한 끝에 가솔린기관을 기체에 장치하고 두 개의 날개를 가진 동력비행기를 완성하였다.

이후 라이트형제는 1905년 40km를 38분간 비행하는 기록도 세웠고, 1908년에는 유럽 각지를 순회하며 동력비행기를 공개하였다.

인류의 이러한 하늘에 대한 도전은 1785년 프랑스의 몽골피에 형제가 더운 공기를 채운 기구를 이용하여 하늘을 날았고, 1804년 영국의 조지 케일리 경이 처음으로 글라이더 비행에 성공하였다. 그 후 비행기는 끊임없이 개발되어 제1차 세계대전에서 진가가 발휘되었고, 1930년대 들어 민간항공으로 이용되기 시작하였다.

(4) 초창기의 '동력' 비행

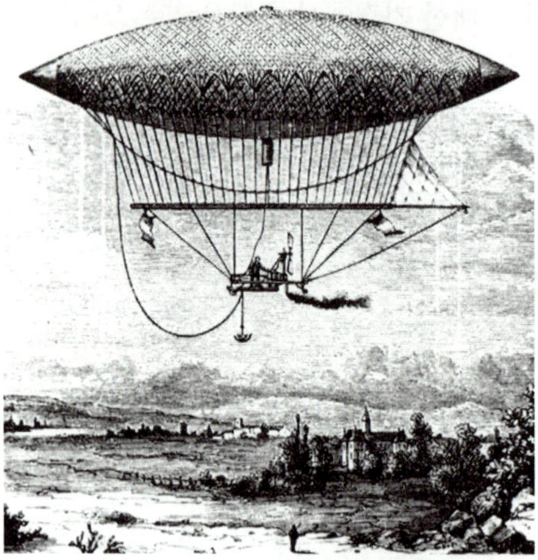

자료 : http://ufl.edu

[그림 1.7] 지파르의 비행선

1783년 몽골피에 형제의 열기구 비행 성공으로 인류의 날고자 하는 꿈은 일단 실현되었다. 이제 사람들의 관심은 바람에 의존하지 않고도 자체의 추진력으로 속도를 내고 방향을 조종할 수 있는 새로운 비행장치가 없을까 하는 데까지 발전한 것이다. 여러 가지 아이디어가 나오고 실험이 계속되다가, 19세기 말 획기적인 가솔린엔진의 발명은 이러한 비행장치의 개발에 결정적인 계기가 되었다. 공기보다 가벼운 기구를 띄우되 엔진을 달아 '조종이 가능해진 비행선'이 등장하게 된 것이다.

최초의 비행선은 1852년, 프랑스의 '지파르Henri Giffard, 1825~1882'가 만들었다. 어려서부터 기관차 운전에 관심을 가졌던 그는, 비행선으로 파리 근교에서 27km(시속 8km)의 비행에 성공하였다. 기구에 3마력짜리 증기기관을 장치하고 프로펠러를 회전시킨 것이다. 이제까지의 기구와는 달리 공중을 자유롭게 항행할 수 있는 추진·조종장치를 갖추고 있는 형태이다. 또한 1872년에는 8명이 탑승하여, 마치 배에서 노를 젓는 것처럼 수동으로 프로펠러를 회전시키는 인력비행선도 등장하였다.

브라질의 '듀몽Alberto Santos Dumont, 1873~1932'은 1889년 파리에서 가솔린엔진을 이용한 비행선을 개발, 파리 하늘을 제법 자유롭게 비행하여 사람들의 관심을 끌었다. 그는 1906년까지 14대의 비행선을 제작하였으나, 뒷날 공기보다 무거운 항공기가 미국의 라이트형제에 의해 제작되었다는 소식에 더 이상의 비행선 제작이 무의미하다고 판단하여 이를 포기하였다. 그는 제1차 세계대전 중에 비행선이 군용 병기로 사용되어 사람들에게 피해를 주는 것에 쇼크를 받고 자살을 기도하기도 했다.

(5) 경식비행기

그동안 비행선들은 대부분 두꺼운 천에 수소 같은 가스를 채워 넣은 것으로, 골격이 없어 풍압에 따라 모양이 변하기 쉬운 연식 비행선이었다. 그러나 1900년 독일의 '제펠린Graft Ferdinand Von Zeppelin, 1902~1994'은 알루미늄으로 골격을 만들고 그 위를 두꺼운 천으로 감싼 뒤 여러 개의 수소가스 주머니를 집어넣는 방식의 경식 비행선을 개발하였다. 이것은 16마력의 발동기 2대를 장착하여 시속 20마일 속도로 나는 데 성공한 최초의 경식비행기였다. 이 때문에 비행선의 대형화가 가능해졌고, 모양도 틀어지지 않게 되었다. 또한 엔진을 여러 개 설치할 수 있어 추력을 더욱 높일 수도 있었다. 제펠린은 1914년까지 100여 대가 넘는 비행선을 계속 제작하면서 성능을 향상시켰다. 그동안 프랑스, 독일, 오스트리아 등지에서도 비행선의 연구가 계속 진행되었으며, 비행선의 엔진도 증기기관에서 가볍고 힘찬 가솔린기관으로 바뀌어졌고, 알루미늄을 쓴 경식 비행선도 다양하게 발달되었다.

자료 : www.junglekey.fr

[그림 1.8] 제펠린과 비행선

1909년 비행선 제작경비에 쪼들린 제펠린은, 자신이 만든 비행선으로 사람이나 짐을 수송하여 수익을 올릴 궁리를 하게 된다. 세계 최초의 상업항공회사인 '도이치 비행선 주식회사DELAG : Deutsche Luftschiffahrt A.G.'는 이렇게 설립되었다.

(6) 최초의 항공사 등장

당시 자본금 300만 마르크의 '도이치 비행선 주식회사'는, 1910년 6월부터 제1차 세계대전 발발로 운영을 중단하게 된 1914년까지 만 4년 동안 LZ-7 등 7대의 비행선으

자료 : www.456fis.org

[그림 1.9] LZ-7

로 매일 평균 1편 이상의 운항을 계속하였다. 민간 상업항공의 시대가 개막된 것이다. 20~25인승 비행선은 본사 소재지인 프랑크푸르트와 인근 도시를 연결하는 정기운항을 하였으며, 4년 동안의 연 비행거리 17만2천500km, 총 비행시간 3천100여 시간, 총 유상여객수 1만여 명, 총 수송승객수 3만4천여 명을 기록하였다. 당시의 운임은 유람비행이 50달러, 다른 도시로의 이동은 150달러 수준이었다. 제펠린이 세운 세계 최초 민간항공사인 디레그DELAG사의 모기지는 프랑크푸르트의 공항 부근에 위치했는데, '제펠린하임'이라고 일컬어진다.

이처럼 1910년대 들어 비로소 시작된 민간항공의 발달은 인류의 생활양식에 커다란 변화를 가져왔다. 짧은 역사임에도 불구하고 획기적인 발전을 이룩한 항공운송산업은 오늘날에 이르기까지 가장 높은 성장률을 기록한 산업의 하나로 평가되고 있다.

2) 세계 민간항공의 발달과정

1903년 라이트형제에 의해 최초의 동력비행이 이루어진 이후, 항공은 오늘날까지 독립적인 산업으로 급속한 성장을 지속해 왔다. 민간항공의 발달과정을 시대별로 구분하여 설명하면 다음과 같다.

- 태동기(1911~1918) : 최초로 상업 목적의 항공운송 시작됨
- 개척기(1918~1938) : 국제항공의 질서가 마련되고 시장규제가 시작됨
- 정착기(1938~1958) : 국제항공질서가 마련되고 시장규제가 시작됨
- 도약기(1958~1978) : 제트기의 출현으로 항공운송 고속화 및 대형화 실현됨
- 글로벌 경쟁시기(1978년 이후) : 산업에 대한 규제완화로 시장경쟁의 원리가 도입됨

(1) 태동기

항공기를 이용한 영리목적 운송활동이 처음 시작된 것은 1900년대 초이다. 최초로 항공기를 이용한 상업목적의 운송활동은 1911년 미국에서 시작된 우편물 운송이었다. 신속한 항공운송의 효용성이 미국정부에 의해 인정되기 시작하면서 운송수단으로 성장하였다. 그러나 아직까지는 항공의 실질적인 효용이 세계 각국에 걸쳐 보편적으로 인식된 것은 아니었다.

(2) 개척기

최초의 정기운송을 위한 노선은 1918년 미국의 워싱턴-뉴욕 구간에서 개설되어 우편물을 운송하였으며, 미국정부는 노선을 확대하여 1921년에 전국적인 노선망을 구축하였다. 유럽에서는 1919년 헤이그에서 국제항공운송협회IATA의 전신인 국제항공교통협회가 설립되었다. 이는 국제민간항공의 질서를 위해 파리조약을 체결하는 계기가 됨으로써 영공주권주의가 확립되는 기반을 마련하였다.

1920년대 후반까지는 유럽지역이 항공기 개발의 우위를 점하고 있었으나, 1926년 포드사의 신형엔진 개발의 성공과 B247 및 DC-3 모델의 개발 등을 계기로 하여 미국이 여객기 개발 분야의 비교우위를 점하게 되었고, 1925년에 미국 최초 여객운송만을 위한 정기노선도 개설되었다. 프랑스, 독일, 네덜란드, 영국, 스위스 등을 시작으로 벨기에, 스웨덴 등이 항공사를 연이어 설립하였으며, 1920년대 초에는 콜롬비아, 오스트레일리아, 뉴질랜드 등도 여객운송서비스를 시작하였고, 1922년에는 아르헨티나, 일본, 캐나다, 폴란드 등이 정기운송을 시작하였다.

1938년에는 미국에서 「민간항공법」이 제정되고, 이에 따라 민간항공위원회가 설치되었는데, 정기노선의 개설에서부터 민간항공위원회 설치까지의 시기를 '민간항공의 개척기'라고 부른다. 이 시기에는 시장진입이 비교적 자유로운 시기였으므로, 항공사 간의 경쟁 또한 극심해서 우편물에 대한 운송권을 확보하기 위해 원가 미만의 운임으로 운항하여, 소형항공사들은 대형항공사들과의 경쟁에서 어려움을 겪었다.

(3) 정착기

1938년 미의회에서 통과된 「민간항공법」은 항공사의 운송활동에 대해 규제할 수 있는 권한을 민간항공위원회Civil Aeronautics Board; CAB에 부여하였다. CAB은 항공운송업의 허가, 여객 및 화물운송에 대한 요금수준을 결정할 수 있는 권한과 항공사 간의 인수합병 등의 규제 권한도 가졌다. 이 법은 항공기의 운항과 관련해서 안전에 관한 기준을 강화하였으며 그 범위도 확대하였다.

제2차 세계대전 동안 민간항공은 심각한 침체를 겪었다. 그러나 동시에 항공기의 운영과 기술상의 발달을 촉진시키는 계기도 되었다. DC-4 등 신형 항공기의 등장으로 통신 및 항법장치, 공항보안시설 등도 발전을 이루었다. 그에 따라 정시성 · 쾌적성이 향상되어 항공 수요의 저변이 확대되고 경쟁력 있는 운송수단으로서의 위상이 강화되었다.

1944년 12월 미국 주도 하에 52개국 대표단이 모인 시카고회의를 통해 국제항공의 기본사항 합의를 도출하였다. 이 회의에서 국제항공통과협정을 다자 간 협정으로 체결하였고, 국제민간항공기구International Civil Aviation Organization; ICAO를 설립하는 데에 잠정 합의하였다.

1945년 국제항공운송협회International Air Transport Association; IATA가 쿠바의 아바나에서 조직되었다. IATA의 주요 임무는 국제항공사 간의 협력단체로서 항공운임의 결정, 운송규칙의 제정 등이었다. 그 후 1946년 버뮤다에서 영국과 미국은 항공서비스 제공에 관한 제반 문제를 논의하고, 오늘날 국제 항공질서의 기본이 되는 다섯 가지의 '하늘의 자유'를 선포하였다.

(4) 도약기

1958년 개발이 완료되어 항공업계에 도입된 것은 혁신적인 사건이다. 또한 초음속 항공기에 대한 관심이 집중되어 1976년 프랑스와 영국이 공동으로 '콩코드'기를 정기노선에 취항하였고, 미국과 유럽지역에서는 전세항공이 활발히 이용되며 세계적 항공여행 시장이 확장되었다. 이로써 세계의 민간항공은 비약적인 발전을 이루었다.

그러나 세계적으로 환경보호단체들의 활동으로 인해, 항공운송으로 인한 각종 폐

기물과 공해의 문제를 해결하고 예방하기 위한 인식과 해결방안이 모색되었다. 또한 1974년 석유파동 및 경기침체, 공급과잉, 임금과 유가상승으로 인한 운항 비용의 증가로 1970년대에는 1960년대만큼 성장률이 높지는 않았다.

자료 : www.hans-peter-zerwas.de

[그림 1.10] 콩코드 여객기

(5) 글로벌 경쟁 시기

도약기가 제트기의 도입으로 혁신을 일으켰다면, 글로벌 경쟁 시기는 대형제트기인 B747 시리즈, 더글라스사의 DC-10, 에어버스사의 A300 시리즈 등의 출현으로 새로운 전기를 마련하였다.

1978년 미국의 항공운송산업 전반에 대한 「규제완화법」 제정은 정부에 의해 기간산업으로 보호되어오던 민간항공이 새로운 전환점을 맞는 계기가 되었다. 「규제완화법」 이후 각국의 영공 개방을 의미하는 '오픈스카이' 정책으로 발전하면서 오늘날 세계 항공업계의 변화를 주도하는 요인이 되고 있다. 그러나 1990년대 걸프전쟁, 항공기 테러, 항공여행 수요의 감소로 많은 항공사들이 어려움을 겪었다. 이후 1990년대 중반 항공사들은 경영 합리화, 냉전시대의 종식, WTO체제의 등장과 글로벌 시장경제 출연으로 경영여건이 크게 개선되어 호황기를 누렸다.

2001년 9월 11일 미국 뉴욕 항공기 테러로 인한 참사로 불황 국면에 접어들어 스위스항공 사베나항공, 안셋호주항공이 파산하였고, 이후 보안제도의 강화가 대대적으로 이루어졌다. 그럼에도 불구하고 항공운송산업이 고속으로 성장해 온 것은 꾸준히 장거리 운송시장에서 지상운송을 대체해 왔고, 항공기술의 발달로 중간 기착지를 대폭적으로 생략시켜오는 등 항공운송 수요를 촉진시키기 위해 부단한 노력이 있었기 때문이다.

3) 우리나라 항공운송산업의 발달과정

(1) 정부수립 이전의 활동

동력비행기가 우리나라에 첫 선을 보인 것은 1913년 일본 해군기술장교가 서울 용산의 조선군 연병장에서 '나라한4호' 비행기로 공개비행 행사를 가진 것이 효시이다. 이는 미국 라이트형제의 동력비행 성공 이후 10년 후였다. 또 1914년 일본인 다카소오가 최초 민간항공인으로 용산에서 비행하였고, 1916년 10월 초 일본인 오자끼가 한국을 방문하여 최초 유료비행을 함으로써 우리나라 사람들은 비행기를 이때부터 처음으로 인식하게 되었다.

1917년에는 미국인 아트스미스가 커티스호로 한국방문 비행을 하였으며, 1920년 5월 이탈리아 공군 페라린마세르가 세계일주 길에 한국을 방문 비행하였다. 이후 각국 비행사들이 속속 한국 비행을 하였으며, 이런 시대변화는 한국청년들에게 새로운 모험의 자극을 불러일으켜 항공 공학에 대한 도전과 실현을 모색하였다. 우리나라 최초 비행사인 '안창남'이 바로 그 대표적인 인물이다.

안창남은 21세에 일본 오구리 비행학교에 입학, 6개월 교육과정을 마치고 다음해 1921년 5월 비행면허시험 수석합격, 일본 우편비행대회에 참가하여 최우수상을 수상하였다. 이후 1922년 뉴포트 15형 단발 쌍엽 1인승 비행기 '금강호'로 여의도에서 5만여 명의 관중이 지켜보는 가운데 역사적인 모국방문 비행회를 가졌다.

이후 일본 비행사자격증을 이인기, 이상태, 장덕창 등 20여 명이 취득하였고, 차례대로 모국방문 비행회를 가졌다. 1925년 권기옥이 중국운남여군학교 제1기생으로 졸업하면서 최초 여류비행사가 되었고, 다음해 1926년에는 이정선 여류비행사가 탄생하였다. 1920년에 안창남이 미국 캘리포니아에 비행학교를 설립하여 이용근, 이초, 이용선, 오림하, 장병훈, 한장호 등의 비행사를 배출하는 등 한국청년 15명이 훈련을 받았다. 미국 캘리포니아 한국비행학교는 캘리포니아주에서 대규모 쌀 농장을 경영하던 재미교포 김종림 씨가 3만 달러를 기탁하여 비행기 2대, 미국인 기술자 1명을 고용하여 운영할 수 있었다.

우리나라 최초 민간여류비행사 '박경원'

우리나라 초창기 여류비행사로 알려진 인물은 '권기옥'과 '박경원'이다. 1925년 중국 운남항공학교 1기생으로 졸업한 권기옥이 여성비행사 1호라면, 박경원은 민간여류비행사 1호라는 수식이 붙는다.

박경원은 대구에 첫 여학교가 세워지자, 그녀는 결혼 대신에 학교에 가서 공부를 하기로 마음먹는다. 한일합방 이후 대한애국부인회 대구지부가 조선인 여자아이들을 교육시키기 위한 목적으로 명신여학교(초등교육기관)를 세웠고, 박경원은 아버지의 허락을 받아 공부를 시작하게 된다.

그 후 박경원은 기독교 평등사상에 매료되어 1915년부터 교회에 다니기 시작한다. 1916년 신명여자고등보통학교(이하 신명여고보)에 입학한 박경원은, 신명여고보에 입학하면서 원통이라는 이름을 '경원(敬元)'으로 고친다. 하지만 아버지의 죽음으로 학교를 자퇴하게 되고, 박경원은 돈을 벌기 위해 일본으로 갈 결심을 한다. 그때 그녀의 나이 스물한 살이었다. 일본으로 가기 위해 부산에 도착했을 때 마침 비행쇼가 펼쳐지고 있었다. 난생 처음 비행쇼를 본 박경원은 자유자재로 비행하는 비행기의 모습을 보면서 깊은 인상을 받게 된다.

돈을 벌기 위해 간 일본에서의 생활은 비참했다. 바람도 제대로 통하지 않는 공장에서 아침부터 저녁까지 기계로 옷감을 짜는 것이 하루의 일과였다. 기숙사와 형편없는 식사도 그녀를 괴롭히기는 마찬가지였다. 결국 일본으로 건너간 지 두해 반 만인 1920년 귀국한다.

그는 일본이 조선인들의 기를 죽이기 위해 날리는 비행기를 보면서, 반발심과 함께 자유의 상징으로서 비행기 조종사에 대한 꿈을 키운다. 궁리 끝에 주경야독의 길을 택한 박경원은 낮에는 간호부과에서 일을 하고, 밤에는 일본비행학교가 간행한 '비행기 강의록'을 보며 공부를 한다. 그러던 1922년 12월, 조선 최초의 비행사인 안창남이 전 조선인들의 대대적인 환영을 받으며 고국방문 비행에 성공한다. 스물여덟이던 1924년, 그녀는 그동안 모은 돈을 가지고 비행학교에 입학하기 위해 다시 일본행을 선택한다. 하지만 일본 비행학교의 입학비가 턱없이 모자랐고, 차선책으로 자동차부에 들어가 엔진과 기체의 구조 등 비행기에 도움이 될 만한 공부를 할 수밖에 없었다.

박경원이 비용 마련으로 어려움을 겪고 있을 때 구원의 손길을 내밀어 준 것은 '동아일보'였다. 세 차례나 박경원을 지면에 소개하여 비용을 마련할 수 있도록 도왔다. 기사가 나온 직후 대한제국 마지막 황태자인 영친왕 이은이 사람을 보내어 박경원에게 2천 엔이라는 큰 돈을 전달하여 비로소 일본 비행학교에 입학할 수 있었다.

1926년 12월 교관과의 동승비행 172회로 11시간 9분의 비행시간을 축적한 박경원은 처음으로 단독비행을 허락받았다. 그리고 단독비행을 한 지 한 달이 지난 1927년 1월 마침내 박경원은 3등 비행사 시험에 합격하였다. 단독비행 194회로 비행시간 14시간 35분, 전체 비행시간 25시간 44분의 기록으로 오랜시간 타국에서 고생하며 간절하게 원했던 비행사가 될 수 있었다. 박경원은 일본에서 81번째, 여성계에서는 일본여성에 이어 3번째로 2등 비행사가 되었다. 당시만 해도 비행기 조종사가 되면 1922년의 안창남이 그랬던 것처럼 고향방문 비행을 하는 것이 관례였다.

마침내 비행사가 된 박경원은 꿈에 그리던 고향방문 비행을 계획하며 조국을 방문한다. 그러나 조선의 자랑스러운 여류비행사가 되기는커녕 일본에 영혼을 팔아버린 친일파이자 노처녀 취급을 받은 후 실망만 한 채 다시 일본으로 돌아간다.

1931년 만주를 손에 넣은 일본은 '일만친선(日滿親善)'과 '황군위문(皇軍慰問)'을 목적으로 만주로의 비행을 결정하며 적임자로 박경원을 선정한다. 일본의 대륙침략 전쟁을 앞두고 조선반도의 병참기지로서의 중요성이 높아지는 가운데, 조선여성인 박경원이 '일만친선'에 나서게 되면 일본과 조선, 만주의 내선일체에 크게 기여하게 될 것이라는 선전효과 때문이었다. 박경원이 일본제국주의 침략 교두보가 되어 만주로의 비행을 맡게 된 것이다.

1933년 8월 7일, 박경원이 일본의 하네다공항을 출발하여 고국을 경유한 다음, 만주의 신경까지 날아가게 될 운명의 날이 밝았다. 그 시간 조선에서는 폭풍우가 몰아쳐 수십 명의 사망자와 수백 채의 가옥피해가 발생하고 있었다. 궂은 날씨의 비행은 연기되어야 했다. 그러나 '일만친선 황국위문' 비행의 선전효과와 이를 격려하기 위해 비행장에 모여든 수많은 인파들, 고국방문 비행에 대한 박경원의 열망이 어우러지면서 그녀는 돌아올 수 없는 마지막 비행을 떠나고 만다. 박경원이 자신의 비행기인 '푸른제비'에 올라탔다. '푸른제비'는 자신을 태운 비행기가 조국에 길한 소식을 전해주기를 바라는 마음에서 그녀가 지어준 이름이었다. 약속한 시간을 35분이나 넘긴 뒤 '푸른제비'는 서서히 하늘로 비상하지만 잠시 뒤 남쪽에서 폭음을 내면서 행방불명되었다.

'푸른제비'는 다음날 아침 이즈반도의 쿠로다케 산꼭대기 근처에서 기체가 두 동강난 채 발견되었다. 박경원은 조종석에 핸들을 쥔 채 죽어있었고, 피로 물든 손목시계는 11시 25분 30초를 가리키며 멈추어 있었다. 여류비행사가 되기까지 겪어야 했던 그녀의 지난 삶을 생각할 때 고작 서른일곱의 죽기에는 너무 젊고 아까운 나이였다. '최초'라는 타이틀을 달고도 사후 70년이 넘도록 주목받지 못했던 박경원이 '우리나라 최초의 민간여류비행사'라는 수식어를 단채 우리 앞에 모습을 드러낸 것은 불과 몇 년 전이다. 그녀의 짧은 생애를 담은 '청연'이라는 영화가 제작되던 과정에서였다. 그러나 '최초의 민간여류비행사'라는 찬사를 제대로 받기도 전에 일본에 부역했다는 주장들이 제기되면서 친일파 논란에 휩싸였다.
항공기가 추락한지 1년 뒤 그녀의 격납고에서 발견된 일기에는 "나의 연인은 비행기, 창공은 즐거운 가정이다…"라고 쓰여 있었다.

한편, 우리나라의 비행학교는 1930년 5월 15일 여의도에 조선비행학교를 설립한 것이 처음이다. 신용옥의 최초 비행학교 설립은 1927년 12월 15일 두 번째 모국방문 비행회를 마치고 그를 위한 환영 연회석상이었다. 조선 철종 부마인 박영효를 설립 추진위원장, 위원은 동아일보 사장 송진우, 변호사 김병로 등 신망이 두터운 인사로 구성하여 재정적인 지원도 기대하였다.

조선비행학교를 운영하면서 일본 나까지마 비행기 제작소의 지도리식 4인승 쌍엽기를 도입하여 1930년 9월부터 서울상공을 일주, 인천 왕복 유료비행을 실시하였다. 탑승요금은 서울상공 일주(10분) 5원, 인천왕복(20분) 10원으로 당시 쌀 1가마(13원)에 비해 아주 고가였으나 대성황을 이루었다. 그러나 당시에는 보험제도가 없어, 승객들에게 '불행한 사태가 일어나 사망해도 이의가 없다'라는 각서를 받아 그때마다 시비가 일어 비행이 중단되기도 했다.

1916년 일본육군이 여의도 비행기착륙장을 건설하면서 국내 최초 비행장이 개설되고, 1929년 4월 1일 일본이 동경 - 대련 항로를 개설하면서 여의도 비행장을 중간 기착지로 대구, 평양, 신의주, 청진, 함흥, 울산 등이 함께 정식 비행장으로 개장이 되었다.

〈표 1.4〉 1930년대 비행장 현황

비행장명	소재지	항공기 활주지대(m)	실기시험
울산 비행장	경남 울산국 삼산리	600×6001	육군용지 포함
대구 비행장	경북 달성군 입석동	500×600	
경성 비행장	경성부 여의도정	750×600	
청진 비행장	함북 경성군 용성면	650×1,000	
광주 비행장	전남 광산군 극낙면	600×600	
신의주 비행장	평북 신의주군 광성면	650×500	
함흥 비행장	함남 함주군 운남면	600×600	
이리 비행장	전북 익산군 상산면	375×315	
오산 불시착장	경기도 수원군 성고면	450×–	
해주 불시작장	황해도 해주군 영산면	1,000×800	육군용지 포함
강릉 불시착장	강원도 강릉군 감덕면	900×800	

(2) 민간항공 초기시대

우리나라 「항공법」은 조선총독부가 1927년 6월 1일부터 시행, 준용하였던 구 「항공법」으로 16년간 우리정부에서 계속 준용하였다. 이에 우리정부는 한국 특수성을 갖춘 항공정책 행정이 필요하여 새로운 「항공법」 제정 요구가 1952년 대두되었으나, 실제 입법작업은 1958년 미국연방항공국FAA 「항공법」 전문가를 초청, 작성한 초안에서 시작되었다.

교통부 초안이 사전심의를 거쳐 1960년 11월 국무회의 의결 후 국회에 제출되고, 1961년 3월 7일 정부가 법률 제591호로 공포하였으며, 우리나라 항공행정과 운송사업의 바탕이 된 독자적인 새로운 항법은 1961년 3월 7일부터 시행하였다.

개정된 신 「항공법」의 주요 내용은 항공행정 방향 제시, 항공기 안전운항을 위한 방법, 항공시설 기준, 항공운송사업 질서, 항공발전을 위한 지원, 외국항공사의 한국 취항에 관한 규정, 국내 각 지역 간 운항 규제, 항공기 여객에 대한 위해행위 금지 등의 목적으로 전문 10장 143조로 구성되었다.

최초의 정기운송은 정부수립 직후인 1948년 10월 '대한국민항공사Korean National Airlines; KNA'가 개인기업의 형태로 설립되어 서울－강릉, 서울－광주－제주, 서울－옹진, 서울 - 부산 등 4개 노선에서 취항함으로써 시작되었다. 이는 일제시대 조선항공공업을 운영해 오던 신용욱이 해방 후 미군정청으로부터 정기항공운송의 사업허가를 조선항공사업사의 명의를 받아내고, 이를 정부수립 후 명칭을 바꾼 것이다.

1953년 한국전쟁 직후 DC-3를 비롯한 DC-4를 도입하였으며, 1954년 영국과 항공협정을 체결, 이를 계기로 1955년부터 국내노선 증대, 서울 - 홍콩 간 국제노선 개설이 이어졌다. 1961년 제2공화국의 출범과 함께 개인기업 형태로 운영하던 민간항공은 새로운 전기를 맞게 되었다.

(3) 국영항공시대

「대한항공공사법」에 따라 설립된 대한항공공사는 KNA를 인수하고, 업무 확대를 위해 조직과 기구를 확장하고 1964년 일본항공JAL 간의 상무협정이 체결되어 서울 - 동경 노선에서 정기운송이 시작되었다. 그러나 국영기업으로 운영되던 대한항공공사는 빈번한 항공기 사고와 심각한 경영난으로 곧 심각한 경영부실에 이르게 되었으며, 국영기업으로서 경영이 한계에 이르렀다. 결국 1969년 정부는 대한항공공사를 한진상사에 매각함으로써 민영화가 이루어졌다. 이에 따라 대한항공(주)은 경영합리화 작업에 성공하여 1970년대 들어 도약기를 맞이하였다.

"어려운 부탁이 있소"

1968년 여름 어느 날 청와대 접견실. 주위를 물리고 조중훈과 독대한 박정희 대통령이 먼저 입을 열었다. 조중훈은 이미 '부탁'의 내용을 짐작하고 있었다.

"대통령 재임 중에 전용기는 그만두고서라도 우리나라 국적기를 타고 해외 나들이를 한 번 하는 게 소망이오. 또 월남에서 휴가를 나오는 우리 장병들이 외국 비행기를 타고 있는데, 장병들의 사기도 문제려니와 목숨 걸고 벌어온 귀중한 외화가 낭비되고 있소. 조사장께서 대한항공공사를 맡아주시오."

조중훈은 여전히 묵묵부답으로 탁자위에 놓인 찻잔만 응시하였다. 베트남에서 수송사업으로 큰돈을 번 그였지만, 부실덩어리로 알려진 항공공사를 맡는 것은 못내 내키지 않았다. 회사 간부들도 한결같이 '밑빠진 독에 물 붓기'라며 말렸던 일이다. 당시 항공공사는 동남아 11개국 항공사 가운데 열한 번째 가는 항공사였다. 보유 항공기는 8대. 그나마 DC-9 제트기를 제외하면 대부분 수명이 다했거나 임차한 프로펠러 비행기였다. 게다가 항공공사는 누적된 적자로 금융부채만 27억 원에 달하였다.

잠시 침묵이 흘렀다. 그리고 이번에도 박대통령이 얼음 같은 침묵을 깼다.

"국적기는 하늘을 나는 영토 1번지고, 국적기가 날고 있는 곳까지 그 나라의 국력이 뻗치는 것이 아니겠소. 조사장이라면 할 수 있을 것이라고 믿소."

이제 조중훈이 대답할 차례였다. 이미 여권의 재정통이던 공화당 김성곤 의원과 김형욱 중앙정보부장, 이후락 청와대 비서실장 등으로부터 차례로 인수요청을 받았지만, 조중훈은 그때마다 정중하게 거절하였다. 그러나 지금은 사정이 달랐다.

"정 그러시다면 각하의 수임사항으로 알고 항공공사를 맡겠습니다."

조중훈의 대답은 간결하였다. 이미 충분히 생각하고 검토했으며, 또 토론을 거친 문제였다. 그 결론이 무엇이었던 간에 지금 선택할 수 있는 대답은 이것이 전부였다. 대통령의 입가에 짧은 미소가 스쳤다.

"대신 조건이 있습니다."

자리에서 일어나 조중훈에게로 다가서던 박대통령이 '조건'이라는 말에 걸음을 멈췄다.

"힘이 미치는 데까지 최선을 다하겠지만, 정 어려운 사정이 생기면 꼭 세 번만 각하를 찾아뵙고 의논을 드리겠습니다."

박 대통령은 대답 대신 조중훈의 두 손을 꼭 잡았다. 조중훈은 이렇게 '조건부'로 항공공사를 인수해 달라는 정부의 요청을 수락하고, 그해 11월 1일 정식으로 먹구름 속에 갇힌 '대한민국의 하늘'을 접수하였다. 납입자본금 15억 원을 액면가로 계산하여 정부에 분할 납부하고, 부채도 그대로 떠안는 조건이었다. 그러나 그 후 조중훈은 어려움을 호소하기 위해 박대통령을 찾은 일은 단 한 번도 없었다.

– 문화일보 '수송외길' 중 발췌

(4) 항공 민영화시대

1969년 7월 20일 서울-포항 노선의 신설을 시발로 국내선이 급격히 확장되기 시작했다. 급속하게 확장된 국내 노선망은 운영과정에서의 문제가 발생하여 몇 차례 조정되기는 했지만, 1971년 말에 이르러 15개 도시 17개 노선에 취항하는 순환 노선망을 형성할 수 있게 되었다. 하지만 1973년부터 불어 닥친 제1차 석유파동으로 인해 대한항공은 위기를 맞이하였다. 이로 인해 국내선 운임은 60%나 인상되었고, 국제선 요금도 네 차례나 걸쳐 24%나 인상되었다. 자연히 국내 노선망에도 감축 운항을 단행해야만 했다. 이 기간 동안 국내선 수송 실적도 크게 줄어들었으나, 이러한 감소 추세는 1977년을 고비로 회복되기 시작하여 이후 안정적인 증가를 보였다. 국제선 여객은 1969년 8만9천 명에 불과하였으나 1971년 31만3천 명, 1973년 93만6천 명, 1975년 114만5천 명 등 연평균 38.44%로 매우 높은 증가율을 나타냈다.

(5) 항공기 자유화시대

대한항공은 짧은 기간 동안 장족의 발전을 거듭하여 1988년 당시 ICAO 145개 회원국 중 국제선 유상톤 km 10위, 국제선 여객 15위, 국제선 화물 7위, 1979년 국제선 수송실적 기준으로 세계 10위권에 도달하는 성과를 이룩하였다.

[그림 1.11] 복수항공 초기 대한항공과 아시아나항공 지면광고

1980년대 후반 이후, 세계적인 규제완화 추세와 거대 항공사의 출현 등 세계 항공업계의 변화 속에서 우리나라도 점진적인 규제 완화가 시작되었다. 특히 1988년 제2 민항인 아시아나항공(주)의 설립으로 복수 민항시대를 맞이함으로써 시장구조는 국적항공사 간의 경쟁체제로 전환되었다.

다른 나라에 비해 뒤늦게 출발했지만, 오늘날 우리나라의 항공운송산업은 세계 10위권에 부상하였으며, 인천국제공항은 10년 연속 ACI의 '공항서비스품질상'을 수상하고 세계 민간항공시장에 확고한 지위를 구축하고 있다.

03 항공운송산업의 현황

1) 우리나라 항공산업 동향

(1) 우리나라 항공운송산업 현황

2015년 6월말 기준 우리나라 항공운송 관련 등록 또는 신고사업체 규모는 1,486개로 지난 3월 1,380개에서 106개나 증가하였다. 「항공법」 제2조 포함 사업체 기준으로 국내 및 국제 항공운송사업(8개), 소형 항공운송사업(8개), 항공기 사용사업(50개), 항공기 취급업(31개), 항공기 정비업(36개), 상업 서류송달업(605개), 항공 운송총대리점업(178개), 도심 공항터미널업(2개), 항공기 대여업(3개), 항공 레저스포츠사업(61개), 초경량 비행장치사용사업(504개)에 이르고 있다.

국내 또는 국제 항공운송사업은 대한항공, 아시아나항공, 제주항공, 진에어, 에어부산, 이스타항공, 티웨이항공, 에어인천으로 8개 사업체가 있다. 2015년 6월 말 기준으로의 현황을 살펴보면, 〈표 1.5〉와 같다.

〈표 1.5〉 국내 · 국제 항공운송산업 현황 (2015. 6월 기준)

구 분		대한항공	아시아나	제주항공	진에어	에어부산	이스타항공	티웨이항공	에어인천
대표자		지창훈	김수천	최규남	마원	한태근	김정식	함철호	박용광
등록일		1962.11.30	1988.2.24	2005.8.25	2008.4.5	2008.6.11	2008.8.6	2005.3.31	2012.5.22
최초 취항일		1969.3.1	1988.12.23	2006.6.5	2008.7.17	2008.10.27	2009.1.7	2005.8.31	2013.3.5
영업 범위		국내 · 국제	국내 · 국제	국내 · 국제	국내 · 국제	국내 · 국제	국내 · 국제	국내 · 국제	국제
노선망	국내	19	14	4	2	3	3	4	–
	국제	147	102	22	15	14	13	13	3
항공기 보 유	여객	126	75	20	13	14	12	10	–
	화물	30	11	–	–	–	–	–	2
자본금		3,698억	9,755억	1,100억	270억	500억	278억	169억	50억
종사자	조종사	2,732	1,430	270	255	169	132	139	9
	항공정비사	2,282	1,398	211	36	41	101	111	16
	운항관리사	159	113	31	19	17	23	17	5
	객실승무원	6,482	3,930	467	346	282	259	242	–

자료 : 국토교통부 항공산업과

(2) 항공기 등록현황

국내 · 국제 항공운송업체 항공기는 313대, 소형 항공운송사업체 항공기는 25대, 사용사업 164대, 자가용 193대로 총 695대가 등록되어 있다.

〈표 1.6〉 소형 항공운송사업 현황 (2015. 6월 기준)

구 분		대한항공	삼성테크윈	코리아익스프레스에어	헬리코리아	블루에어	예천천문우주센터	유아이헬리제트	드림항공
대표자		지창훈	김철교	노승영	민경조	최인규	박홍서	이상덕	유희범
등록일		1994.9.27	1988.6.17	2007.7.4	1996.9.17	2011.9.5	2014.5.23	2015.3.27	2015.6
최초취항일		2007.7.31	2001.11.11	2009.3.21	2001.11.11	2011.12.26	운항점검 중	운항점검 중	운항점검 중
사업범위		전세 (여객)	전세 (여객, 화물)	전세 (여객)	전세 (여객, 화물)	전세운송 관광비행 지점 간 비행	전세운송 관광비행	전세운송	관광비행
항공기 보 유	고정익	2	–	–	–	–	–	–	1
	회전익	6	6	1	8	1	2	4	–
자본금		2,989억 원	2,656억 원	50억 원	30억 원	10억 원	34억 원	20억 원	36억 원

자료 : 서울지방항공청, 부산지방항공청, 각 소형 항공운송사업체

국내 · 국제 항공운송항공사의 운송용 항공기 현황은 〈표 1.7〉과 같다.

〈표 1.7〉 운송용 항공기 현황

항공사	용 도	기 종	10년 미만	20년 이하	20년 초과	보유 대수	평균 기령
대한항공	여객기	B737-800	14	3	0	17	6.04
		B737-900	0	16	0	16	12.26
		B737-900ER	6	0	0	6	3.21
		B777-200	6	11	0	17	11.88
		B777-300	0	4	0	4	16.63
		B777-300ER	14	0	0	14	3.89
		B747-400	0	9	5	14	18.89
		A330-200	5	3	0	8	9.01
		A330-300	5	15	0	20	11.76
		A380-800	10	0	0	10	3.4
		소 계	60	61	5	126	9.95
	화물기	B747-400F	3	14	0	17	12.89
		B747-8F	6	0	0	6	2.02
		B777F	5	0	0	5	2.25
		A300-600	0	0	2	2	21.74
		소 계	14	14	2	30	9.54
	합 계		74	75	7	156	8.77
아시아나항공	여객기	B777-200	6	6	0	12	9.14
		B747-400	0	3	1	4	18.89
		B767-300	0	5	2	7	18.95
		A321-100	0	2	0	2	14.5
		A321-200	16	7	0	23	6.06
		A320-200	6	2	0	8	7.97
		A330-300	13	2	0	15	5.98
		A380-800	4	0	0	4	1.04
		소 계	45	27	3	75	11.28

항공사	용 도	기 종	10년 미만	20년 이하	20년 초과	보유 대수	평균 기령
아시아나항공	화물기	B747-400F	0	3	7	10	19.63
		B767-300F	0	1	0	1	19.01
		소 계	0	4	7	11	19.32
	합 계		45	31	10	86	12.11
진에어	여객기	B737-800	0	12	0	12	14.45
		B777-200	1	0	0	1	90.1
	합 계		1	12	0	13	14.45
에어부산	여객기	B737-400	0	4	0	4	18.67
		B737-500	0	0	1	1	20.17
		A320-200	3	0	0	6	9.03
		A321-200	0	6	0	6	13.29
	합 계		3	10	1	14	14.41
이스타항공	여객기	B737-700	0	3	0	3	12.5
		B737-800	0	9	0	9	14.40
	합 계		0	12	0	12	13.93
티웨이항공	여객기	B737-800	5	5	0	10	9.89
	합 계		5	5	0	10	9.89
에어인천	화물기	B737-400F	0	0	2	2	23.75
	합 계		0	0	2	2	23.75
여객기		합 계	121	140	9	270	10.30
화물기		합 계	14	18	11	43	11.75
총 계			135	158	20	313	10.50

(3) 우리나라 여객실적 현황

국토교통부 자료에 따른 항공사별 국내선 여객실적은 〈표 1.8〉과 같다.

〈표 1.8〉 항공사별 국내선 여객실적 (단위 : 석, 명)

구 분		공급석			국제선 여객			탑승률(%)		
		2014.6	2015.6	전년대비	2014.6	2015.6	전년대비	2014.6	2015.6	전년대비
대 형 국적사	대한항공	820,528	549,808	3.6	589,720	518,000	−12.2	71.9	61.0	−10.9
	아시아나항공	586,437	504,039	−14.1	447,170	325,111	−27.3	76.3	64.5	−11.8
	소 계	1,406,965	1,353,847	−3.8	1,036,890	843,111	−18.7	73.7	62.3	−11.4
저비용 항공사	에어부산	307,833	311,582	1.2	243,935	237,394	−2.7	79.2	76.2	−3.1
	이스타항공	143,893	188,914	31.3	132,106	143,108	8.3	91.8	75.8	−16.1
	제주항공	282,861	394,203	39.4	260,200	324,267	24.6	92.,	82.3	−9.7
	진에어	230,703	291,777	26.5	215,523	244,450	13.4	93.4	83.8	−9.6
	티웨이항공	199,626	227,082	13.8	184,757	167,875	−9.1	92.6	73.9	−18.6
	소 계	1,164,916	1,413,558	21.3	1,036,521	1,117,094	7.8	89.0	79.0	−10.0
총 계		2,571,881	2,767,405	7.6	2,073,411	1,960,205	−5.5	80.6	70.8	−9.8

자료 : 국토교통부(2015.6)

국내선 여객 점유율 추이를 살펴보면, 대형 국적사는 2013년 50.2%, 2014년 50.0%, 2015년 57%를 차지하고 있고, 국적 저비용항공사는 2013년 49.8%, 2014년 50%, 2015년 43%를 차지하여 상승하던 국내선 점유율이 잠시 주춤하고 있는 것을 알 수 있다.

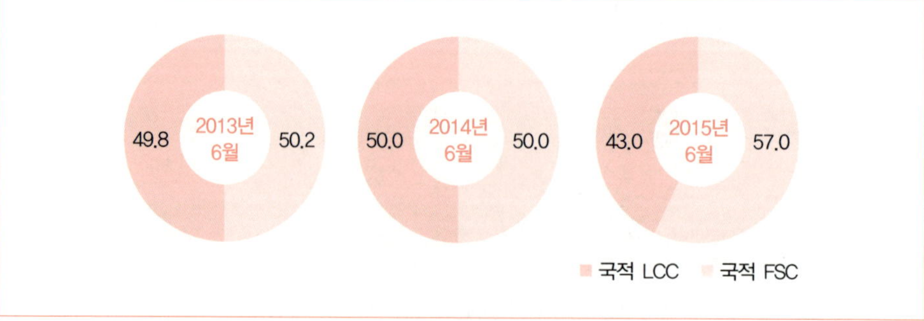

[그림 1.12] 국내선 여객 점유율 추이(%)

항공사별 국제선 여객실적은 〈표 1.9〉와 같다.

〈표 1.9〉 항공사별 국제선 여객실적 (단위 : 석, 명)

구 분		공급석			국제선 여객			탑승률(%)		
		2014.6	2015.6	전년대비	2014.6	2015.6	전년대비	2014.6	2015.6	전년대비
대 형 국적사	대한항공	1,863,388	1,870,973	0.4	1,344,104	1,236,713	−8.0	72.1	66.1	−6.0
	아시아나항공	1,276,306	1,311,504	2.8	1,001,502	848,190	−15.3	78.5	64.7	−13.8
	소 계	3,139,644	3,182,477	1.4	2,345,606	2,084,903	−11.1	74.7	65.5	−9.2
저비용 항공사	에어부산	128,946	166,731	29.3	99,486	101,573	2.1	77.2	60.9	−16.2
	이스타항공	97,994	88,674	−9.5	85,498	60,175	−29.6	87.2	67.9	−19.4
	제주항공	210,222	304,011	44.6	174,994	213,914	22.2	83.2	70.4	−12.9
	진에어	117,102	149,694	27.8	98,507	107,245	8.9	84.1	71.6	−12.5
	티웨이항공	62,181	107,382	72.7	51,179	63,651	24.4	82.3	59.3	−23.0
	소 계	616,445	816,492	32.5	509,664	546,558	7.2	82.7	66.9	−15.8
국적사계		3,756,089	3,998,969	6.5	2,855,270	2,631,461	−7.8	76.0	65.8	−10.2
외항사계		2,240,780	2,176,278	−2.9	1,734,689	1,403,795	−17.1	77.4	64.5	−12.9
총 계		5,996,869	6,175,247	3.0	4,589,959	4,035,256	−12.1	76.5	65.3	−11.2

자료 : 국토교통부(2015.6)

국제선 여객 점유율 추이를 살펴보면, 외항사 점유율은 크게 변동 없이 약 35%(2015년 34.8%)를 차지하고 있고, 국적 저비용항공사의 점유율이 조금씩 높아지고 있는 추세(2013년, 94% → 2015년, 13.5%)이다.

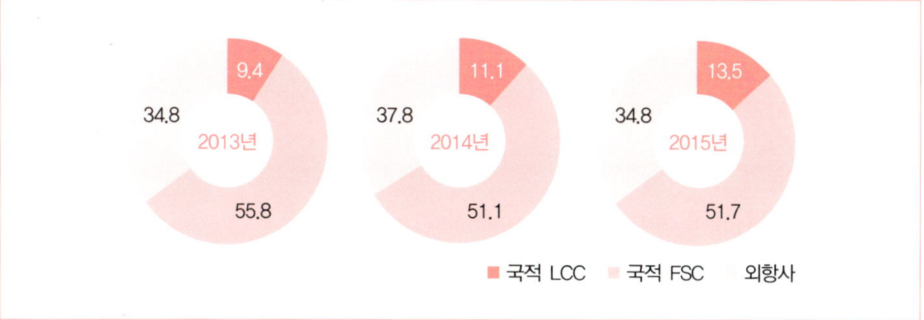

자료 : 국토교통부(2015)

[그림 1.13] 국제선 여객 점유율 추이(%)

(4) 우리나라 항공협정 및 노선현황

우리나라 항공협정 체결 국가는 미주 10개, 러시아/독립국가연합 9개, 서남아 6개, 동북아 6개, 동남아 10개, 아프리카 12개, 대양주 5개, 구주 25개, 중동 11개로 총 94개국이다.

〈표 1.10〉 우리나라 항공협정 체결국가

지 역	복수제	단수제
미주	미국, 브라질, 멕시코, 아르헨티나, 캐나다, 칠레, 페루, 에콰도르, 파라과이, 파나마	
러시아/독립국가연합	러시아, 우즈베키스탄, 카자흐스탄, 키르기스스탄, 우크라이나, 아제르바이젠, 벨라루스, 투르크메니스탄, 타지키스탄	
서남아	인도, 네팔, 파키스탄, 스리랑카, 몰디브	방글라데시
동북아	중국, 일본, 대만, 홍콩, 마카오, 몽골	
동남아	말레이시아, 싱가포르, 베트남, 인도네시아, 태국, 필리핀, 브루나이다부살람, 미얀마, 캄보디아, 라오스	
아프리카	케냐, 모로코, 알제리, 남아프리카공화국, 수단, 튀니지, 에티오피아, 세이셸	지부티, 가봉, 라이베리아, 나이지리아
대양주	뉴질랜드, 호주, 피지, 팔라우, 파푸아뉴기니	
구주	영국, 프랑스, 독일, 네덜란드, 폴란드, 스위스, 벨기에	
중동	아랍에미리트, 바레인, 이집트, 이란, 오만, 카타르, 이스라엘, 사우디아라비아	이라크, 요르단, 쿠웨이트
계 94국	86개	8개

자료 : 국토교통부 국제항공과

2) 글로벌 항공산업 동향

(1) IATA 항공사 재무현황

- 미국 항공사 주가는 계속되는 투자자들의 차익 취득으로 인해 지속적으로 하락했으나, 6월 들어 2014년 대비 10% 상승하였다.
- 아·태지역 항공사 및 미국 항공사들은 1/4분기의 경제적 성과로 큰 이익 향상을 보여주었다.
- 원유가격은 2015년 5월 소폭 상승한 이후 6월 이후 하락세이다. 이란과 미국으로부

터 공급 원유가격 증가 기대감에 따른 결과로, 2014년 동월 대비 45% 하락하였다.

- 미국 여객 수익률은 매년 5%씩 감소하고 있는 추세이다. 다른 지역은 더 큰 폭으로 감소하고 있으며, 이는 연료비 감소와 수요대비 공급이 많은 상황이 반영된 결과이다.
- 무역활동의 약세로 FTK 변동이 거의 없는 상황이지만, 항공운송 규모는 계속해서 급격한 확장 추세를 보인다.
- 2015년 5월 유상좌석 증가는 예비기의 증가로 인한 수요확장 효과로 볼 수 있다.
- 화물 탑승률은 2009년 중반 이후 가장 큰 폭으로 하락한 반면, 여객 탑승률은 지속적으로 80% 이상을 유지하고 있다.

(2) 항공사 주가

- 전 세계 항공 주가는 2015년 5월과 비교하여 6월에 5.0% 하락하였고, 전 세계 항공사 지수상승은 전년 대비 10% 상승에 달하고 있다. 최근 몇 년 간 항공유 하락은 미국 달러화 강세 및 제트유가의 하락에 기인하고 있다.
- 미국 항공사는 미국 달러화 강세로 국제선 항공여행이 하락하고 있고, 투자자들의 시세차익 취득으로 항공사 주가가 지속적으로 하락하고 있다.
- 아 · 태지역 항공사를 비롯하여, 특히 미국 항공사에서 1/4분기의 경제적 성과로 큰 이익 향상을 보여주었다.
- 81개의 항공사 기록이 운영이익과 순이익 부문에서 상당한 성과가 있었고, 북아메리카로부터 성장을 시작하여 연료비 절감과 급속한 성장으로 인해 통합과 비용절감이라는 효과를 얻었다.
- 아 · 태지역 항공사도 마찬가지로 성장하였다. 중국 항공사들은 강한 수요와 운영 효율증대로 인해 확고한 성장을 이루어내고 있다.

(3) 유가

- 원유가는 1월 $50/bbl 이하로 하락하여 지난 6년간 가장 낮은 수준이다.
- 미국과 이란으로부터의 공급증대 기대감에 기인하고 있다.

(4) 수요

- 항공운송 규모는 강한 상승 추세이다. 유가하락으로 활발한 경제활동과 여객수요 증가를 예상하고 있다.
- 항공 화물량은 0.5% 하락하였는데, 이는 2014년 말부터 시작된 저성장에 기인하고 있다. 아시아를 중심으로 전 세계적 트렌드 변화로 인한 현상으로 분석된다.

(5) 공급력

- FTK는 저성장인 반면, ASK는 강한 성장세를 유지하고 있다.
- 다소 평탄한 증가율이지만, 글로벌경제 약화에 대한 우려가 이미 항공화물 수요에 기 반영되었으므로 긍정적 추세가 일치하고 있다.
- 신규기 숫자가 감소했음에도 불구하고 유효 좌석이 급증하였다.

(6) 여객 탑승률 및 화물 탑재율

- 최근 공급량의 증가에도 불구하고 여객 탑승률은 지속적인 증가추세이다.
- 국제선 여객 탑승률은 2014년 중반부터 상승하였고, 국제선 여객 탑승률은 다소 약한 상승추세이다.
- 화물 탑재량은 하락하고 있으며, 항공화물 탑재율은 2009년 이래 가장 낮은 수준이다.

(7) 매출

- 미국 여객은 최근 몇 개월 사이 지속적으로 하락하여 전년 동월 대비 약 5% 하락하였다. 수요하락은 유가하락 압박과 수요 대비 많은 공급력에 의하고 있다.
- 반대로 국제시장에서 미국달러 약세가 지속되고 있고, 국제운임 약화는 유가하락 압박과 환율 왜곡을 반영하고 있다.
- 운임 수치는 유류할증료와 부수적인 수입을 제외한 수치이다.

(8) 항공사 제휴현황

- 항공사 제휴별 ASK 기준 운송력 점유율은 스타 얼라이언스Star Alliance 2.1%, 스카

이팀Sky Team 19.1%, 원월드One World 17.7%, 저비용항공사 19.7%, 기타항공사 20.5%이다.

- 항공사 제휴별 기단 현황은 스타 얼라이언스Star Alliance 3,391대, 스카이팀Sky Team 2,933대, 원월드One World 2,965대, 저비용항공사 3,677대, 기타항공사 10,408대이다.

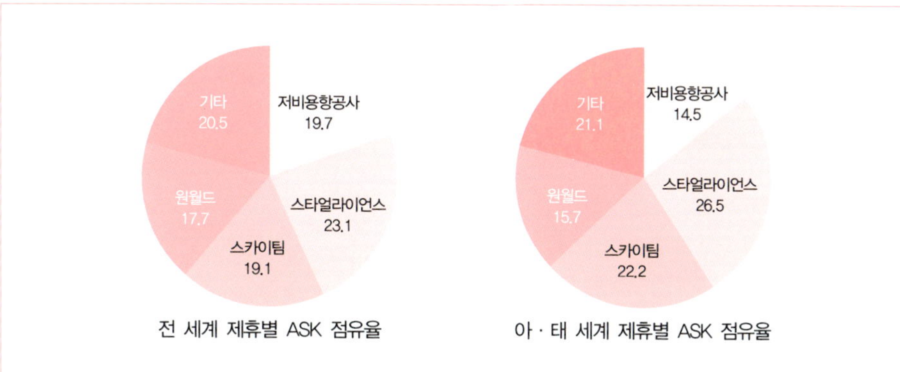

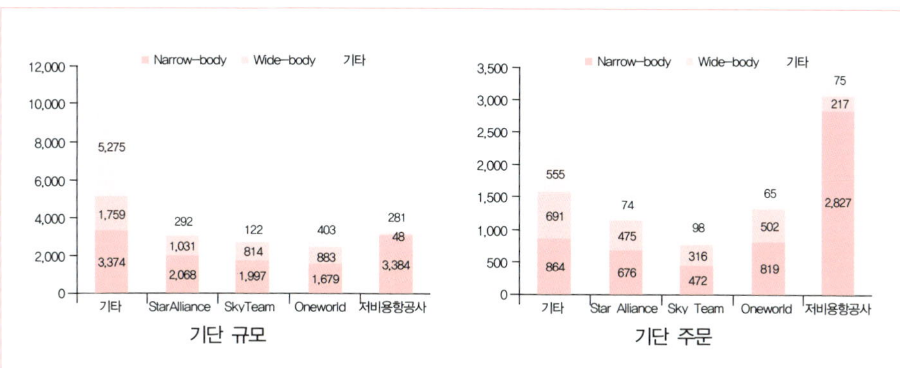

자료 : 국토교통부(2015.6)

[그림 1.14] 항공사 제휴별 현황

Aviation
Transportation
& Industry

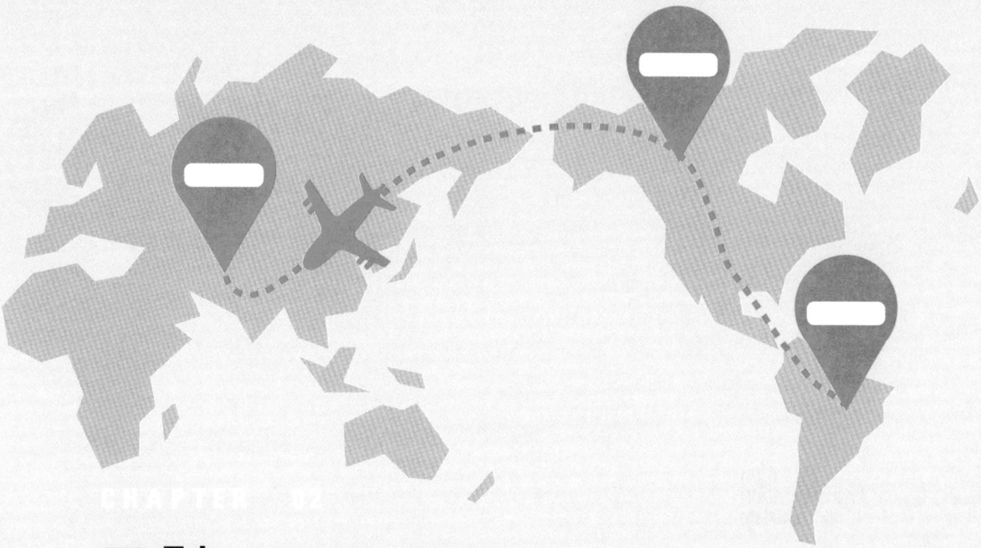

CHAPTER 02

공항

Aviation Transportation & Industry

Aviation
Transportation
& Industry

01 공항의 이해

1) 공항의 정의

1950년대 말부터 1960년대 초, 민간항공기의 등장으로 항공수송은 현격한 발전을 이룩하게 되었다. 대형화 된 항공기가 안전하게 이 · 착륙하기 위해서는 넓고 평평한 공간을 필요로 하였다. 이러한 필요에 의해 만들어진 것이 공항이다. 즉 공항은 민간항공기의 이 · 착륙이 가능하고 항공수송에 필요한 시설과 기능을 갖춘 곳을 말한다.

국제민간항공기구ICAO에서는 공항을 'Aerodrome'로 표기하고 "공항이란, 항공기의 출 · 도착 및 지상이동을 위해 요구되는 건물, 시설, 장비 등이 갖추어진 육지나 수상의 일정한 구역"으로 정의하였다. 또한 미국연방항공청FAA은 공항을 'Airport'로 표기하고 "공항은 정기적으로 여객이나 화물을 싣고 내리는데 이용되는 착륙지역"으로 정의하였다.

우리나라 「항공법」 제2조5항에서는 "공항이라 함은 공항시설을 갖춘 공공용 비행장으로써 건설부장관이 그 명칭과 위치 및 구역을 지정하고 고시한 것"을 말한다. 이는 공항이 단순히 항공기의 이 · 착륙에 필요한 장소만을 의미하는 것이 아닌, 항공사가 여객과 화물을 운송하는데 요구되는 각종 시설과 장비를 갖추고 비행을 위한 공역이 확보되어 있는 상태의 비행장을 의미한다. 또한, 「항공법」 제2조4항에는 "비행장Aerodrome이란, 항공기의 이륙과 착륙을 위해 사용되는 육지 또는 수면으로써 공항을 포함하는 포괄적인 개념"으로 공항을 정의한다. 따라서 공항은 항공기의 이 · 착륙 및 여객 · 화물의 운송을 위한 시설과 그 부대시설 및 지원시설을 갖춘 공공용 비행장을 말한다.

공항을 정의하기 위해서는 공통적으로 요구되는 요소들Required Factors이 있는데, 공간Spatial, 시설Facility, 주체Initiative, 운영Operation 요소로 나눌 수 있고, 공항의 이용 목적에 따라 구분할 수 있으며 당해 공항이 수행하고 있는 기능, 역할 및 지역적 위치와 시설 규모에 따라 구분된다.

인천 국제공항

밴쿠버 국제공항

창이 국제공항

뮌헨 국제공항

홍콩 국제공항

도쿄 하네다 국제공항

런던 히드로 국제공항

베이징 서두우 국제공항

[그림 2.1] 세계 각국의 공항

(1) 공항의 요소에 따른 구분

① **공간요소**Spatial Factors

공항을 구성하고 있는 물리적인 범위로써 육지나 지표, 수상 등이 된다. 이와 같은 공간요소는 공항의 가장 기본적인 요소가 되는 것이다.

② **시설요소**Facility Factors

「항공법」에 의한 공항시설은 "항공기의 이·착륙 및 여객·화물의 운송을 위한 시설과 그 부대시설 및 지원시설로써, 공항구역에 있는 시설과 공항구역 밖에 있는 시설 중 다음의 시설로써 국토해양부장관이 지정한 시설"을 말한다. 따라서 항공기가 이·착륙을 할 수 있도록 제공되는 시설로써 항공기, 지상조업장비, 항공교통관제시설, 터미널, 주차장 등이 포함된다.

③ **주체요소**Initiative Factors

실제적으로 공항을 운영하기 위한 주체나 대상이 되는데, 여기에는 크게 여객, 화물, 항공사, 공항운영자, 기타 운영관련자나 기관 등이 포함된다.

④ **운영요소**Operational Factors

항공기 운항을 직·간접적으로 지원하는 요소로써 항공기 이·착륙, 정비, 주기Aircraft Parking, 지상조업, 관리 등이 포함된다.

이상의 요소들을 투입하여 복합적인 기능을 분담함으로써 항공교통서비스를 만족스러운 수준에서 제공해 주는 장venue이 바로 공항이 되는 것이다. 즉 공항이란, "공간적인 요소인 육지나 지표 또는 수상의 일정한 지역적 범위를 나타내는 곳으로써, 주체요소 중에서 가장 핵심이 되는 여객과 화물의 지상운송Ground Transport과 공중운송Air Transport을 연계하기 위해 투여되는 항공기의 운영과 관련된 각종 시설 및 서비스가 제공되는 곳이며, 항공사와 공항 운영자를 비롯한 다양한 하부시스템Sub System들이 항공기 이·착륙, 정비, 지상조업 등과 관련된 운영행위Operational Activities를 실행하는 물리적인 공간"으로 정의할 수 있다.

(2) 공항의 이용 목적에 따른 구분

공항의 이용 목적에 따라 민간항공용 공항과 군항공용 공항으로 구분할 수 있는데, 민간항공 당국과 군 당군 간의 협의에 따라 군용비행장을 민간항공용 공항으로 겸용하는 경우가 많다. 우리나라의 경우 김해, 대구, 광주, 청주, 사천(공군비행장), 포항(해군비행장), 목포(해군비행장), 군산(미군비행장) 공항 등이 민간항공용 공항과 군용비행장을 함께 사용하고 있다.

우리나라에서 현재 이·착륙이 이루어지고 있는 공항은 총 15개의 공항이지만, 그 이동거리에 따라 구분을 할 수 있다. 국제공항으로는 인천 국제공항, 김포 국제공항, 제주 국제공항, 김해 국제공항, 청주 국제공항, 대구 국제공항, 양양 국제공항, 무안 국제공항 등 총 8개의 공항이 있으며, 국내공항으로는 군산공항, 여수공항, 포항공항, 울산공항, 원주공항, 사천공항, 광주공항 등 총 7개의 공항이 있다.

〈표 2.1〉 공항의 이용 목적에 따른 구분

구 분	공 항
민간 전용공항	인천, 김포, 제주, 울산, 여수, 양양, 무안
민 · 군 공동사용공항	김해, 대구, 광주, 청주, 사천, 원주, 포항, 군산
국제공항	인천, 김포, 제주, 김해, 청주, 대구, 양양, 무안
비행훈련원	울진

① 민간 전용공항

김포 국제공항

제주 국제공항

울산공항

여수공항

양양 국제공항

무안 국제공항

② 민 · 군 공용사용공항

김해 국제공항

청주 국제공항

사천공항

③ 국제공항

인천 국제공항

대구 국제공항

④ 비행훈련원

울진공항

(3) 공항의 기능과 역할 및 규모에 따른 구분

각 국가별로 공항은 다음과 같은 몇 가지 사항을 중심으로 공항을 구분하기도 하는데, 공항은 자체 공항의 기능과 역할, 지역적인 위치와 시설의 규모에 따라 구분되어진다.

영국에서는 기능과 역할 측면에서 관문 공항, 일반항공용 공항과 지역적인 위치를 고려하여 지역 공항과 지방 공항 등 총 4개로 구분하고 있으며, 미국의 경우는 기능과 역할 측면에서 상업용과 일반항공용 공항으로 구분하고 있다.

반면, 일본에서는 기능과 역할 측면에서 국가의 관문 역할을 하는 공항을 제1종 공항으로, 지역적인 위치를 고려하여 지역의 항공수송거점 역할을 하는 공항을 제2종

공항으로 구분하며, 시설규모에 있어 소규모이나 지방의 항공교통편의 증진을 위하여 설치된 지방 공항을 제3종 공항으로 구분하고 있다.

우리나라의 공항은 특별히 구분되어있지는 않지만, 동북아 중심으로 거듭 성장하는 인천 국제공항을 관문 공항으로 구분할 수 있으며, 김포 국제공항은 국내선 및 국제선의 보조공항 역할을 담당하는 공항으로, 그 밖의 공항들은 지역의 거점공항 역할을 담당할 수 있는 개념으로 구분하고 있다.

〈표 2.2〉 공항 구분

국 가	기능과 역할	지역적인 위치	시설 규모
영국	관문 공항 일반항공용 공항	지역 공항 지방 공항	
미국	상업용 공항 일반항공용 공항		
일본	제1종 공항 (관문역할)	제2종 공항 (지역의 항공수송거점 역할)	제3종 공항 (소규모 지방 공항)

2) 공항의 기본시설

(1) 기본시설

공항의 기능을 유지하기 위해 필요한 여러 가지 시설 중 항공기의 이 · 착륙과 관련하여 직접 또는 간접적으로 필요로 하는 시설을 '공항의 기본시설'이라고 한다. 공항의 기본시설은 착륙대, 유도로, 주기장 그리고 항공보안시설로 구분되어진다. 이 중 관제 및 등화를 담당하는 항공보안시설을 제외한 나머지 시설에서 항공기의 이 · 착륙이 이루어지게 된다.

① 착륙대Landing Area

항공기가 이 · 착륙하기 위한 비행장에 설정된 일정한 공간의 평면을 착륙대Landing Area라고 한다. 여기에는 활주로Runway 외에 과주대Overrun Area, 숄더Shoulder 등의 안전 여유 구역이 포함된다. 이 · 착륙대가 작은 비행장에서는 B747이나 A300, A380 등의 대형 항공기의 이 · 착륙이 불가능하다. 이러한 공항은 착륙대의 크기에 따라 그 등급이 정해지는데, 「항공법」에서는 착륙대의 규모를 9등급으로 구분하여 비행장의 규격을 정하고 있다.

○ 활주로Runway

항공기가 이 · 착륙 할 때 가속이나 감속하기 위해 필요한 지상 활주용 노면을 '활주로'라고 한다. 일반적으로 공항의 규모는 활주로의 수와 길이에 의해 결정된다고 해도 과언이 아니다. 활주로의 수는 항공수요와 기상조건을 고려하여 결정되며, 활주로는 공항지역에서 바람이 가장 많이 부는 방향으로 설정하여 바람의 영향을 최소화하게 된다. 활주로는 길이뿐만 아니라 강도가 중요하기 때문에 이 · 착륙하는 항공기의 하중 및 교통량에 견딜 수 있도록 포장되어야 한다. 따라서 각 공항의 활주로에는 강도가 표시되어져 있다.

동부아프리카 세이셀공항

알래스카 앵커리지공항

이집트 알렉산드리아공항

인도양 말레공항

일본 나리타공항

호주 브리지번공항

○ 과주대Overrun Area

항공기가 착륙을 잘못하여 다시 착륙하거나(진입복행) 활주로를 이탈할 경우에 그 안전을 확보하기 위해 설치된 지역을 '과주대Overrun Area'라고 한다. 일반적으로 항공기는 착륙 시 활주로 길이의 60% 이내의 거리에서 정지하도록 되어있으나, 접지점이 틀렸거나 브레이크에 고장이 나거나 활주로 표면이 미끄러운 상태에서는 활주로의 말단Runway Threshold에서도 정지를 못하고 이를 넘어가서Overrun 정지하는 경우가 있다. 이에 대비하여 활주로 양단의 바깥쪽으로 항공기의 중량을 견딜 수 있는 강도를 가진 구역을 연장 설치하고 있는데, 이것을 '과주대'라 한다. 비행장에 따라서는 과주Overrun에 의한 사고방지를 위해 활주로 말단에 나일론 망Net을 설치하여 사고위험 시에 원격조종으로 안전망을 일으켜 항공기를 정지하는 방법을 택하기도 한다.

흰색 화살표 부분과 좌 · 우 흰 선 바깥 부분이 '과주대'

활주로 좌 · 우측에 설치된 '과주대등'

○ 숄더Shoulder

포장면과 인접 지면 사이를 구분하기 위하여 포장면의 가장자리에 설정된 구역이다.

공항 숄더

(2) 유도로Taxiway

항공기가 활주로와 주기장 및 정비지역을 왕복하는데 이용하는 통로를 '유도로Taxiway'라고 한다. 유도로는 항공기의 이 · 착륙 횟수와 지상조업 능력 등을 고려하여 항공기의 지상이동을 원활히 수행할 수 있도록 적정한 규모로 설계되어야 한다. 따라서 항공기의 이 · 착륙 횟수가 적은 공항에서는 활주로와 주기장을 연결하는 유도로가 하나 정도면 충분하지만, 이 · 착륙 횟수가 많은 공항에서는 선회 유도로, 평행 유도로, 고속탈출 유도로 등이 필요하며, 일반적으로 '평행 유도로'와 활주로를 연결하는 유도로를 '설치 유도로'라 한다.

설치 유도로와 평행 유도로

(3) 주기장Apron

승객의 승강, 화물의 적재 및 하기, 연료보급 및 정비 등을 하기 위해 항공기가 주기하는 장소를 '주기장'이라고 하며 터미널 빌딩과 정비지구에 접해서 위치한다. 그 목적에 따라 탑승 주기장Loading Apron, 정비 주기장Maintenance Apron, 야간 주기장Night-stay Apron 등으로 나누어지며, 주기장의 수를 나타내는 단위로 '스팟Spot'을 사용하고 있다.

주기장의 예

(4) 항공안전보안시설

항공기가 항행하는데 이용되는 항행 보조시설의 총칭이다. 항공기에 탑재되거나 지상에 설치되어 있는 시각적 또는 전자적 장치로, 항행 중인 항공기에 대해 항로와 관련된 정보Point to Point 또는 위치에 관한 데이터를 제공한다.

항공기는 항공보안시설의 지원을 통해 안전하고 질서 있게 신속한 항행이 보장될 수 있다. 항공보안시설에는 전파에 의해 항공기의 항행을 원조하는 '항공보안무선시설', 등화에 의해 항공기의 항행을 원조하는 '항공등화', 주간 항행에 장애가 되는 물건의 존재를 인식하게 하는 '주간장애표시' 등이 있다. 항공보안무선시설은 항행원조시설, 관제시설, 통신시설, 등화시설 등으로 구분된다.

① 항행원조시설Distance Navigational Aids

항행원조시설은 무지향성 중·장파 무선표지, 초단파 전방향식 무선표지, 레인지, 거리측정전파장치, TACAN 등이 있으며, 항행원조시설을 통해 항공기 항법은 정확성을 기할 수 있게 된다. 관제사에 의한 위치의 파악 및 항공기 상호간의 간격 설정이 정확하게 이루어짐은 물론, 여러 겹의 항공로 · 비행경로의 설정 및 지정이 가능하게 되어 교통의 흐름을 원활하게 할 수 있다.

터미널 공역(空域) 항행원조시설로는 공항 내 또는 그 주변에 설치되어 진입경로의 설정, 상공대기경로의 설정을 원조하기 위한 계기진입을 항행원조시설과 계기착륙을 원조하기 위한 착륙원조시설이 있어, 로컬라이저 글라이드 패스 · 마커 등으로 형성되는 계기착륙장치ILS가 이 목적에 사용되고 있다.

② 관제시설Air Control Tower

항공기의 안전운항을 지원하는 시설로써 항공기와 항공기 간의 상호 충돌방지와, 지상 장애물과 항공기와의 충돌방지 등 항공교통의 안전과 질서유지에 그 목적을 두어 운영하고 있다. 특히 항공기 조종사에게 필요한 지시와 정보를 제공하는 관제업무를 수행하는 곳을 '관제탑ATC : Air Traffic Control Tower'이라 한다. 항공용 주파수 대역을 이용하여 운항하는 항공기와 관제탑 간의 무선통신시설이며, 공항별로 할당된 주파수는 다르며, 비상사태를 대비한 주파수는 전 세계가 공통적으로 사용한다.

스웨덴 외른스쾰드스빅 공항의 관제시설

③ 통신시설Communication Facility

항공 통신시설은 항공의 안전을 확보하고 정기성을 유지하기 위해 관제기관 및 각 항공기관 상호간의 정보를 신속 정확하게 교환시키는 시설로, 대공무선 전화시설 및 고정무선 통신시설이 있다.

레이더자료처리장치

항공교통관제통신시스템

단거리이동통신시설

④ 등화시설ALS : Airfield Lighting System

항공기가 무선시설을 이용하여 공항에 접근한 후에는 조종사가 육안으로 활주로에 접근하여 착륙하게 되는데, 등화시설은 야간 또는 계기 기상상태 하에서 항공기의 운항에 도움을 주기 위하여 램프Lamp로 만들어진 시설이다. 진입등, 활주로등, 유도로등 등이 있다.

진입등 (1)

진입등 (2)

유도로등

3) 공항터미널 시설

항공운송산업에서 가장 중점적인 사항은 '다국적 항공기 여행객의 안전과 편의 및 신속한 서비스로 고객의 만족을 이끌기 위해 지속적인 노력을 가하는 것'이라고 할 수 있다. 그렇기 때문에 공항터미널은 항공여행의 시작과 끝을 경험하게 되는 공항의 중심 시설로, 항공기를 이용하는 여행객의 출·입국 및 편의시설을 갖추고 항공여행객에게 편의를 제공해 준다. 이를 위해 항공사, 공항 당국, 정부 관련기관 등 공항 업무를 위한 시설을 갖추고 있으며, 항공여행객의 항공노선에 따라 국내선 터미널과 국제선 터미널로 구분되어지고, 여객과 화물의 분류사항에 따라 여객터미널과 화물터미널로 구분된다.

(1) 여객터미널Passenger Terminal

여객터미널에서는 항공기를 이용하는 여행객의 원활한 항공여행을 위해 크게 세 가지 시설을 구비하고 있다.

① 항공사의 시설

- 예약 · 발권시설 : 항공편의 예약과 발권 등 영업업무를 위한 시설
- 탑승수속Check-in시설 : 탑승객의 좌석배정 및 수하물 인수를 위한 시설
- 수하물 처리Baggage Handling시설 : 수하물의 탑재와 하역 및 운반을 위한 시설
- 화물 처리Cargo Handling시설 : 항공화물의 상역과 하역 등을 위한 시설
- 라운지시설 : 각 항공사의 귀빈이나 전용회원을 위한 휴게 및 대기시설을 갖춘 공간

예약 및 발권

탑승수속

수하물 처리

화물 처리

인천국제공항 아시아나항공 라운지

인천국제공항 대한항공 라운지

② 정부 관련기관 시설

- 출 · 입국Immigration관리시설 : 여행객들의 적법한 출 · 입국 심사를 위한 시설
- 세관Customs시설 : 수출 · 입 화물과 수하물에 대한 검사시설로, 해외로 반출되거나 국내로 반입되는 화물과 수하물의 적법성 여부를 검사하기 위한 시설
- 검역Quarantine시설 : 여행객의 전염병 감염여부를 검사하고 관리하기 위한 예비 검역시설과, 해외로 반출되거나 국내로 반입되는 동 · 식물에 대한 질병 감염여부를 검사하기 위한 시설
- 기타시설 : 우편물, 경비, 병무신고, 정보 및 수사, 무역 및 관광진흥 등과 관련한 업무를 전담하기 위한 각종 공항시설

③ 공항 당국의 여객서비스 시설

공항 운영당국이 공항 이용객의 편의를 위해 직접적으로 또는 간접적으로 운영하는 서비스 시설이다.

- 입국안내 등 서비스 카운터
- 운항시각 등 항공여행의 안내를 위한 운항안내표지판Flight Information Display System; FIDS 시설
- 대기시설 및 휴게시설
- 쇼핑과 휴식을 위한 면세점 등 편의시설
- 환전을 위한 금융기관
- 수하물 보관소
- 인터넷 등 통신서비스시설
- 셔틀버스 운행 및 주차시설
- 응급 의료시설

환전을 위한 금융기관

인터넷 등 통신서비스

셔틀버스

주차장

(2) 화물터미널Cargo Terminal시설

공항의 화물터미널은 공항과 가까운 위치에 인접하고 있으며, 항공화물과 우편물 등이 집산되는 항공 물류의 중심지로 의미된다. 국제 항공운송이 이루어지는 화물터미널에는 정부 관련기관의 세관시설 및 동·식물의 검역시설, 항공사의 수출·입 화물, 통과 화물Transit Cargo의 취급을 위한 세관시설, 항공화물회사 및 화물운송대리점의 화물 취급시설 등이 갖추어져 있다.

- 정부 관련기관의 세관시설
- 동 · 식물의 검역시설
- 항공사의 수출 · 입 화물 세관시설
- 통과화물 취급을 위한 세관시설
- 항공화물회사시설
- 화물운송대리점의 화물 취급시설

(3) 지상조업시설

공항터미널은 여객 및 화물을 위한 기본시설 이외에 항공운송을 지원하는 부대시설이 반듯이 요구된다. 「항공법」에 따르면, "지상조업은 항공기 취급업의 일종으로써 공항 또는 비행장에서 항공기의 정비, 급유, 하역 및 기타 지상조업을 하는 사업"으로 정의된다. 지상조업 시설은 크게 항공기의 운항을 가능하게 하는 공항의 지원업무와 부대업무 및 항공기의 이 · 착륙에 필요한 지상에서의 지원서비스로 구성된다.

① 램프서비스Ramp Service시설

항공기가 착륙하여 다시 이륙하기까지 수행되어지는 램프를 중심으로 수행되는 지상조업이다.

- 항공기의 유도 및 견인
- 수하물 및 화물의 탑재와 하역
- 항공기 객실 및 외부청소
- 시동점화 및 전원공급
- 제설 및 방빙Anti-icing
- 식수공급

- 조업장비 정비
- 화장실 청소
- 기타 항공화물의 취급

② 여객서비스시설

항공여행객의 안전과 편리한 공항 이용 및 수하물을 신속하고 정확하게 분류하여 운송하기 위한 공항업무를 위한 시설이다.

- 승객의 탑승
- 승객의 하기 및 이동서비스
- 장애인 특별지원
- 수하물서비스

③ 기내식 사업

기내식 사업Catering이란, 항공기의 출발편에서는 승객에게 기내식, 음료, 잡지 등 서비스 품목을 최상의 상태로 제공할 수 있도록 전용 컨테이너에 적재하여 항공기의 출발편에 맞춰 기내의 지정된 위치에 탑재하며, 도착편에서는 각종 기내식 물품을 하역하여 이를 다시 기내식 센터로 반입하는 업무를 수행한다. 기내식 사업을 위한 시설은 다음과 같다.

- 조리
- 기내식 물품의 탑재 및 하기
- 기내식 세팅
- 기내식 물품의 수리

④ 항공기 급유

항공기 운항을 위한 연료를 저장하여 급유장비 등을 이용하여 항공기를 급유하는 작업이 이루어진다.

⑤ GSE 정비 및 격납고

GSEGround Service Equipment란, 항공기에 지상조업 지원을 위해 사용되어지는 장비를 뜻하며, 점검과 예방 정비를 통해 최적의 상태로 유지하기 위한 정비 업무이다. 격납고Hanger는 항공기의 점검과 부품관리 및 정비관리 점검 등의 업무가 수행된다.

유도, Follow-me서비스, 인터폰서비스

Step Car, Ramp Bus서비스

화물 · 수하물 상 · 하역서비스

수하물 조업서비스

Push Back / Towing서비스

기내식 운반 탑재 / 하기서비스

[그림 2.2] 지상조업서비스

4) 공항의 중요성과 특징

(1) 공항의 중요성

항공운송산업은 항공규제 완화정책과 항공자유화 추세로 치열한 생존경쟁이 심화되고 있다. 이러한 맥락에서 항공사 간 제휴와 연합의 동맹체제의 양상을 펼치며 항공수요 결정지점에 중심공항Hub을 배치하고, 근거리 항공을 방사형으로 연결하는 허브와 스포크Hub & Spork시스템으로 발전하고 있다.

미래지향적인 공항으로 선점하기 위해서는 빠른 환경의 변화에 미리 대처할 수 있는 능동적 자세가 요구됨에 따라, 세계 각국은 대규모의 허브공항 건설에 노력하고 있다. 미국의 뉴덴버 신공항, 독일의 뮌헨 신공항, 아시아 · 태평양 지역의 항공 수요에 대처하기 위해 일본 오사카의 간사이공항, 홍콩의 첵랍콕공항, 중국의 푸동공항, 말레이시아의 세팡공항, 싱가포르의 창이공항, 우리나라의 인천 국제공항이 그 대표적인 예라고 할 수 있다. 따라서 향후 경쟁력 있는 공항으로 기대하는 요인은 공항기능 이상의 국제 업무와 정보통신 업무의 거점역할로 수행이 가능하며, 공항시설을 기반으로 한 경제활동의 중심지로의 공항도시가 요구된다.

(2) 공항의 기능과 특징

21세기 들어서면서 세계 각국의 신공항으로 개발되는 공항은, 기존의 공항과는 새로운 특징과 기능을 가지고 있다. 공항이 항공기 운항기지와 여객 및 화물운송기지로서의 역할에 중점을 둔 기존 공항과는 달리, 새로이 개발되는 신공항은 물류거점 기능과 국제 업무 공간 등 다음과 같은 몇 가지 사항을 신공항의 기본적인 필수요건으로 두고 공항개발을 추진하고 있다.

① 단순한 운송기지 기능을 벗어난 복합 기능의 공항도시로 구축하고자 한다.

기존의 공항에서 공항 자체의 고유 기능만을 실천해왔다면, 신공항에서는 고유 기능을 포함한 국제 업무와 정보 · 통신의 거점 기능을 공항 주변에 배치하고 중간기착지로의 역할을 위해 편리한 환승시스템을 구축한다. 또한 쇼핑, 운동, 휴양, 오락시설 등의 편의시설까지 고려하여 개발하고 있다.

② 지상접근체계를 개선하여 여객편의를 제공함으로써 공항 운영의 성공을 꾀한다.

기존의 공항은 도로나 철도 등에 의한 단순한 접근체계였으나, 신공항은 공항과 배후도시 간의 접근교통시간을 단축시키기 위해 다중접근체계를 개발하고 있다.

③ 공항건설과 운영의 민영화를 확산하고 있다.

공항시설에 대한 적절한 확충 및 여객에 대한 수준 높은 서비스 제공, 효율적인 공항 운영을 위해 민영화를 확대하고 있는 추세이다. 영국의 British Airports Authority는 공항 민영화의 최초사례이며, 이후 독자적 생존력이 있다고 판단되는 공항들은 민영화 추진을 보였다. ICAO의 최근 자료에 의하면, 190개 체약국 중 약 12개 국가들이 공항의 민영화 또는 민영화의 일부 형태를 취하는 것으로 조사되었다.

④ 고객 중심의 공항 운영과 공항의 수익성 향상을 도모한다.

세계 주요공항의 운영당국에서는 공항이 제공하는 시설과 서비스 개선을 통해 항공기를 이용하는 여행객의 유치를 위해 공항 운영성과를 지속적으로 만족도 개선프로그램을 운영하여 활용하고 있다. 더불어 공항경영 환경을 개선하기 위해 다양한 상업시설을 유치하고 소비자 중심의 서비스를 제공하기 위한 노력을 기울이고 있다. 이는 상업적인 측면에서의 경쟁력 또한 공항의 중요한 성공요인으로 대두되고 있기 때문에, 수익성과 서비스 수준을 동시에 제고하기 위한 기본 사용료의 절감 및 부가서비스 확대를 가능하게 하는 특별시설의 구축이 요구되고 있다.

⑤ 공항의 개발 및 확장 시 해상화물운송체제를 구축하고 있다.

해상화물운송체제 구축에 있어 홍콩국제공항HKIA은 해상화물터미널Marine Cargo Terminal과 물류센터Logistics Center를 운영하여 공항의 처리능력 향상을 끌어올린 대표적인 예이다. 그밖에 첵랍콕공항과 선전지역의 연안수송을 통해 신속한 복합운송을 위해 항만터미널을 운영하여 연계운송 중에 있으며, 홍콩과 진주강 델타Pearl River Delta 지역 간 교량과 고속철도의 건설이 그 예이다.

02 공항의 업무

1) 공항업무의 특성

공항업무의 특성으로 첫 번째, 현장성이란 스케줄에 맞춰 항공기의 출발과 도착이 정시에 이루어질 수 있도록 공항 현장에서 고객서비스를 제공하여야 한다. 두 번째, 다양성으로 업무 자체가 항공업무의 어느 한쪽에 할당된 업무가 아닌 항공여객, 항공수하물, 항공화물 등을 포괄적으로 수행하는 업무를 의미한다. 세 번째, 종합성으로 항공기 운항에 필수요건 사항으로 운송업무, 객실업무, 정비업무, 운항업무 등 다양한 분야의 업무가 동시에 종합적으로 융합하여 이루어져야 한다.

2) 공항의 분야별 업무

(1) Passenger Handling

항공기를 이용하는 승객들의 신속하고 정확한 탑승수속이 이루어질 수 있도록 하며, 국제선의 경우 일정한 출입국 심사과정이 요구되기 때문에 세관Customs, 출입국Immigration, 검역Quarantine의 C.I.Q에 대한 안내를 실시한다. 또한 9·11테러 이후 더욱 강화된 항공안전 및 보안으로 철저한 보안과 안전점검을 수행하고 있다.

(2) Flight Dispatch

항공기 운항에 직접적으로 요구되는 사항들로, 항공기의 출발준비 단계에서 수행되는 업무들로 이루어져 있다. Flight Schedule 확인, Flight Plan 작성 및 제출, Crew Handling, Fueling 등의 업무가 이루어진다.

(3) Cargo Handling

화물운송에 요구되는 사항들로 업무가 구성되어지며, 화물창고Warehouse 관리 및 운영, 장비 및 항공물류 컨테이너Unit Load Device; ULD 관리, 원활한 화물운송 등의 업무가 이루어진다.

(4) 정비업무

항공기 자재의 안전성과 정시성 · 쾌적성의 유지를 위해 항공기의 주기적인 점검과 항공기의 이상이 발견되었을 경우, 문제점이나 원인을 찾아내는 업무를 수행한다. 따라서 공항 안 정비구역 내에서 항공기의 점검, 항공기 부품관리 및 정비관리를 점검하는 업무이다.

(5) 객실업무

항공기에 탑승한 승객에게 만족스러운 서비스가 이루어질 수 있는 기반을 제공하는 업무이다. 비행 중 서비스 제공에 필요한 기용품과 기물을 관리하며, 쾌적한 기내 환경 유지를 위한 객실위생 및 설비를 담당하고 케이터링Catering업무를 포함한다.

(6) 조업업무

지상조업은 각각의 항공편의 운항이 원활히 이루어질 수 있도록 조력자 역할을 하는 업무이다. 따라서 지상조업은 매우 다양한 분야의 업무를 수행하게 되는데, 항공화물의 상 · 하역, 수하물 작업, 항공기 급유, 화물 검수, 기내식 운반, 기내청소, 항공기 외부세척, 항공기 유도 및 토잉Towing 작업을 수행하게 된다.

03 항공기 운영절차

1) 운항노선과 스케줄

(1) 운항노선 선정

항공사의 운영에 있어 영리적인 측면은 항공사 운영의 가장 큰 목적이라 할 수 있다. 따라서 항공사는 영리적 목적 하에 어떠한 도시에 취항을 해야만 가장 큰 수익을 창출할 수 있을지에 대해 고민하게 된다. 더불어 취항할 국가나 도시의 안전에 대한 점검 역시 항공 노선을 선정하는데 있어 중요한 사항이 된다. 신규노선 선정을 위한 전제조건은 다음과 같다.

① 신규노선 선정을 위한 전제조건

- 일정수준 이상의 항공 수요
- 노선 선정을 위한 취항지 공항의 시설
- 국가정책 차원에서의 신규노선 개설 가능성
- 항공협정 및 상무협정 사항
- 중간경유지 선택에 따른 채산성

신규노선을 선정하는 전제조건이 충족되었다면, 항공사는 해당 정부 및 자국의 정부를 통해 신규노선 개척을 요청할 수 있으며, 이때 반드시 신규 취항지 국가의 수익도 동시에 발생될 수 있다는 근거를 제시해야 한다. 이는 상호주의 원칙에 의거하여 취항 목적지 국가의 항공사도 운송부문의 50%를 담당한다는 전제를 필요로 하며, 이러한 사항의 조율이 이루어지지 않았을 경우 저렴한 운임을 책정하는 방법과 공동운항의 방법도 취할 수 있다.

항공노선의 운수권은 각 항공사나 국가 간 개별적인 양도가 허용되지 않으며, 항공노선을 설립하기 위해서는 다음과 같은 몇 가지 사항이 요구되어진다.

② 신규노선 설립을 위한 요구사항

- 국가 간 항공협정을 시작한다.
- 개항할 도시와 운항횟수 협상이 이루어져야 한다.
- 협의된 도시와 운항횟수를 정부가 자국 항공사에 운수권을 배분한다.
- 운수권을 부여받은 항공사는 공항의 슬롯을 확보하여 운항한다.

(2) 운항스케줄

운항스케줄Shipping Service Schedule이란, "항공사의 확정된 운항노선을 통해 각 노선에 대한 수송력을 항공운송사업의 상품으로 구체화시키는 작업"이라고 말할 수 있으며, 정기 항공수송사업의 성패를 좌우하는 근본적인 요인이다.

전 세계 항공사는 일 년에 두 번(동계, 하계) 운항횟수와 스케줄을 정기적으로 변경하고 있다. 시기적으로 동계기간은 10월 마지막주 일요일부터이고, 하계기간은 3월 마지막주 일요일부터 적용된다. 항공사에서 운항횟수와 스케줄을 변경하는 이유는 미주, 유럽지역 등에서 계절적 변화에 따른 운영을 하고 있기 때문에, 운항시간을 변경하여 항공기 운항을 보다 효율적으로 하기 위함이다.

운항스케줄을 확정함에 있어 고려되어야 할 사항으로는 운항스케줄의 특징으로 포함되는 양면성에 있다. 항공기 이용객의 요구나 선호도에 중점을 두어 운영할 경우에는 항공사 간의 경쟁에서 우위선점이 불가피할 수 있으며, 품질에 중점을 두어 운영을 할 경우 항공기의 가동률 저하로 채산성 측면에서 불리해질 수 있다. 이러한 양면성을 고려하여 안정감 있는 조율이 요구되어져야 한다.

일반적인 운항스케줄의 설정 과정은 [그림 2.3]과 같다.

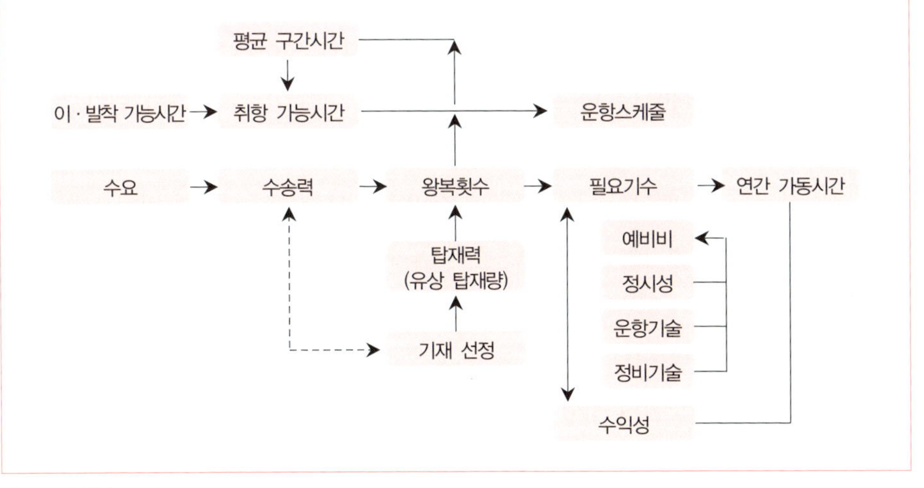

자료 : 이태원(1996)

[그림 2.3] 운항스케줄 설정과정

2) 항공기 운항절차

항공기의 운항절차는 목적지까지 승객을 안전하게 모시기 위해 수많은 점검과 승인 및 확인단계를 거치게 된다. 이러한 운항절차는 다음과 같이 진행된다.

(1) 항공기 운항절차

① 조종사들은 출발 전 항공기를 세팅하며, 기장과 부기장은 공항 출항경로 및 비정상적Irregular인 상황(엔진 하나가 이륙 중 꺼졌을 시 공중에서 이동하는 경로, 활주로에서 이륙활주 중 이륙 포기를 하는 조건 및 한계) 등 여러 가지 사항을 브리핑한다.

② 객실에서는 Preflight Checklist를 수행하고 탑승 중인 승객에게 기내 안내방송을 실시하게 되며, 기장은 출발시간 5~15분을 남겨놓고 Clearance Delivery라는 관제기관에 연락을 하여 비행허가를 받는다.

③ 출발 전의 항공기 엔진시동을 위해서 APUAuxilary Power Unit를 시동 걸고 Before Start Checklist를 수행하며, 출입문을 닫고 지상의 장비들을 모두 철수시킨 후 Ground대형 공항에선 Ramp Control 관제소에 푸쉬백 요청이 이루어진다.

④ 푸쉬백 허가를 받은 뒤 토잉카가 항공기를 연결하고, 지상요원이 앞바퀴에 Steering Pin을 넣고 항공기를 유도로까지 뒤로 밀어주게 된다.

⑤ 지상요원은 푸쉬백 중 항공기 뒤를 주시하며, 엔진시동에 문제가 없다고 판단되면 인터콤 상으로 조종사에게 엔진시동이 가능하다는 연락을 해준다.

⑥ 엔진시동 & 푸쉬백이 끝나면, 푸쉬백 장비들을 모두 철수시키며 비행을 위해 문제되는 사항이 없다는 것을 서로 간에 인지시켜주기 위해 조종사 - 지상요원 간 Hand Signal을 주고받게 된다.

⑦ 조종면 점검, 고양력장치 세팅 등 After Start / Before Taxi Items를 수행한 이후 Ground에 활주로까지 지상 활주를 요청한다.(대형공항의 경우, 주기장에서 나가는 시점에 Ramp Control → Ground 간 관제이관이 이루어진다.)

⑧ 활주로까지 지상활주가 끝나면, 조종사들은 항공기가 완벽한지 다시 한 번 확

인한 후 관제탑Tower으로부터 이륙허가를 받아내고 이륙한다.

(2) 운항절차에 따른 종사자 역할

이러한 운항절차에 관여되는 종사자 및 기관과 그들의 역할은 다음과 같이 설명할 수 있다.

① 운항 관리사는 특정 항공사에 소속되어 있다. 조종사들이 항공기를 운항할 시 운항 관리사들은 ACARS 등 통신수단을 이용하여 조종사들과 커뮤니케이션을 유지하며, 도착지 / 회항지 기상정보를 전달해 주고(특히 기상상태로 인해 도착지 착륙이 불가능할 시) 운항과 관련된 조언 등을 해준다. 또한 항공기의 Fuel Planning 등을 책임진다.(항공기 운항 전 얼마 정도의 연료를 넣는지도 운항관리사가 판단한다. 하지만 필요에 따라 조종사가 추가분을 더 실을 수도 있다.)

② 관제소는 항공교통을 관제 / 관할 / 통제하는 기관이다. 비행허가 전달소Clearance Delivery, 주기장 관제소Ramp Control, 지상이동 관제소Ground, 비행장 관제소Tower, 출항(입항) 관제소Departure(Approach), 항로 관제소Control(Radar/Center) 등 포지션이 다양하다.

③ 기장은 부기장과 함께 항공기를 운항 및 책임진다.

④ 로드마스터는 항공기의 적재Payload 관리자로, 항공기 물류(승객 / 화물)를 담당한다. 주로 적재를 조절하며 과적을 막거나 항공기의 무게 중심을 맞추는 역할을 한다.

Aviation
Transportation
& Industry

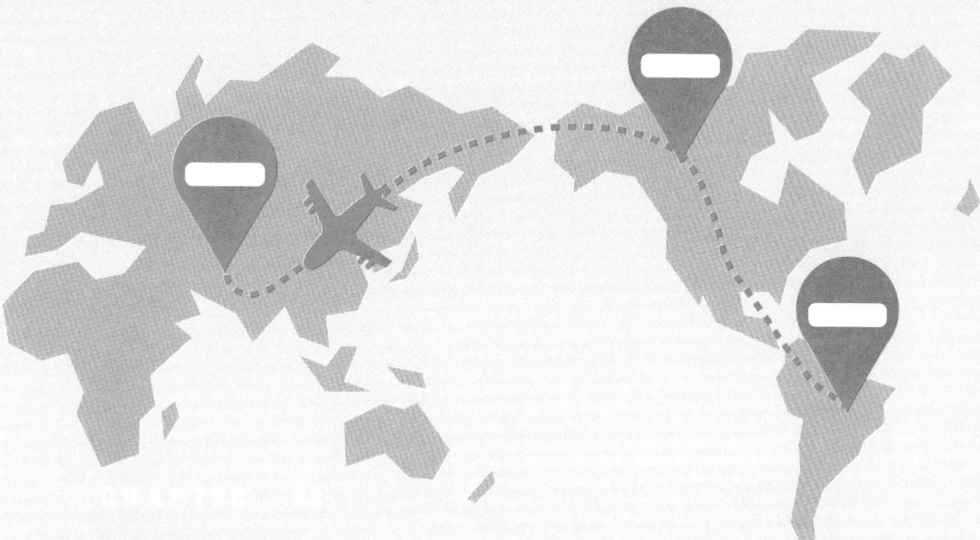

항공기

Aviation Transportation & Industry

Aviation
Transportation
& Industry

01 항공기의 이해

1) 항공기의 개념

(1) 항공기의 정의

「항공법」 제2조1항에서는 "항공기란 비행기, 비행선, 활공기, 회전익 항공기, 그 밖에 대통령령으로 정하는 것으로써 항공에 사용할 수 있는 기기를 항공기"라고 정의하고 있다. 그리고 국제민간항공기구ICAO : International Civil Aviation Organization에서는 항공기를 공기의 반작용으로 안전하게 하늘을 날 수 있는 비행기, 비행선, 활공기, 회전날개 항공기 등으로 정의하고 있다.

항공기는 공기의 작용을 이용하는 방법에 따라 크게 두 가지로 구분하여 설명할 수 있는데, 그 하나로써 자루 속에 공기보다도 더 가벼운 가스, 즉 수소라든가 헬륨 따위를 채워서 그 정적부력靜的浮力, 아르키메데스의 원리을 이용하여 날게 되는 방법으로, 기구 · 비행선 등 경항공기가 이에 속한다.

기구는 자신이 추진장치를 갖추고 있지 않으므로 바람의 흐름에 따라 날 수밖에 없으나, 비행선은 엔진과 프로펠러를 조립한 추진장치를 가지고 있어 자유로이 날 수가 있다. 이 때문에 기구의 가스 자루는 구형이지만, 비행선은 날 때 공기저항을 적게 하기 위해 유선형으로 되어 있다. 또 하나의 방법은 날개를 공기 속에서 달리게 하여 그 상대적인 운동에 의하여 생기는 동적動的인 부력, 즉 '양력'을 이용하여 나는 것이다. 이들에게는 비행기, 글라이더Glider, 활공기, 헬리콥터 등 중항공기가 있다.

비행기나 글라이더는 날개를 파닥거리거나 돌리거나 하지 않는 이른바 고정날개이므로, 공기 속을 어느 속도 이상으로 달리지 않으면 자신의 무게를 지탱할 수 있을 정도의 양력을 얻을 수 없다. 비행기와 글라이더의 차이점은 비행선과 기구의 경우와 마찬가지로 비행기에는 추진장치가 있지만 글라이더에는 없다는 점이다. 이와 반대로, 헬리콥터는 몇 장의 날개가 수직으로 된 축의 둘레를 빙빙 돌아 양력을 발생하는 이른바 회전날개를 가지고 있어, 헬리콥터 자신은 공기 속에서 정지할 수도 있다.

고정익과 회전익 양쪽 성격을 가진 항공기로는 수직 이·착륙기VTOL가 있다. 최근 미국에서는 '오스프리'라는 수직 이·착륙기를 실용화하고 있다.

이와 같이 항공기에는 많은 종류가 있으나, 현재 주로 사용되고 있는 것은 비행기와 헬리콥터뿐이며, 그 밖의 것은 스포츠용으로 극히 소수가 사용되고 있는데 불과하다. 비행기 중에서 프로펠러를 엔진으로 돌려 그 힘으로 추진하는 것을 '프로펠러기', 가스를 후방으로 뿜어내어 그 반동으로 생기는 힘으로 전진하는 것을 '제트기'라고 한다.

항공기의 탄생과 발전과정은 다음과 같이 정리할 수 있다.

〈표 3.1〉 항공기의 탄생과 발전과정

순 서	구 분	내 용
1	인류 최초비행	인력에 의한 날개치기 비행기 최초 설계(레오나르도 다빈치)
2	기구 이용비행	18세기말 프랑스인이 기구를 발명하여 파리상공 비행
3	최초 동력비행	1903년 라이트형제가 가솔린엔진을 장착한 복엽 글라이더로 12초 동안 400m 비행
4	근대항공기 개발	1908년 근대항공기의 원형인 단엽식 비행기를 개발하여 영·불해협 횡단
5	민간여객기 개발	1933년 B247 쌍발기를 완성하여 본격적인 여객수송 개시
6	제트여객기 등장	1952년 여객기 Comet가 등장하여 시속 780km, 비행거리 2,400km 비행, 여객정원 36명
7	B707 등장	1954년 미국 최초의 제트여객기 B707 등장
8	초음속기 등장	1969년 영국과 프랑스 합작으로 최초의 마하 2.2(시속 2,000km) 초음속 콩코드 등장

자료 : 정상천(2002). 기내구조 및 비행안전, 기문사

2) 항공기의 비행원리

비행기의 중량을 공중에서 지탱하는 것은 날개(주날개)에 작용하는 양력이다. 비행기가 공기 속을 어떤 속도로 전진하면 그 속도와 같은 바람(공기의 흐름)이 날개에 닿는다. 이 공기의 흐름은 만곡(彎曲)이 큰 날개의 윗면을 통과할 때는 유속이 빨라지고, 만곡이 작은 아랫면에서는 유속이 느려지며, 비행기가 일정한 속도로 수평비행을 할 때는 날개의 양력이 기체의 중량과 균형을 잡게 된다.

이처럼 항공기의 비행이 가능할 수 있도록 하기 위해서는 공기가 필수요건이 되며,

공기의 흐름을 이용하여 날 수 있게 되는 것이다. 또한 양력을 이용하여 비행할 수 있도록 영향을 주기 위해서는 기본적으로 '중력, 양력, 항력, 추력' 등 4가지 힘이 요구된다.

(1) 중력Weight, Gravity

모든 사물은 만유인력의 법칙에 의해 지구의 중심으로 떨어지려는 성질을 가지고 있다. 비행기가 추락하지 않기 위해서는 이 중력을 이겨낼 수 있는 양력이 필요하다.

(2) 양력Lift

양력은 물체를 위로 상승하게 하는 힘으로, 양력이 생성되는 원리는 비행기의 속도를 가했을 때 비행기 날개의 위쪽 공기가 날개의 아래쪽 공기보다 더 빠르게 움직이는 힘을 이용하여 비행기가 공중으로 상승이 가능하게 만든다.

(3) 항력Drag

항력은 비행기나 선박의 경우처럼 물체가 유체(기체 · 액체) 속을 운동하면 주위의 유체에서 힘을 받는데, 그때 속도와 반대방향으로 받는 힘의 성분이다. '저항력'이라고도 하는데, 항력이 생기는 원인은 주위의 유체 종류, 운동하는 물체의 형태, 크기, 속도 등에 따라 다르다. 속도가 커지면 물체의 뒤쪽에 소용돌이가 생겨 항력을 급격히 증대시킨다. 비행기나 선박이 등속도로 진행하고 있을 때에는 프로펠러 등에 의한 추력이 항력과 균형을 이룬다. 자동차, 열차, 비행기, 선박 등 고속으로 운동하는 물체는 이 항력을 줄일 수 있는 형태로 설계된다.

(4) 추력Thrust

추력이란, 프로펠러의 회전 또는 가스분사의 반동에 의해 생기는 추진력을 말한다. 프로펠러는 앞쪽에서 접근해 오는 기류를 뒤쪽으로 가속하고, 가스분사 장치는 연료의 연소로 생기는 고에너지의 가스를 노즐에서 분출 · 가속시키는데, 이때 생기는 반력(反力)이 추력이다.

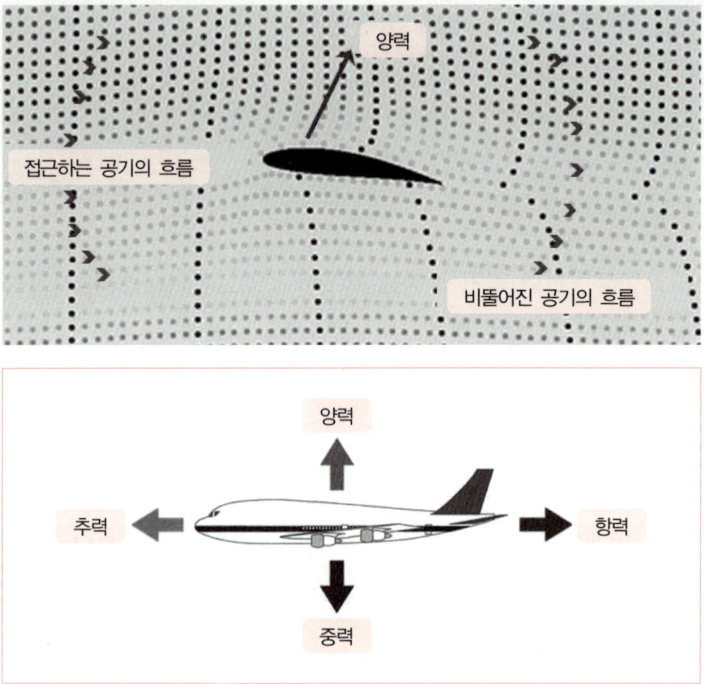

[그림 3.1] 비행원리

3) 항공기의 분류

항공기를 분류하는 사항으로는 크게 두 가지로 분류될 수 있는데 첫째, 무게, 양력 발생방법, 날개, 기관수, 속도 등에 따라 장치 및 성능에 따른 분류와, 항공기 엔진의 추력방식, 항공기의 연계여부, 운송대상 등 항공기의 용도에 관한 분류로 나눌 수 있다.

(1) 항공기의 장치 및 성능에 따른 분류

① 무게에 따른 분류

항공기가 공기보다 가벼운지 무거운지에 따라 분류될 수 있으며, 공기보다 가벼운 항공기로는 기구Balloon와 비행선Airship 등이 있다. 기구는 공기의 부력을 이용한 비행체Flight Vehicle이며, 추진장치나 조종장치를 갖고 있지는 않는다. 반면, 비행선은 부력을 이용하는 방법이 기구와 동일하나 동력장치와 조종장치를 갖고 있다.

기구(Balloon)

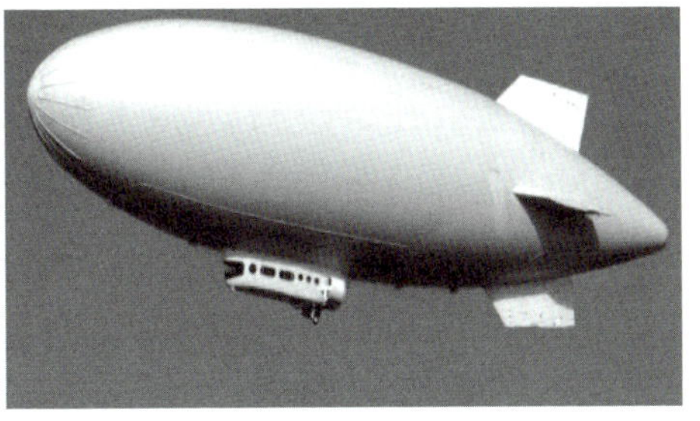

비행선(Airship)

② 동력장치 유무에 따른 분류

또한 항공기가 공기보다 무거운 항공기 중에는 동력장치의 유·무로 구분이 이루어진다. 동력장치의 유·무에 따라 무동력장치의 대표적인 예로 활공기Glider를 들 수 있으며, 동력을 사용하는 항공기로 동력장치나 엔진을 장착한 항공기로 분류된다. 동력기는 다시 고정날개와 회전날개를 장착하고 있는지에 따라 분류가 이루어진다.

활공기(Glider)

헬리곱터(Helicopter)

〈표 3.2〉 항공기의 분류

구 분	대분류	동력의 유무	기존분류
항공기	공기보다 가벼운 항공기	무동력	기구
		유동력	비행선
	공기보다 무거운 항공기	무동력	활공기
		유동력	고정익
			회전익

(2) 날개 모양에 따른 분류

날개의 장착 위치와 평면 모양에 따라 분류가 되는데, 날개가 동체에 결합되는 수직 위치에 따라 높은 날개High Wing, 중간 날개Mild Wing, 낮은 날개Low Wing형 비행기로 구분된다. 또한 날개의 평면 모양에 따라 타원 날개, 사각 날개, 테이퍼 날개, 뒷젖힘 날개, 삼각 날개, 오지 날개 등으로 나눌 수 있다.

[그림 3.2] 날개 모양에 따른 분류

(3) 기관의 수에 따른 분류

항공기 기관의 수에 따라 단발, 쌍발, 다발로 나누어지며, 기관의 종류에 따라 왕복기관 항공기, 제트기관 항공기로 구분된다. 그리고 엔진이 항공기 중심보다 앞에 있으면 '끌기형', 뒤에 있으면 '밀기형'이라고 한다.

(4) 속도에 따른 분류

비행기 속도에 따라 음속보다 낮은 속도(아음속)와 음속에 가까운 속도(천음속), 그리고 음속보다 빠른 속도(초음속)로 음속의 몇 배 속도(극초음속) 등에 따라 아음속 항공기, 천음속 항공기, 초음속 항공기로 분류된다.

(5) 이 · 착륙 방식에 따른 분류

지상 활주 이 · 착륙CTOL : Conventional Take-off and Landing 항공기와 단거리 이 · 착륙STOL : Short Take-off and Landing 항공기, 수직 이 · 착륙VTOL : Vetical Take-off and Landing 항공기로 구분된다.

4) 항공기의 용도에 따른 분류

항공기의 용도에 따른 분류에는 크게 군용기와 민간항공기로 구분될 수 있으며, 전투기 · 정찰기 · 훈련기 등이 군용항공기로 분류된다.

(1) 항공기의 엔진 추력방식에 따른 분류

항공기의 엔진 추력방식에 따라 프로펠러기 · 제트기로 구분되며, 날개의 형태에 따라 동체에 날개가 고정되어 있는 항공기로 전투기, 훈련기 등의 '고정익기'와, 날개가 회전하며 수직 이 · 착륙, 제자리 비행 등이 가능한 항공기로 헬리콥터 등의 '회전익기'로 구분할 수 있다.

(2) 항공기의 연계 여부에 따른 분류

항공기는 군과의 연계 여부를 기준으로 '군수용'과 '민수용'으로 구분되며, 군수용 항공기는 임무에 따라 분류되고, 민수용 항공기는 탑승인원의 규모에 따라 다시 분류된다.

전투기(F-35) 조기경보기(E-3) 수송기(C-17) 무인기(RQ-4)

[그림 3.3] 군수용 항공기의 예시

(3) 항공기의 운송대상에 따른 분류

민간용 항공기는 운송대상에 따라 여객기와 화물기로 구분할 수 있으며, 여객기는 운송가능 인원수에 따라서 대형 여객기, 리저널 제트기Regional Jet, 비즈니스 제트기Business Jet 등으로 분류된다.

〈표 3.3〉 민간용 여객기 분류표

구 분	운송 가능인원	대표 제작사
대형 여객기	100석 이상	보잉, 에어버스 등
리저널 제트기	100석 이하(51~75석)	봄바디어, 엠브라에르 등
비즈니스 제트기	10명 내외	세스나, 이클립스 등

02 항공기의 구조

1) 항공기의 외부구조

항공기 기체는 다양한 부분으로 구성되어 있으며 크게 동체, 주날개, 착륙장치, 조종면, 엔진 장착부 등으로 나눌 수 있다. 조종면은 보통 날개의 뒤쪽에 보조날개 형태로 장착되며 에일러론Aileron, 수평타Elevator, 방향타Rudder, 플랩Flap 등이 있다.

[그림 3.4] 항공기 외부구조

(1) 동체

항공기 동체는 엔진, 주날개와 꼬리날개, 착륙장치가 장착되는 중심 부분일 뿐만 아니라 조종석, 승객과 화물적재를 위한 공간 등을 만들며 항공기의 외형을 결정하는 주요 부분이다. 동체의 Main Deck과 Upper Deck는 승객이 탑승하게 되며, Lower Deck은 수하물이나 화물을 탑재한다.

(2) 날개

항공기 날개는 동체에 부착되거나 일체화된 구조물로 비행 중 작용하는 굽힘 응력을 견딜 수 있도록 한 횡방향 부재Lateral Member로, 이륙과 착륙 시 항공기가 받는 최대 하중에 견딜 수 있도록 설계되고 제작된다. 날개는 여러 가지의 형상, 크기를 가지고 있으나 항공기가 최적의 성능을 발휘할 수 있도록 되어있다. 날개는 항공기 동체의 위쪽, 중간, 아래쪽에 장착되며, 각각 고익High-wing, 중간익Mid-wing, 그리고 저익Low-wing항공기라 한다. 또한 항공기 날개의 개수에 따라 날개가 한 개인 단엽기와 두 개인 복엽기로 나눌 수 있다.

① 주익Main Wing

주익은 비행 중 공기로부터 양력을 받아 뜨게 하는 역할을 한다. 일반 여객기와 화물기에서는 항공기 동체 중심 부분의 좌 · 우에 달린 큰 날개를 지칭하며, 비행 중에 공기로부터 양력을 받아 비행기를 뜨게 하고 연료탱크 수용공간으로도 사용된다.

② 미익Tail Wing

항공기의 안전성과 이 · 착륙 시 활주로 상에서의 방향 조작 및 기수를 상 · 하 조작하는 역할을 하며 수평 안정판Horizontal Stabilizer과 수직 안정판Vertical Stabilizer으로 구성되어 있다. 승강타Elevater는 수평 안정판 뒤에 장착되어 상 · 하로 작동하여 기수를 위아래로 향하게 하는 장치이다. 방향타Rudder는 수직 안정판의 뒤에 장착되어 좌 · 우로 작동하여 기체의 좌 · 우 선회를 돕는 장치이다.

③ 보조익Aileron

보조익은 비행 방향을 전환하는 역할을 한다. 비행기 날개의 뒷전 끝단에 장치된 주비행 조종 표면, 보조익은 조종 휠 또는 스틱의 가로 이동에 의해서 운용되고, 보조익의 변형은 비행기의 세로축에 대한 회전을 하게 하는 원인이 된다. 즉 주익 후부에 장착되어 기체의 좌·우 안정을 유지하는 역할을 하며, 항공기 선회운동Rolling을 순조롭게 하는 장치이다.

④ 플랩Flap

플랩은 이·착륙 시 양력을 증가시키는 역할을 한다. 플랩은 비행기의 날개에 장착된 보조 조종장치로, 양력과 항력 모두를 증가시키기 위해서 날개의 에어포일 형태를 변화시키기 위해서 확장되거나 낮출 수도 있다. 플랩이 완전히 확장되었을 때 비행기는 항력이 증가하기 때문에 과도한 속도의 증가 없이도 깊은 각으로 강하할 수 있다. 부분적인 플랩의 운용은 양력을 증가시켜 보다 낮은 속도에서 비행할 수 있게 한다. 즉 플랩은 주날개 후부에 장착된 고양력 장치High Lift Device의 일종으로 이·착륙 시 양력Lift 증가 역할을 한다. 플랩을 사용하면 양력뿐만 아니라 항력Drag도 증가되어 활주로 접근 및 착륙 시 감속에도 기여한다.

⑤ 스포일러Spoiler

항공기 양날개 위에 설치되어 공기의 흐름을 변형시킬 수 있는 작은 변형기이다. 스포일러가 공기흐름 속에 세워질 때 유연한 공기흐름을 방해하고 에어포일Airfoil에서 발생하고 있는 양력을 제거시킨다. 스포일러는 착륙 중 플로팅Floating을 방지하기 위한 양력을 감소시키기 위해서 고성능 세일 플레인에 활용된다. 또한 스포일러는 비행 중 비행기 속도를 감소시키는 데에 활용되거나 접지한 후 즉시 활용함으로써 항공역학적 공기 브레이크의 역할을 한다. 즉 착륙 시 공기의 저항을 이용한 감속장치로써 주익에 장착되어 있다.

(3) 꼬리날개

꼬리날개Tail Wing; Empennage는 화살의 날개나 새의 꼬리와 같이 항공기의 안정성을 위한 부분으로, 동체 후방에 부착되는 부분이다. 꼬리날개는 '미익부(尾翼部)'라 불리기도 하며, 수평 안정판과 수직 안정판으로 이루어져 있고, 승강타와 방향타가 설치되어 항공기의 피치Pitch와 요Yaw 방향에 대한 비행역학적 안정성을 제공한다. 항공기 구조상 꼬리날개 부분은 꼬리날개가 부착되는 동체 후미 부분과 수평 안정판과 수직 안정판을 포함한 부분을 의미한다.

(4) 착륙장치

착륙장치Landing Gear; 랜딩기어는 항공기의 착륙과 지상 활주를 위한 장치로, 착륙 시에는 항공기에 전달되는 충격량을 최대한 줄일 수 있어야 하며, 활주 시에는 원하는 방향으로 활주할 수 있어야 한다. 착륙장치는 사용장소, 장착방법, 장착위치, 그리고 바퀴 수에 따라 구분할 수 있다. 사용장소에 따라 육상 이 · 착륙 항공기는 '타이어 바퀴형', 눈 위에서 이 · 착륙이 가능한 '스키형Ski Type', 수상 이 · 착륙을 위한 '플로트형Float Type'으로 나눌 수 있다. 장착방법에 따라 날개나 동체에 고정시켜 동체나 날개 안쪽으로 접어 넣을 수 없는 고정식과, 날개나 동체 안에 접어 넣을 수 있는 접이식 착륙장치로 구분할 수 있다.

랜딩기어는 착륙할 때의 충격을 흡수하고 전달을 차단하기 위한 완충장치, 지상 활주를 위한 바퀴, 방향전환을 위한 조향장치, 그리고 제동장치로 구성되어 있다.

(5) 도어

항공기에서의 도어Door는 일반적인 상황에서는 출입구로 사용되나, 비상상황 시 탈출구로 사용하게 된다. 따라서 항공기의 도어에는 비상탈출이 가능할 수 있도록 탈출미끄럼대Slid가 장착되어 있다. 일반적으로 항공기에는 Main Deck의 경우 좌 · 우 각 4~5개씩 도어가 있으며, Upper Deck이 있는 경우 좌 · 우 2개의 도어가 있다. 그 중 승객 탑승 시 사용하는 도어는 비행기 전방의 L1, L2 도어이며, 기내 케이터링 Catering 작업을 위해 항공기의 L Side 후방의 맨 끝 도어를 개폐한다. 또한 수하물과 화물용으로 사용되는 Lower Deck의 경우 Forward Compartment, After Compartment, Bulk Door 각 1개씩 있다. 화물기의 경우 Main Deck은 Nose Door와 Side Door가 있으며, Lower Deck의 경우는 여객기와 동일하다.

(6) 항공기 로고

항공기의 로고Logo는 동체 부분에 있으며, 마크Mark는 수직꼬리 날개 부분에 있다.

(7) 항공기 등록번호

「항공법 시행규칙」 제117조에는 모든 항공기에 대해 국적기호 및 4자리 등록번호를 기체에 표시하도록 되어 있다. 항공기 소유자의 신청으로 자국의 항공기 등록 원부에 등록된 기호를 항공기 등록번호라고 하며, 국제민간항공기구ICAO에서 국가마다 정한 로마자의 대문자로 표시된 국적기호 뒤에 보통 4글자로 아라비아숫자 대문자로 표기한다. 위치는 수직 미익 하단부분, 주익 상단부분, 랜딩기어Landing Gear에 표기한다. 우리나라는 항공기에 등록번호를 부여할 때 일정한 표기방법이 있다. 먼저 첫자리수 0~9까지는 다음과 같이 구별하고 있다.

- 활공기Glider : HL0001-HL0799
- 비행선Airship : HL0801-HL0999
- 비행기Aircraft
  - 피스톤엔진Piston Engine : 1, 2
  - 터보프롭엔진Turbo Prop Engine : 5
  - (차기사용을 위한) 유보분 : 3, 4
  - 회전익Helicopter : 피스톤엔진 : 6
  - 터보제트엔진Turbo Jet Engine : 7
  - 터보엔진Turbo Engine : 9

즉 프로펠러항공기는 HL5XXX, 제트항공기는 HL7XXX로 표기하는 것을 원칙으로 하고 있다. 다음으로 2번째 자릿수는 장착된 엔진의 숫자를 나타낸다. 엔진이 1개면 '1', 2개면 '2', 3개면 '3', 4개면 '4'가 된다.

HL7491이라는 등록번호를 예로 들면, 'HL'은 국적기호로 대한민국을 뜻하고, '7'은 제트기라는 뜻이며, '4'는 4개의 엔진이 장착되어 있다는 것이다. 그리고 '91'은 동일

기종끼리의 일련번호이다.

그러나 현재는 항공기의 수량이 많아진 관계로 잘 지켜지지 않고 있으며, 쌍발기가 많아져 '2'나 '5'를 사용하기도 한다. 항공기 앞바퀴 부분에는 뒤 3자리수가 표기되어 있는데(예 : 491, 530 등), 이는 지상조업을 위한 배려이기도 하다.

국내의 모든 항공기는 국토해양부 항공안전본부에 등록되어 있다. 그런데 이 등록번호에도 '영구결번'이라는 것이 있다. 우리나라에도 영구결번제라는 법이나 규칙이 존재하는 것은 아니지만, 관습적으로 다음 10개의 등록번호는 사용하지 않고 있다. HL106, HL5208, HL7429, HL7445, HL7442, HL7339, HL7406, HL7328, HL7229, HL7468 들이 바로 그것이다. 이들 번호는 과거 불행한 운명을 마친 비행기들이다. 하이잭 Hijack에 의해 북한으로 납치됐거나, 사고로 동체가 불탔거나, 또는 흔적도 없이 사라진 경우이다.

- HL106 (1958년, 북으로 납치)
- HL5208 (1969년, 북으로 공중납치)
- HL7429 (1978년, 소련영공 침범, 소련 전투기로부터 공격)
- HL7445 (1980년, 착륙실패로 전소)
- HL7442 (1983년, 소련 전투기로부터 공격받고 추락)
- HL7339 (1983년, 이륙 중 공중충돌)
- HL7406 (1987년, 북한공작원이 사전에 설치한 시한폭탄에 의해 공중폭파)
- HL7328 (1989년, 리비아 트리폴리공항에 착륙하던 중 추락)
- HL7229 (1993년, 목포공항에서 착륙 실패로 추락)
- HL7468 (1997년, 착륙 실패로 추락)

(8) 항공기 분류 표식기호

우리나라와 대부분의 항공기들은 현재 미국식 분류기호를 사용하고 있다. 항공기를 분류하기 위한 표식기호로, 미국과 우리 주변 동맹국 대부분의 항공기는 현재 미국식의 제식 명칭을 사용하고 있다. 아래의 표식기호는 미국식 제식 명칭이다.

- AAttacker : 공격기(예 : A-4, A-10)
- BBomer : 폭격기
- CCargo : 수송기
- EElectronic : 전자전기
- FFighter : 전투기
- HHelicopter : 헬리콥터
- KtanKer : 공중급유기
- OObservation : 관측기
- PPatrol : 대잠초계기
- Qxxxx : 무인표적기
- RReconnaissance : 정찰기
- TTrainer : 훈련기
- UUtility : 다목적
- VVIP, Vertical : 귀빈수송용, 수직 이 · 착륙기
- XeXperimental : 실험기
- Yxxxx : 시제기
- Zxxxx : 비행선

APUAuxiliary Power Unit

엔진정지 상태를 대처할 수 있도록 마련해 둔 보조동력장치로, 보통 비행기의 꼬리부분에 있다. 이는 제트엔진과 유사한 가스터빈 장치인데, APU 스스로가 추진력을 만들어 내지는 않지만, 엔진이 꺼진 상태에서 전기나 유압을 만들어내는 역할을 한다. 지상에서 엔진을 꺼두어도 실내등을 켜거나 기내점검을 위한 전기가 필요한데, 이러한 경우에 사용한다.
또한, 여압장치란 고공에 올라감에 따라 낮아지는 기온과 기압으로 발생하는 산소부족을 방지하기 위해 비행 중 기내압력을 유지하도록 자동 조종되어진다.

2) 항공기의 내부구조

(1) 조종실

조종실Cockpit은 항공기의 최전방에 위치하고 있으며 '조종실' 또는 'Flight Desk'라고도 부른다. 조종실은 항공기의 안전운항을 위하여 운항승무원Flight Crew Members이 여객기를 통제하고 조종하는 공간이다.

조종실의 도어Door는 운항승무원의 허락 없이는 출입이 불가하며 잠금장치가 되어 있다. 조종실에서는 기장PIC : Pilot in Command이 L Side, 부기장Co-pilot이 R Side에 위치하며, 일부 항공기는 장거리 비행을 위해 조종실 안쪽에 운항 승무원의 휴식을 위한 휴식 공간Flight Crew Rest Area이 설치되어 있다.

조종실의 내부 모습

(2) 객실

객실Cabin은 항공기에서 승객의 탑승 공간이고, 객실은 기종에 따라 구역Zone으로 구분하며, 각 구역은 문이나 커튼을 사이에 두고 구분한다. 일반적으로 대형기는 5~6

개의 구역, 중형기는 3~4개의 구역, 소형기는 2개의 구역으로 나뉜다. 각 항공기 앞쪽에서부터 차례로 A, B, C, D, E, F Zone으로 구역을 나누어 지칭한다.

객실 내부는 기능상으로 앞뒤를 연결하고 승객들이 통행할 수 있는 통로Aisle가 있으며, 통로가 1개인 항공기를 Narrow Body(B737, MD82, F100 등), 통로가 2개인 항공기는 Wide Body(B747, B777, A380 등)라고 한다. 각 구역별로 비상시 사용하는 비상구EXIT, 각 구역별로 식음료를 준비하는 주방Galley, 화장실Lavatory, 승객의 짐과 옷을 보관하는 코트룸Coatroom, 그리고 승객 좌석Seat과 승무원 좌석Jump Seat 등으로 구성된다.

각 항공사에서는 좌석에 대한 등급을 두어 운항하고 있으며, 일반적으로 일등석, 비즈니스석, 일반석으로 구성되어 등급에 따라 좌석 간의 간격과 공간 및 서비스에 차이를 두고 있다.

모든 승객 좌석 밑에는 비행기가 비상사태로 인해 바다에 내렸을 경우 사용하는 비상용 구명복이 비치되어 있다. 승무원 좌석Jump Seat의 경우, 승무원의 역할 수행을 위해 Cabin Door 옆에 설치되어 있다.

① 승객 좌석

각 항공사에서는 등급별로 다르게 승객 좌석을 배치하고 있다. 대부분 일등석, 비즈니스석, 일반석으로 구성되어 등급에 따라 좌석 간의 간격과 공간Space이 다르다. 비상구 쪽 좌석은 아무나 선택할 수 없고, 특히 불가의 대상은 비동반 소아UM, 유아 동반 가족, 노약자, 장애인이 해당된다. 비상시 승무원을 도와야 하는 위치적 특징 때문에 신체건강하고 커뮤니케이션이 가능해야 한다. 애완동물은 각 구역마다 한 마리, 5kg 미만으로 제한을 둔다. 아기바구니 좌석 배시넷Bassinet은 유아Infant 동반 승객들에게 제공한다. 이 좌석은 넓다는 특징이 있다.

항공기 승객 좌석

② **승무원 좌석**Jump Seat

승무원 좌석의 경우, 승무원의 역할 수행을 위해 Cabin Door 옆에 설치되어 있으며 1~2명이 앉을 수 있다. 승무원 좌석을 사용하지 않을 때에는 자동으로 접히게 되어 있으며, 승무원 좌석 주변에는 객실 내 각 구역의 승무원 및 조종실의 운항 승무원과 연락을 취하고 필요할 때 기내방송을 할 수 있는 인터폰, 비상장비, 산소마스크 등이 있다.

그 외 일부 승무원 좌석 주변에는 객실조명, Communication System, Pre-recorded Announcement, Boarding Music 등을 조절하는 장치가 있는 Attendant Panel이 있다.

승무원 좌석

(3) 주방Galley

주방은 비행 중 승객에게 서비스할 식음료를 저장 및 준비하는 곳으로서 Oven, Coffee Maker, Water Boiler 등의 시설이 장착되어 있고, 케이터링Catering으로부터 탑재된 식사 Cart와 음료 Cart, 서비스물품 등이 각 Compartment 내에 보관되어 있다.

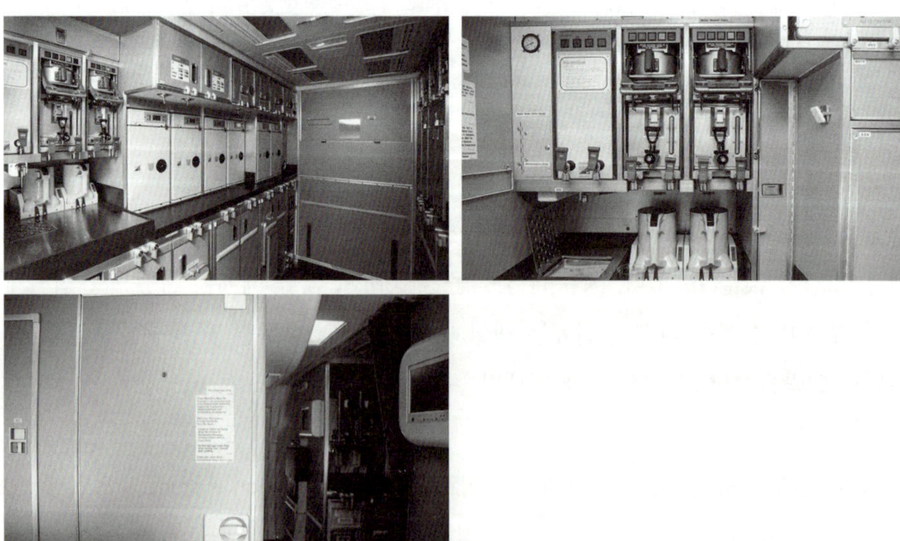

기내 주방(Galley) 모습

(4) 오버헤드 빈Overhead Bin

승객의 휴대 수하물을 보관할 수 있는 공간으로, 승객의 좌석 머리 위쪽에 부착된 수납공간으로 Storage Bin이라고도 한다. 승객의 가벼운 짐이나 코트, 베개, 담요 등을 넣을 수 있는 공간을 말한다. 오버헤드 빈Overhead Bin 중 도어가 있는 것을 Stowage Bin, 도어가 없는 것을 Hat Rack이라고 하며, 대부분의 항공사는 승객안전을 위해 도어가 있는 Stowage Bin을 장착한다.

(5) 코트 룸Coat Room

항공기 내부의 객실 전·후방 구석진 벽면을 이용하여 별도의 공간이 칸막이 식으로 마련되어 승객의 짐이나 외투, 기타 기내용품 등을 보관한다.

(6) 화장실Lavatory

화장실은 구역Zone을 구분 짓는 위치나 항공기의 전·후방에 위치하고 있으며, 항공기의 크기에 따라 화장실의 수도 달라진다. 국제선 비행의 경우 비누, 로션, 스킨 등을 갖춰놓고 있으며, 일부 항공사에서는 여성 전용화장실을 운영하고 있다. 화장실의 변기는 두 가지 타입Type으로 Water Flushing 타입과 Air Vacuum 타입이 있다.

Water Flushing 타입은 변기의 물을 내리는 방식이며, Air Vacuum 타입은 기내압력과 외부압력차를 이용하여 화물칸에 장착된 탱크에 버리는 방식이다. B747-400, A300-600, A330, B777 등의 신형 항공기는 Air Vacuum 타입이다.

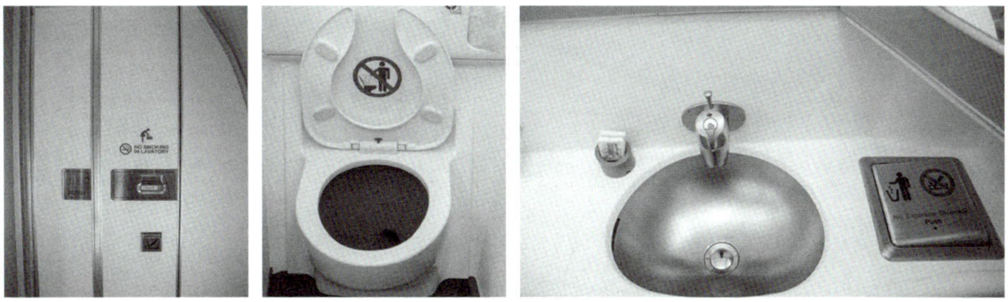

기내 화장실

화장실은 기내 화재위험 방지를 위해 금연구역으로 운용되며, 연기감지용 Smoke Detector가 설치되어 있다. 최근 모든 항공사는 기내금연 수칙을 강화하여 기내흡연을 철저히 규제하고 있다.

(7) PSUPassenger Service Unit

승객의 편의를 돕기 위해 항공기 전체 좌석 팔걸이 부분에 장착된 것으로, 승객이 비행 중에 좌석에 앉아서 이용할 수 있는 독서등, 승무원 호출버튼, 음량 조절버튼, 채널 선택버튼, 헤드폰 잭 등으로 구성되어 있다.

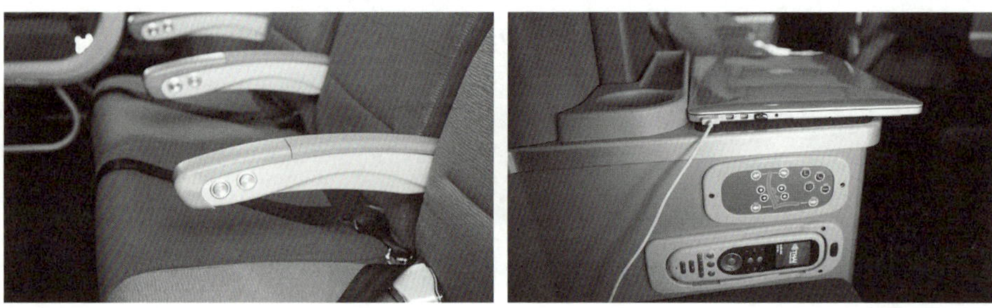

승객좌석 내 편의시설

(8) 벙크Bunk

장거리비행에서 승무원들이 휴식을 취할 수 있는 공간이다. 간이침대 형식이 장착되어 있으며, 이 · 착륙 시에는 안전을 위해 사용이 금지된다.

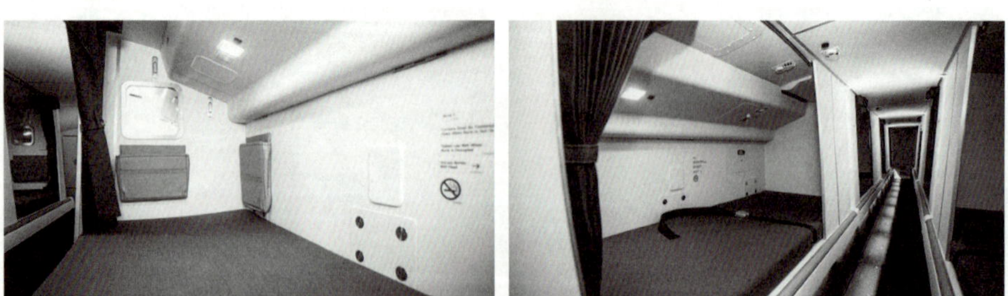

벙크 모습

(9) 화물실Cargo Compartment

승객의 위탁 수화물, 일반화물 및 우편물 등이 동체 아래 칸 Lower Desk에 탑재되는 곳으로, 탑승수속 시 승객이 위탁한 수화물을 단위 탑재용기Unit Load Device를 이용하여 탑재함으로써 화물실 공간을 최대한 활용하고 있다.(중소형 기종은 Narrow Body에는 ULD 탑재 불가)

3) 항공기 기종에 따른 분류

항공기는 크게 Narrow Body와 Wide Body 항공기로 구분된다. Narrow Body란 기내의 통로가 하나인 소형 기종을 의미하며, Wide Body란 이동 가능한 통로가 두 개인 중 · 대형 기종을 총칭한다. 에어버스Airbus사의 380과 보잉Boeing사의 747-400, 777-200, 777-300 등이 대형 기종이며, 에어버스사의 330-200, 330-300, 300-600 시리즈가 중형기, 보잉사의 737이 소형 기종에 속한다. 대형 기종은 장거리 주력기종이며 중 · 소형 기종은 중거리 및 단거리용으로 운항된다.

(1) 대형기

대형기는 보잉Boeing사의 B747이 대표적이며, 현재 가장 큰 비행기종으로 에어버스Airbus사의 A380, 그리고 앞서 소개된 B747과 A380보다는 작지만 보잉사의 B777과 에어버스사의 A330이 있다. 보통 장거리 비행에 투입되지만, 수요가 높을 경우 단거리 노선에 투입되기도 한다.

일반적으로 가장 앞쪽에서부터 A, B, C, D, E Zone으로 구분되어지며, A Zone은 일등석으로 운영된다. B Zone은 이등석인 비즈니스 좌석, C · D · E는 이코노믹 좌석으로 운영이 되나, B747-400의 경우 이층에 객실Upper Deck이 있어 비즈니스석으로 사용된다. 또한 조종실은 항공기의 앞부분에 위치하는 것이 일반적이나, 이 기종의 경우는 Upper Deck에 있다.

A380 기종은 B747-400과 마찬가지로 이층구조를 가지고 있으며 A380 항공기만을 위한 특별한 시설과 장비가 갖추어진 공항에서만 이 · 착륙 및 승객의 탑승과 하기가

가능하다. 현존하는 항공기 중 항속거리가 가장 길며, 66톤의 화물 탑재능력을 보유하고 있다.

B747-400 기종은 A380이 등장하기 전까지 최첨단 설비와 4개의 엔진을 장착한 항공기로 'JUMBO'라는 애칭으로 많은 승객과 승무원들로부터 사랑을 받은 기종이다. 특징을 살펴보면, Upper Deck이 있는 2층 구조로, 주날개 끝에 공기저항을 감소시켜 주는 Winglet이 장착되어 있다.

B777 기종은 2개의 엔진으로 연료절약 면에 있어 효율성이 뛰어난 항공기이다. CMSCabin Management System : 객실종합통제시스템가 장착되어 있어 기내설비 및 모든 편의시설을 한 곳에서 관리할 수 있도록 되어 있다.

B787 기종은 연비효율이 높고, 이산화탄소의 배출량이나 소음이 적어 '꿈의 여객기Dreamliner'로 불린다. 기체의 크기에 비해 항속거리가 길다는 것 또한 B787의 특징으로 볼 수 있다.

① A380

일등석 프레스티지석 일반석

② B747-400

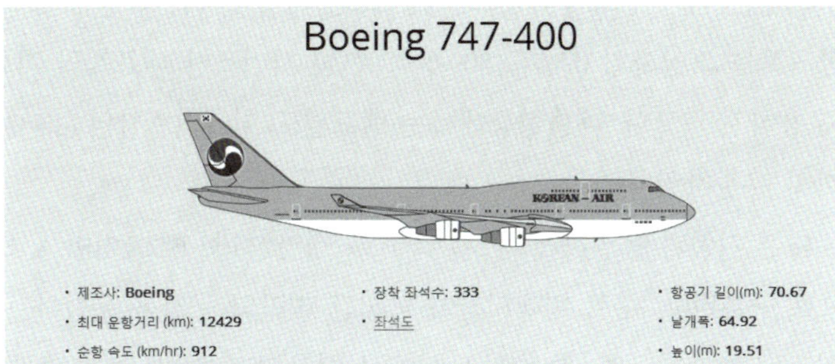

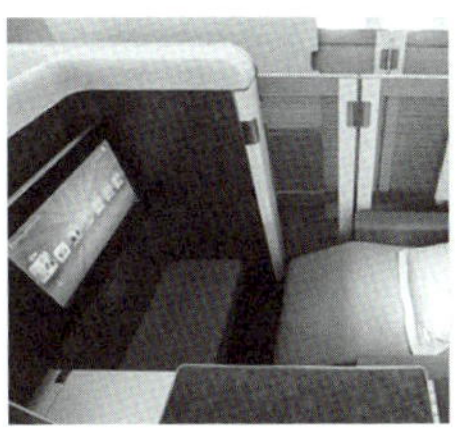

일등석

프레스티지석

일반석

③ B777-300ER

일등석

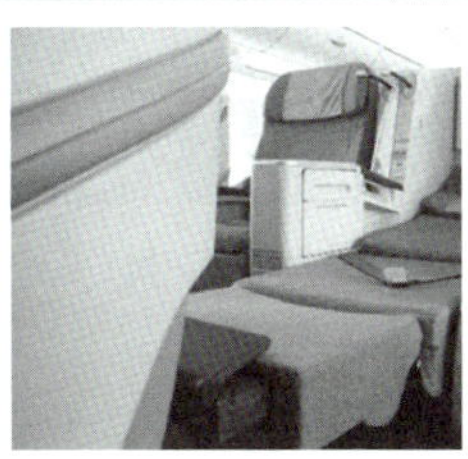

프레스티지석

일반석

(2) 중형기

중형기의 특징은 역사가 오래되었고, 기종 또한 다양하다는 특징이 있다. 현재 운용중인 항공기로는 보잉사의 B767, A300-600, A330 시리즈가 대표적인 기종이다. 또한 현재는 운용하지 않으나, 대한항공에서는 맥도널드 더글러스사의 MD82 시리즈를 2003년 초까지 운항하였다.

중형기는 대형 기종과 동일하게 통로Aisle가 두 개인 Wide Body이며 A, B, C, D 네 개의 구역으로 구분된다. 주로 비행시간이 10시간 미만의 구간을 운항하는 기종으로 현재 국내선, 동남아, 한 · 일, 한 · 중 노선에서 사용되고 있다.

A300-600 항공기는 주날개 끝부분에 Wing Tip Fence가 장착되어 있어, 공기저항을 감소시키는 역할을 하며, 다른 항공기와 달리 Door Open Handle이 좌 · 우가 아닌 상 · 하로 들어 올리는 형태이다. 또한 A330 항공기는 B747 항공기와 경쟁할 만한 화물 탑재능력을 가지고 있다.

일등석

프레스티지석

일반석

(3) 소형기

소형기는 보잉사의 B737 시리즈와 에어버스사의 A320 시리즈가 해당되며, 현재 운항이 중단된 소형 기종으로 대한항공에서는 포커사의 F100을 2004년 9월까지 운항하였다. 일반적으로 소형기는 항공기 객실 내의 통로Aisle가 하나인 Narrow Body로서 상위 클래스Class인 A구역Zone과 이코노미Economy석인 B구역Zone으로 구분되어진다. 주로 국내선 구간과 일본-중국 노선, 동남아 등 단거리 노선을 운항한다.

B737 시리즈인 항공기는 보잉의 효자 기종으로 세계에서 가장 많이 팔린 항공기이며, 현재도 LCCLow Cost Carrier 항공사의 주력 기종으로 그 명성을 날리고 있다.

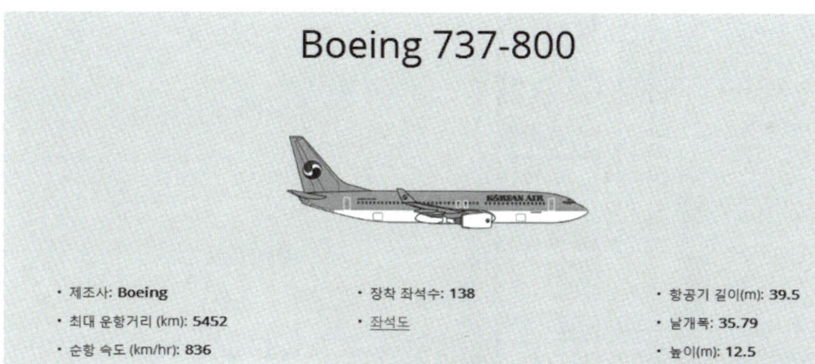

프레스티지석

일반석

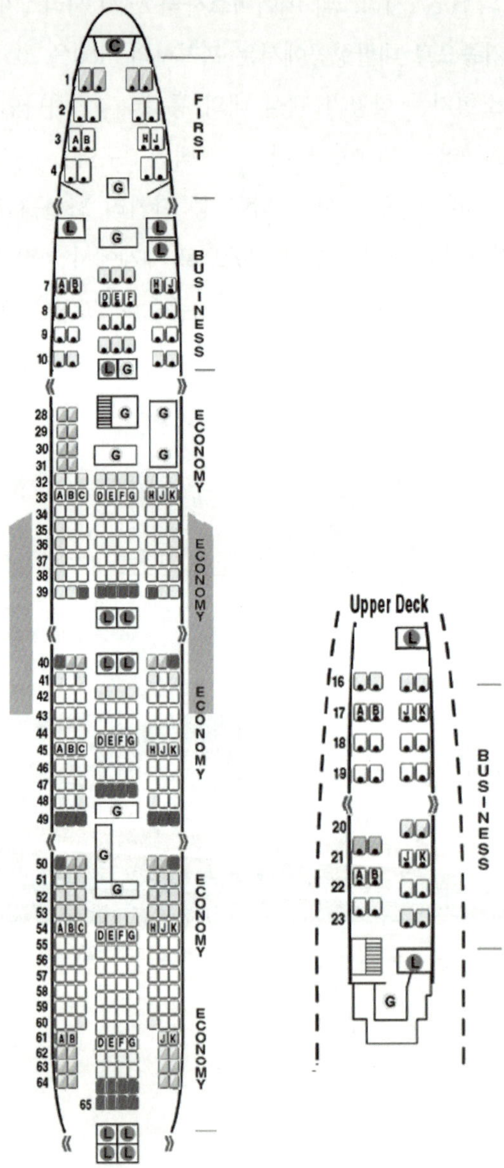

[그림 3.5] B747-400 도해도

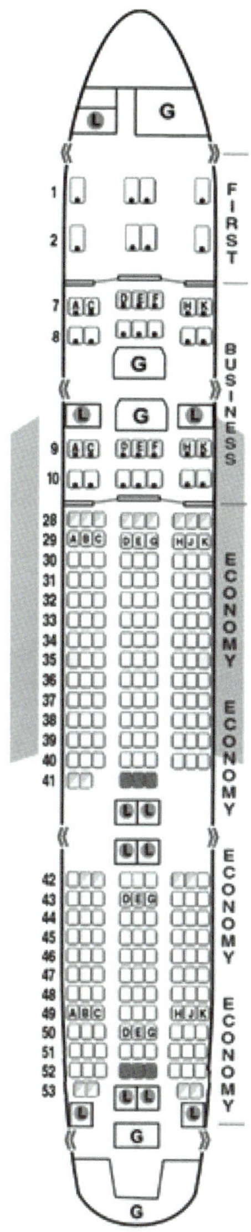

[그림 3.6] B777-200 도해도

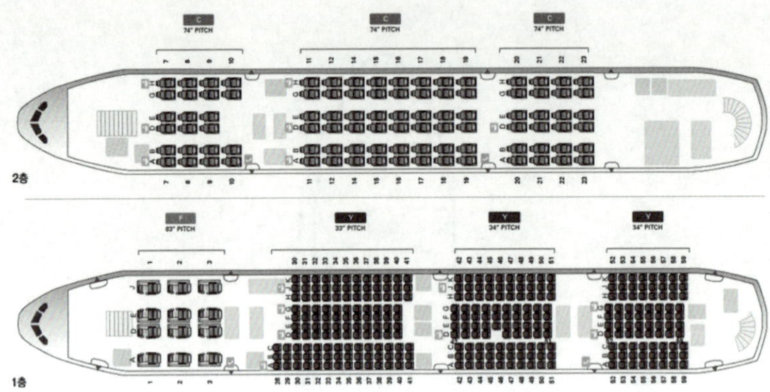

[그림 3.7] A380 도해도

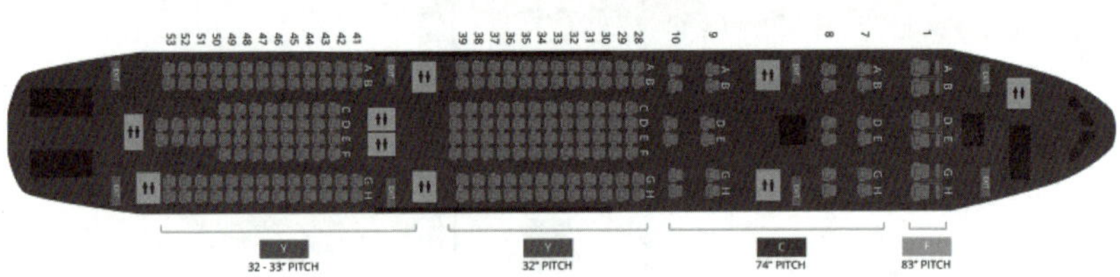

[그림 3.8] A330-200 도해도

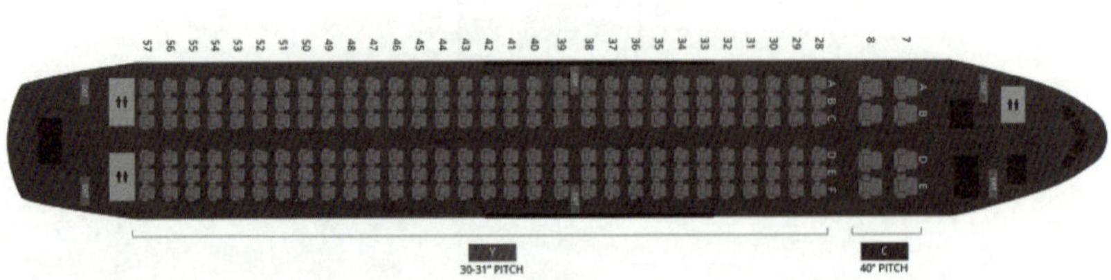

[그림 3.9] B737-900 도해도

03 항공기의 비행원리

1) 이륙Take-off

이륙이란, 항공기가 양력을 얻어 공중으로 떠오르는 현상을 말한다. 일반적으로 대부분의 항공기는 이륙을 하기 위한 활주로를 필요로 하지만, VTOLVertical Take-off and Landing 항공기의 종류인 열기구, 헬리콥터와 특수한 전투기는 활주로가 없어도 이륙이 가능하다.

항공기가 이륙을 하기 위해서는 활주로 등의 표면에서 동력을 사용하여 필요한 양력을 얻을 수 있는 속도에 이를 때까지 활주하면서 떠올라 이륙한다. 더불어 기체가 무겁거나 날개가 작다면 그만큼 이륙에 필요한 활주거리도 길어진다.

항공기는 엔진을 시동하고 관제탑의 허가를 얻어 활주로 끝에 이르러 관제탑의 허가를 얻은 후 이륙 활주를 개시한다. 이륙 중량에 따라 일정한 이륙 속도에 이르게 되면, 기수를 일으켜 지면을 벗어나 공중에 떠오르고, 이때 가속을 실시하여 초기상승으로 이행한다. 이륙은 그 비행에서 가장 무거운 중량상태이며 엔진도 최대의 출력으로 운전된다. 항공기가 이륙 및 상승할 때의 항공기 성능은 비상시를 대비하여 하나의 엔진이 고장으로 가동되지 않는 상태의 성능을 기준으로 하여 계산된다.

2) 상승Climb

비행기의 효과적인 상승을 위해 상승률, 상승각, 상승속도, 엔진출력이 고려되어야 한다.

3) 순항Cruise

비행기가 이륙 후 순항고도에 접근하여 수평비행을 하는 것을 '순항'이라 하며, 적정한 순항고도와 속도의 선정은 연료 소모량의 결정적인 요인이 된다.

4) 강하Descent

비행기가 순항고도로부터 목적지 공항의 상공 1,500피트에 도달할 때까지의 비행 단계, 즉 순항고도에서 공항에 착륙하기 위하여 진입하기 전까지를 말한다.

5) 진입Approach

비행기가 목적지 공항에 착륙하기 위해 관제탑의 허가를 얻어 활주로 상공 50피트 지점까지 접근하는 경로를 말한다.

6) 착륙

활주로 끝Threshold으로부터 항공기가 완전히 정지할 때까지의 조작을 '착륙Landing'이라 한다. 착륙거리Landing Distance는 항공기가 활주로 끝을 통과할 때부터 정지할 때까지의 수평거리를 뜻하며, 착륙 시 필요한 제동장치는 Ground SpoilerSpeed Brake, Thrust Reverser, Brake로 구분되며 착륙 시 모두 이용된다.

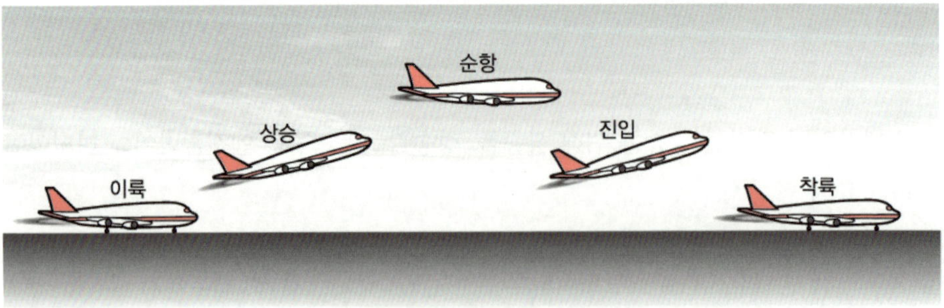

[그림 3.10] 항공기 비행과정

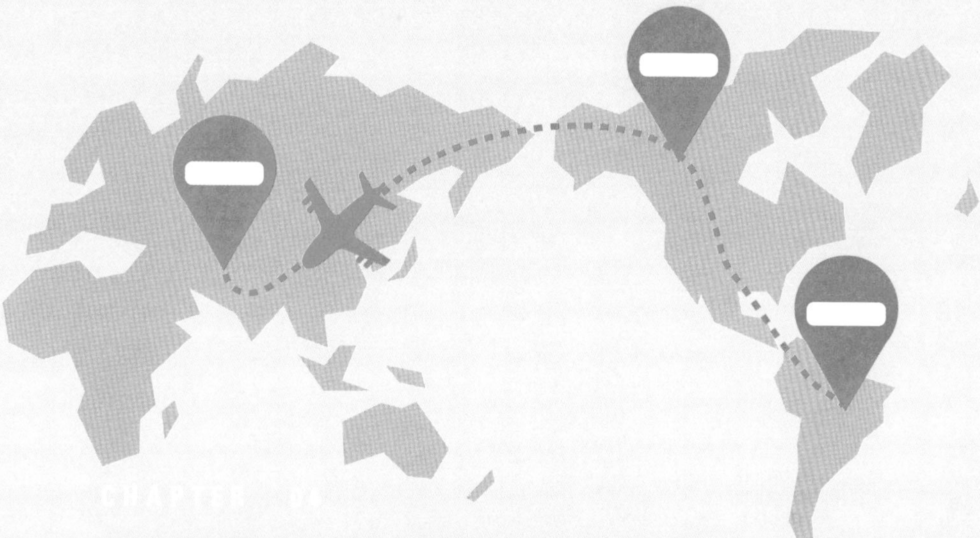

항공운송사업자(항공사)

Aviation Transportation & Industry

01 항공운송사업자의 정의

우리나라 「항공법」에서 정의하는 항공사는 「항공법」(제2조31항)에 따라 "타인의 수요에 맞춰 항공기를 사용하여 유상으로 여객이나 화물을 운송하는 사업(항공운송업무)을 통해 수익을 영위하는 법인 또는 사람"을 말한다. 이 법을 보충하면, 국내항공운송사업이란 "국토교통부령으로 정하는 일정규모 이상의 항공기를 이용하여 다음 각 목의 어느 하나에 해당하는 운항을 하는 항공운송사업"을 말한다.

- 국내 정기편 운항 : 국내공항과 국내공항 사이에 일정한 노선을 정하고 정기적인 운항계획에 따라 운항하는 항공기 운항
- 국내 부정기편 운항 : 국내에서 이루어지는 가목 외의 항공기 운항

또한 국제항공운송사업이란 "국토교통부령으로 정하는 일정규모 이상의 항공기를 이용하여 다음 각 목의 어느 하나에 해당하는 운항을 하는 항공운송사업"을 말한다.

- 국제 정기편 운항 : 국내공항과 외국공항 사이 또는 외국공항과 외국공항 사이에 일정한 노선을 정하고 정기적인 운항계획에 따라 운항하는 항공기 운항
- 국제 부정기편 운항 : 국내공항과 외국공항 사이 또는 외국공항과 외국공항 사이에 이루어지는 가목 이외의 항공기 운항

일반적으로 정의하는 항공사Airline는, 공인된 운항 증명이나 면허를 가지고 여객 및 화물에 대하여 항공운송서비스를 제공하는 회사이다. 이들은 자신이 소유한 항공기 또는 리스를 통해 획득한 항공기를 이용하여 서비스를 제공하며, 여러 회사가 상호 이익을 위해 파트너십이나 항공 동맹을 맺어 서비스를 제공하기도 한다.

항공사의 규모는 다양하여, 작게는 한 대의 항공기를 이용하여 화물이나 우편 운송을 하는 항공사부터, 크게는 수백 대의 항공기를 보유한 풀서비스 항공사까지 다양

하다. 항공사의 서비스는 대륙 간, 대륙 내, 국내 · 국제 운송으로 나누어질 수 있으며, 정기편과 전세편으로 나눌 수 있다.

02 항공사 부서 및 업무

항공사는 여객 및 화물운송을 위해 전문성 있는 많은 부서들이 모여 크게 몇 개의 본부를 구성하고 있으며, 이러한 각 본부의 조화와 협업으로 고객에게 최고의 항공서비스를 제공하기 위해 노력하고 있다.

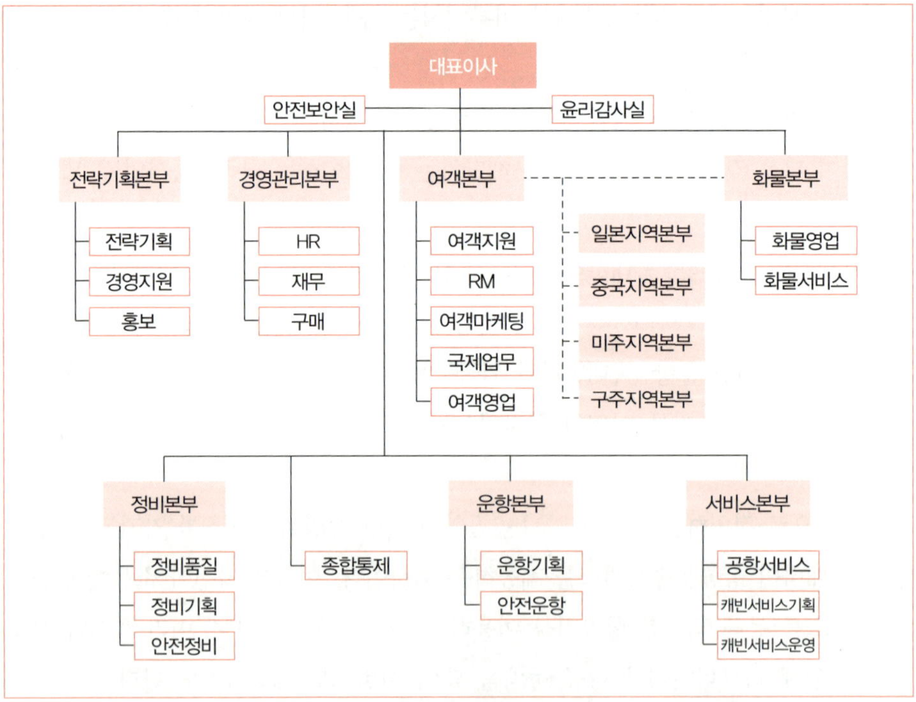

[그림 4.1] 아시아나항공 조직도

[그림 4.2] 대한항공 조직도

1) 관리본부

(1) 전략기획 부서

'전략기획팀, 전략경영팀' 등으로 명명되며, 항공산업시장과 회사의 상황을 분석하고 그를 토대로 중·장기/단기 및 연간 경영계획을 수립한다. 또한 회사의 경영이념 및 인재상, 비전 등을 세워 조직의 방향을 제시하는 중요업무를 수행하기도 한다. 회사에 따라 국토교통부 및 각 정부 부처와 정책을 운영하는 기관 등과 관계하기도 한다.

(2) 법무/기재 부서

'법무팀'은 법률 분쟁의 예방과 발생한 사안의 해결 및 보험료율 인하, 보험 클래임 Claim의 효율적인 처리를 위해 담당자를 지원하고 조율하는 업무를 수행한다. 타 항공사들과 업무제휴 및 공동운항 등에 대한 조약 및 계약서들의 법률적 부문을 검토하여 회사운영에 불이익이 없도록 사전에 방지하는 것도 주요업무이다.

'기재팀'은 항공사 운영 전반에 걸친 기자재 구매를 담당하는 부서인데, 주요한 구매는 항공기 리스 구매 및 서비스 아이템 구매이다. 항공서비스에 제공되는 여러 서비스(케이터링Catering 및 청소, 서비스인력 제공)를 공급하는 협력업체를 관리하는 부서도 여기에 속한다.

(3) HRHuman Resource 부서

인사팀 및 교육팀이 대표적 구성조직이다. '인사팀'은 인재경영을 효율적으로 수행하기 위해 인력운영 및 성과/보상제도의 기획 및 운영을 관리하는 업무를 수행한다.

항공산업의 특징은 성 · 비수기가 뚜렷하여 인력을 탄력적으로 운영해야만 보다 효과적인 성과를 거둘 수 있는데, '교육팀'은 인재의 Training & Development를 통한 성과창출을 위해 교육기획/교육과정 운영 · 개발 및 인재육성을 위한 시의적절한 지원 업무를 수행한다.

인력의 효과적인 운영을 위해서는 조직구성원을 전문가로 양성함과 동시에 타 부서와 효과적인 협업을 이루어낼 수 있는 조직문화와 지식경영이 필요하다. 이를 위해 교육팀에서는 각 부문별 직무역량 강화를 위한 교육과 전사에 조직문화를 통합하는 교육 이외에도 임 · 직원 및 가족들을 대상으로 한 문화프로그램 등도 운영하여, 직원의 역량개발 및 복지에도 기여하고 있다.

(4) 경영지원 부서

노사협력팀, 경영지원팀, 비상계획팀 등으로 구성되어 있다. '노사협력팀'은 상호협력적인 노사관계 정착을 위해 노조와의 협력관계 구축 및 협상을 주도하고, 직원 고충처리 및 산업재해를 관리하는 업무를 수행한다. '경영지원팀'은 총무 · 환경 · 일반구매, 회사경영의 총무 · 복지 업무를 총괄하여 경영활동을 지원하고 내부고객 만족을 위한 업무를 진행한다. '비상계획팀'은 비상시의 업무를 진행한다.

(5) 재무 부서

회계팀, 자금팀, 수입관리팀으로 구성되어 있으며, 조직에 따라 명명하는 바가 다소 차이가 있을 수 있다.

'회계팀Accounts Department Team'은 의사결정에 필요한 원가정보를 제공해 주기 위해 영업활동에 관한 원가, 기타 관련 자료를 수집 · 분석 · 평가 · 보고하는 업무 및 각 부서의 비용집행 후 처리를 담당한다.

'자금팀Treasury Team'은 기업회계에 관한 규정을 준수하여 재무제표를 작성하며 외부감사인에게 검증(감사)받은 후 외부 이해관계자에게 적정하게 제공하고, 내부 이해관계자(경영층)에게는 합리적인 경영의사 결정을 위한 관리회계 정보를 제공하는 업무를 진행한다. 또한 회사의 자금운용을 위한 금융기관과의 거래 및 관계유지 역할도 자금팀의 몫이다.

'수입관리팀Revenue Accounting Team'은 명확한 수입의 파악과 관리를 위해 발매 · 환불 · 운송 · 수수료 지급 등의 심사를 수행하고, 운송수입 확정업무 및 영업활동에 대한 가치 있는 분석정보를 제공함으로써 추후 회사의 영업계획에 바탕이 되는 자료를 제공하기도 한다.

2) 여객영업본부

(1) 여객지원 부서

여객지원팀, 예약영업팀, 발권서비스팀 등이 속해 있다. 여객영업에 필요한 지점관리 및 지원 등을 담당하며, 영업으로 고객이 구매한 상품에 대해 예약 및 발권서비스를 제공한다.

(2) 여객영업 부서

각 지역별 · 나라별 상품판매를 위한 노선 수요를 예측 · 분석하여 기간별 전략 및 영업계획을 수립 · 시행하고 영업실적을 종합적으로 관리하는 업무를 수행한다. 또한 상품의 가격을 심사 및 책정하고, 시대의 흐름에 따라 IT기반 판매를 전담하는 팀이 구성되어 있는 항공사도 있다. 회사 및 여행사, 개인 등을 상대로 판매를 하는 각 지점들도 여객영업 부서에 속한다.

(3) 여객마케팅 및 수익관리팀

항공서비스의 다양화와 품질향상을 위해 타 항공사와의 동맹 및 제휴 관련 업무와 수익의 대부분을 창출하는 상용고객 및 VIP고객의 지속적인 재구매율을 유지하기 위해 특화서비스를 개발하고 인터넷판매 및 제휴프로모션 등을 실시한다. 또한 각 항공사들은 고객들의 로열티 향상을 위해 마일리지 프로그램을 기획 관리함으로써 실적에 따라 회원등급을 나누고, 등급에 따라 서비스의 혜택을 다양하게 구성하고 있다.

현재의 고객들은 소비환경 변화 및 구매자의 연령과 이용 목적에 따라 다각화된 소비 형태를 보여주고 있다. 이에 각 항공사들은 영업성과의 극대화를 위해 온라인상에서의 마케팅 활동 및 영업전산시스템을 개발하여 고객만족 달성을 위해 노력하고 있다.

3) 화물본부

화물운송에 관련하여 기획, 영업, 서비스를 담당하는 팀들로 구성되어, 전략기획 · 제휴상품 개발을 통한 화물 핵심역량 강화와 영업이익 극대화를 추구하기 위한 제반 업무를 수행하며, 탑재계획 및 스케줄에 의한 정확한 화물의 수입 및 수출 · 통과 업무를 처리한다. 이는 항공사 수익의 큰 부분을 차지한다.

4) 정비본부

항공기 정비는 항공서비스에 있어 가장 큰 핵심이라고 할 수 있다. 안전한 운항이 있어야 우수한 서비스도 제공될 수 있기 때문이다. 대부분의 항공사들은 '정비 기획팀'과 '정비 운영팀'으로 나누어 정비를 위한 상시, 단기, 중 · 장기 정비계획을 구성하고, 시의적절하게 정비를 시행함으로써 고객의 안전과 회사의 안녕을 책임진다.

5) 운항본부

안전운항을 위한 지원, 교육 및 훈련, 운영과 평가를 실시하는 부서들로 구성되어 있다. '운항 지원팀'은 운항승무원들의 안전한 운항을 위한 채용 및 복지 등의 전반적인 지원을 담당하며, '운항 훈련팀'에서는 안전한 운항을 위한 정기교육 및 기종별 · 직급별 교육은 물론 법정 훈련교육 등을 실시한다. 안전운항을 위한 '운영팀'은 운항 승무원들이 기종별로 배치되어 스케줄에 맞게 안전운항을 할 수 있도록 돕고 있다. 마지막으로 '평가팀'은 비행결과 관리 및 개선을 위한 연구, 평가 및 심사를 통해 안전운항에 만전을 기한다.

6) 서비스본부

항공사는 서비스 기업 중에서도 가장 높은 수준의 서비스 마인드로 최고의 서비스를 제공하기 위해 늘 노력하고 있다. '공항서비스'와 '객실서비스'는 그 대표적인 서비스 부서로, 고객들이 항공사의 서비스를 가장 근접하게 직접 접하게 되는 서비스 인카운터Encounter이다. '공항서비스'는 고객이 공항에 입장하여 수속, 탑승 및 도착 후 입국, 수하물 처리에 이르는 서비스를 제공한다. 이러한 공항서비스 부서는 공항에서 제공되는 서비스의 기준을 설립하고 운영에 대한 평가 및 감사를 실시하여 그 품질을 관리한다. '객실서비스'는 객실승무원의 훈련 및 운영과 기내식 개발 및 운영, 기내 면세품을 담당한다.

03 주요항공사 현황

1) 국적 항공사

(1) 대한항공

KOREAN AIR

1946년 '대한국민항공사'라는 사명으로 운영되던 민간 항공사가 경영상의 어려움을 겪자, 1962년 대한민국 정부가 출자하여 인수한 후 '대한항공공사'로 사명을 바꾸고 운영하였다. 그러나 연이은 적자로 대한항공공사의 부채가 증가하자, 정부는 1969년 3월 1일 운송전문 기업인 '한진상사'에 부채를 감수하는 조건으로 매각하였고, 이것이 현재 '대한항공'의 시작이 되었다. 민영화와 동시에 제트기 1대(보잉720)를 도입하여 최초로 국제선(김포-오사카-타이페이-홍콩-사이공-방콕)을 취항하였고, 1971년에는 보잉707을 도입하여 미주노선의 화물영업을 시작으로 하여 1972년 로스앤젤레스와 호놀룰루에 여객운항도 함께 운영되었다. 급속한 성장과 더불어 유럽노선 취항과 함께 A300 항공기를 도입(1975년)하고 1976년에 중동노선까지 취항하였다.

1980년 대한항공의 인지도 상승을 위해 'KOREA AIR'와 한국의 전통 태극무늬와 프로펠러 이미지를 합친 새 CI를 구성하여 사용하기 시작하였다.(현재의 CI는 글자체 기울기 등 약간의 변화를 거쳐 1990년에 정착) 1991년 중국, 몽골, 러시아 취항과 1992년 브라질의 상파울로 취항으로 그 노선과 사세를 확장하였다.

현재 국내·외 45개국 125개 도시(2014.9.30 기준)에 여객 및 화물 노선을 개설하여 항공운송사업을 수행하고 있으며, 항공기 설계 및 제작, 민항기 및 군용기 정비, 위성체 등의 연구·개발을 수행하는 항공우주사업, 기내식 제조사업, 기내면세품 판매사업, 리무진사업 등의 연관사업을 통해 시너지효과를 창출하고 있다.

〈표 4.1〉 대한항공 현황

CODE	KAL/KE
대표이사	조양호, 지창훈, 이상균
설립일	1969년 3월 1일
회사안내	주　　소 : 서울시 강서구 하늘길 260 전화번호 : 02-2656-7114 홈페이지 : http://www.koreanair.com
보유 항공기수	147대(2015.1.31)
취항노선	45개국 125개 도시(2014.9.30 기준)
직원수	18,247명(임원 및 해외직원 제외 / 2014.9.30 자료)

자료 : 금융감독원 기업공시시스템(2014.11.20)
　　대한항공 홈페이지(http://kr.koreanair.com/korea/ko.html)

(2) 아시아나항공

1988년 제2의 민간 정기항공운송업자로 선정된 금호그룹에서 1988년 2월 17일 서울항공을 시작으로 같은 해 8월 상호를 '아시아나항공'으로 변경하여 지금에 이르렀다. 설립하여 12월 보잉737기 도입을 시작으로 김포－광주, 김포－부산 노선을 첫 취항하였다. 1990년 1월 첫 국제선인 김포－도쿄(하네다) 노선의 운항 이후 나고야, 후쿠오카, 센다이 노선을 연이어 운항하였다. 1990년 12월 홍콩 취항으로 동남아 노선 운영의 출발을 알렸으며, 1991년 미주노선 취항, 1994년 중국노선 취항, 1995년 유럽노선 취항으로 성장하였다.

아시아나항공은 1995년 세계최초로 전 노선 기내금연을 실시하여 항공서비스의 품질을 높이는 데에 앞장섰다. 아시아나항공은 2007년 영국의 항공서비스 전문컨설팅사인 스카이트랙스Skytrax로부터 항공사 평가 최고등급인 5 Star Airline의 인증을 받은 후, 현재까지 8년 연속 5 Star Airline 인증을 유지하고 있으며, 2009년 '에어 트랜스포트 월드Air Transport World'誌를 시작으로 2010년 '스카이트랙스Skytrax'社, 2011년 '글로벌 트래블러Global Traveler'誌, 2012년 '프리미어 트래블러Premier Traveler'誌와 '비즈니스 트래블러Business Traveler'誌로부터 5회 연속 '올해의 항공사' 상을 수상함으로써 항공 및 여행전문가로부터 명실상부한 세계최고의 항공사로 인정받고 있다.

〈표 4.2〉 아시아나항공 현황

CODE	AAR/OZ
대표이사	박삼구, 김수천
설립일	1988년 2월 17일
회사안내	주　　소 : 서울시 강서구 오정로 443-83 전화번호 : 02-2669-3114 홈페이지 : http://www.flyasiana.com
보유 항공기수	84대(2014.11.6)
취항노선	24개국 75개 도시(2014.9.30 기준)
직원수	10,113명(2014.9.30 자료)

자료 : 금융감독원 기업공시시스템
　　　아시아나항공 홈페이지(http://www.flyasiana.com)

(3) 제주항공

항공여행의 대중화와 제주도 항공교통 수단 개선의 목적에서 설립을 추진한 저가항공사이다. 애경그룹과 제주도가 지분을 공동 출자하여 2005년 1월 25일에 창립되었다. 정기 항공운송사업 면허는 대한항공과 아시아나항공에 이어 3번째로, 저비용항공사 최초로 획득하고, 2006년 6월 김포-제주 노선을 첫 취항으로 국내선 각 도시를 운항, 2009년 3월 오사카 노선을 정기편으로 한 첫 국제선 운항을 시작하였다.

2008년 보잉737-800을 첫 도입한 후, 점진적인 도입과 매각으로 기종을 단일화하여 운영의 효율성과 안전성을 높이는 경영전략을 펴고 있다. FSCFull Service Carrier의 70~80% 수준의 운임과 일자별 · 기간별 탄력운임제도를 운영하여 고객의 편의를 높이고 있다.

〈표 4.3〉 제주항공 현황

CODE	JJA/7C
대표이사	안용찬, 최규남
설립일	2005년 1월 25일
회사안내	주　　소 : 제주특별자치도 제주시 신대로 64(연동, 건설공제회관 3층) 전화번호 : 070-7420-1000 홈페이지 : http://www.jejuair.net
보유 항공기수	17대(2015.1.31)
취항노선	7개국 20개 도시(2014.9.30 기준)
직원수	1,048명(2014.9.30 자료)

(4) 에어부산

2008년 10월 대한민국의 남부지역을 기반으로 하는 지역항공사로 출범하여 부산-김포 노선을 첫 운항으로 활동을 시작하였다. 아시아나항공과 부산광역시가 대주주이며, 본사는 부산시 진구 범천동에 소재한다. 보잉737 기종과 에어버스321 기존을 병행하여 운용하고 있으나, 회사의 효율적인 운영과 안전정비 및 운항에 집중하기 위해 2016년까지 기종 단일화(에어버스 기종)를 완료할 계획이다. 20010년 3월 후쿠

오카 노선을 국제선 첫 취항지로 운항하였으며, 현재는 도쿄, 오사카, 중국 및 동남아 중·단거리 노선을 운항하고 있다.

〈표 4.4〉 에어부산 현황

CODE	ABL/BX
대표이사	한태근
설립일	2007년 8월 31일
회사안내	주　　소 : 부산광역시 진구 황령대로 24 전화번호 : 1666-3060 홈페이지 : http://rsvweb.airbusan.com
보유 항공기수	14대(2015.1.31)
취항노선	6개국 16개 도시(2014.9.30 기준)
직원수	656명(2014.7 자료)

(5) 진에어

'실용의 중단거리 항공사'를 기업비전으로 하여 2008년 1월에 법인을 설립하고, 7월 17일 김포-제주 노선 첫 취항으로 운항을 시작하였다. 대한항공에서 100% 출자한 저비용항공사로, 2009년 국내 저비용항공사로는 최초로 국제항공안전인증IOSA을 획득하였다. 보잉 단일기종으로 13대의 항공기를 보유하고 있으며, 설립 초기에는 기간 대비 최고의 정시율을 기록하기도 했다. 자유 좌석제 및 승무원들의 청바지 유니폼 착용 등이 차별화된 서비스 포인트였으나, 2014년 8월 1일부로 자유 좌석제는 폐지되었다.

〈표 4.5〉 진에어 현황

CODE	JNA/LJ
대표이사	조양호, 마원, 조현민
설립일	2008년 1월 23일
회사안내	주　　소 : 서울시 강서구 공항대로 453 전화번호 : 1600-6200 홈페이지 : http://www.jinair.com
보유 항공기수	13대(2015.1.31)
취항노선	8개국 27개 도시(2014.9.30 기준)

(6) 이스타항공

2007년 10월 설립 후, 2008년 8월 국토해양부로부터 부정기 항공운송면허를 취득하고 2009년 1월 김포－제주 노선 첫 취항을 시작으로 군산－제주, 청주－제주 노선 등의 지선을 공략하여 사세를 확장하였다.

2009년 12월 국제선 운송사업 면허를 취득하여 말레이시아 쿠칭Kuching에 첫 국제선 부정기편을 운항, 오사카, 코타키나발루, 방콕을 운항하고 있다. 청주－연길, 청주－하얼빈, 청주－대련 노선 판매로 지역발 수요를 공략한 영업정책을 펴고 있다.

〈표 4.6〉 이스타항공 현황

CODE	ESR/ZE
대표이사	김정식
설립일	2007년 10월
회사안내	주　　소 : 서울시 강서구 양천로 34 전화번호 : 1544-0080 홈페이지 : http://www.eastarjet.com
보유 항공기수	14대(2015.1.31)
취항노선	6개국 13개 도시(2015.1.31 기준)

(7) 티웨이항공

2004년 세워진 한성항공이 2005년 첫 취항 이후 경영난으로 인해 2008년 휴업하고, 2009년 법원에 기업회생 절차를 신청하여 2010년 8월 티웨이항공으로 회사명 변경 후 재운항을 시작하였다. 티웨이항공은 2010년 8월 재취항했으며, 당시 항공기 2대로 시작하여 그 해 9월 국내 항공운송사업 운항증명Air Operator's Certificate을 획득함과 동시에 김포－제주 운항을 개시하였다.

티웨이항공은 2011년 한국소비자원이 주관한 '저비용항공사 소비자만족도 평가' 6개 평가지표 중 5개 항목에서 가장 우수한 점수를 받았으며, 2012년 한국교통연구원이 시행한 '항공교통서비스 시범평가'에서 저비용항공사 중 가장 우수한 평가를 받았다.

그 결과 티웨이항공은 2013년, 설립 3년만에 항공기 5대만으로 흑자를 달성하기도 했다. 항공사의 규모에 집착하는 것이 아니라, 합리적인 가격과 세련된 서비스 제공을 목표로 내세우고 있다.

〈표 4.7〉 티웨이항공 현황

CODE	TWB/TW
대표이사	함철호
설립일	2010년 8월
회사안내	주　　소 : 서울시 강서구 하늘길 210 국제화물청사 전화번호 : 1688-8686 홈페이지 : http://www.twayair.com
보유 항공기수	9대(2015.1.31)
취항노선	17개 도시(정기 11개, 부정기 8편 / 2015년 1월 기준)

2) 국내 취항 해외항공사

(1) 중국동방항공

1988년 설립된 중국동방항공은 1997년 홍콩, 뉴욕, 상해 등 3대 증시에 동시상장을 성공한 중국 3대 민영 항공사 중 하나이며, 본사는 중국 상하이에 위치하고 있다. 2010년 2월 상해항공과의 성공적 합병절차를 마친 후, 상해항공을 정식 자회사로 편입하였고, 그 외 서북, 운남, 산동, 산서, 안휘, 강서, 하북, 저장, 감숙, 북경 분공사(기지)를 포함, 중국 내 상해 본사를 거점으로 한 총 10곳의 국내 분공사가 그물망식 네트워크를 구성하고 있는 운항 승객수 기준으로 중국 내 2위, 시장가치 기준으로 세계 3위 항공사이다. 또한 2010년 4월 항공사연합체인 '스카이팀Sky Team'의 정식회원사가 되어 대한항공, 델타항공, 에어프랑스 등 회원사들과 협력관계를 갖게 되었다.

2009년 12월 31일 기준, 자산총액은 958억 인민폐(한화 : 16조7천억 원)이며, 중대형 항공기 417대(2013.6.30 기준)를 보유, 151개 지역에 취항하고 있다. 총 6만여 명의 구성원이 여객, 화물 방면의 각 부문에서 안전운항과 더불어 최고의 서비스를 제공하기 위해 최선의 노력을 다하고 있으며, 또한 상해공항을 세계 최고 허브공항으로의 발전을 위한 핵심전략화 사업도 단계적으로 진행 중이다.

동방항공의 기업정신인 '고객만족을 위한 최고의 서비스 실현'과 함께, '서비스 그 이상의 가치실현'이라는 서비스이념으로 성장하고 있다.

〈표 4.8〉 중국동방항공 현황

CODE	CES/MU
설립일	1988년
회사안내	전화번호 : 1661-2600 홈페이지 : http://www.easternair.co.kr
보유 항공기수	417대(2013.6.30)
취항노선	515개 도시

자료 : 중국동방항공 홈페이지

(2) 아랍에미레이트항공

1985년에 설립되었다. 매주 3,400편 이상의 항공편이 두바이에서 출발하여 전 세계로 운항한다. 매출, 보유 항공기, 여객수 부문에서 중동지역 최대 항공사이다. 우수한 기내서비스, 빠른 성장세, 지속적인 흑자경영으로 항공업계를 선도하고 있다. 허브공항은 두바이 국제공항이다. 에미레이트항공은 정부가 소유하고 있는 기업 에미레이트 그룹의 자회사이다. 에미레이트 그룹의 전 임직원은 5만 명이 넘으며, 그룹의 최대 주주는 ICDInvestment Corporation of Dubai이다.

에미레이트항공은 1985년 10월 25일 2대의 항공기를 임대하여 두바이에서 운항을 시작하였다. 두바이정부는 초기에 투자를 한 후 에미레이트항공을 독립기업으로 간주하였다. 그래서 아흐메드 빈 사이드 알 마크툼이 회사경영을 맡게 되었고, 지금까지 회사를 이끌어오고 있다. 에미레이트항공은 설립 이후 수년에 걸쳐 보유 항공기와 취항지를 확대하였다. 1988년부터 매년 흑자를 기록하며 빠르게 성장하였고, 2007년 한 해에 130대 이상의 항공기를 구매하는 등 적극적으로 항공기를 구매하였고, 실적과 서비스를 인정받아 지금까지 수많은 상을 수상하였다.

에미레이트항공은 에어버스와 보잉사의 쌍발제트기 A380과 보잉777을 함께 보유하고 있다. 2008년 7월 28일 처음으로 A380-800을 인도받았으며, 싱가포르항공에 이어 두 번째로 A380-800을 운항하게 되었다. A380-800은 복층 구조의 초대형 여객기로, 세계에서 가장 많은 승객을 태울 수 있는 기종이다. 2010년 국제여객수 부문에서 6위의 기록과 영국의 항공전문평가기관인 '스카이트랙스'에 의해 세계 제8위 항공사로 선정되었다. 2014년 현재 220대 이상의 항공기로 80여 개국 140곳 이상의 취항지로 운항하고 있다.

주요 취항지로는 헝가리 부다페스트, 노르웨이 오슬로, 미국 시카고, 벨기에 브뤼셀 등이 있다. 그리고 세계에서 가장 긴 직항노선 4곳을 운행한다. 두바이 - 로스앤젤레스, 두바이 - 샌프란시스코, 두바이 - 휴스턴, 두바이 - 달라스 / 포트워스 구간이다. 보유 항공기가 모두 폭이 넓은 광동체 비행기로 구성된 몇 안 되는 항공사 중 한 곳이다. 상용고객 우대제도로 스카이워즈Skywards 프로그램을 운용한다.

〈표 4.9〉 아랍에미레이트항공 현황

CODE	UAE/EK
설립일	1985년 5월
회사안내	홈페이지 : http://www.emirates.com/kr/korean
보유 항공기수	220대(2014.1)
취항노선	148개 도시

자료 : 네이버 지식백과 - 에미레이트항공(Emirates Airline)

(3) 영국항공

영국항공의 기원은 1924년에 설립된 제국항공Imperial Airways에서 비롯된다. 그 후 1939년 유한회사 영국항공British Airways Ltd.과 합병되어 영국해외항공BOAC : British Overseas Airways Corporation으로 국유화되었다. 1946년에 영국남미항공BSAA : British South American Airways과 영국유럽항공BEA : British European Airways이 분리되었으나, 각각 1949년과 1974년에 재

합병되어 현재의 영국항공British Airways으로 재탄생하였다.

1987년 민영화를 계기로 고객들을 무시하는 것으로 유명했던 브리티시항공은, 무능하면서도 오만하기까지 했던 기업에서 고객만족도가 몰라보게 개선된 하나의 전형으로 받아들여질 만큼 탈바꿈하였다. 당시 CEO인 콜린 마셜Sir Colin Marshall의 "최상의 고객서비스를 이룰 때까지 투쟁하겠다"는 헌신적인 결단이 있었기 때문에, 영국항공은 가장 크고 지속적으로 이윤을 남기는 세계제일의 국제항공사로 거듭난 것으로 평가된다.

1988년에 서울올림픽을 계기로 서울발 홍콩 경유 런던행 국제선 노선을 신설했고, 1995년 논스톱 직항노선을 취항하다가 1998년쯤 외환위기로 운항을 중단하였으나 2012년 12월 4일부터 재취항하여 주 6일 운항하고 있다. 2009년 11월 12일 스페인 항공사인 이베리아항공과 합병하기로 합의하였다. 이 합의를 통해 두 항공사는 매출기준으로 세계 3대 항공사가 되었고, 2010년 4월 8일 최종 합의를 통해 두 항공사가 합병되었다. 두 항공사의 합병으로 국제항공그룹이 설립되었지만, 두 항공사는 각각 자사브랜드로 계속 운항하고 있다.

〈표 4.10〉 영국항공 현황

CODE	BAW/BA
설립일	1974년(영국해외항공, 영국유럽항공 합병)
회사안내	홈페이지 : http://kr.britishairways.com
보유 항공기수	302대(2014년 말 / 자회사 항공기 포함)
취항노선	183개 도시

자료 : 위키백과 및 영국항공 한국 홈페이지

(4) 유나이티드항공

1926년에 월터 바니Walter Varney가 바니항공Varney Airlines을 설립하여 항공 우편배달 업무를 시작하였다. 1927년 보잉항공기 회사의 설립자인 윌리엄 보잉William Boeing이 바니항공을 비롯한 여러 항공사를 사들이고, 사업규모를 확대하여 4개의 항공회사가 1934년에 합병되어 현재의 명칭으로 변경되었다.

1986년 미국 전지역과 173개 도시를 잇는 노선을 확보했고, 1991년에 팬아메리칸 월드항공Pan American World Airways, Inc.이 도산하면서 대서양 횡단과 유럽 노선을 인수하였다. 1997년 에어캐나다, 루프트한자, 타이항공, 스칸디나비아항공과 함께 최초의 항공 동맹인 스타얼라이언스Star Alliance를 창립하였다. 2001년에 9·11테러와 경기불황에 따른 항공수요 감소 및 저가항공사의 출혈경쟁으로 경영상 압박을 받아오다가, 2002년 부채를 상환하지 못해 파산보호 신청까지 하면서 경영악화를 극복하기 위한 전략으로 저가항공사인 테드항공Ted Airlines을 출범하여 미국과 멕시코를 운항하였으나 2009년에 합병되었다.

2011년 11월 미국 내의 최대 항공사 중 하나인 콘티넨탈항공과 합병하게 되어 '유나이티드 콘티넨탈 홀딩스United Continental Holdings'라는 회사명으로 현재까지 변경 운영되고 있다. 다만, 모든 시스템부터 비행기의 도색은 기존 콘티넨탈항공으로 통일 운영하고 있다. 합병 초기에 시스템 통합작업이 완료되기 전까지는 별개의 항공사로 운영되다가, 2012년 이후 시스템 통합이 완료되면서 비행기 도색도 전부 기존 콘티넨탈항공 도장으로 바뀌면서 합병이 마무리되었다. 현재 미국 항공사 업계의 여객수송량 1위를 기록하고 있다.

〈표 4.11〉 유나이티드항공 현황

CODE	UAL/UA
설립일	1927년
회사안내	홈페이지 : http://www.united.com http://www.united.com/web/ko/default.aspx?
보유 항공기수	703대
취항노선	378개

(5) 델타항공

DELTA

1924년 뉴욕에서 허프 댈런드 더스터스Huff Daland Dusters란 농약살포를 전문으로 하는 항공사로 설립되었다. 1928년 루이지애나의 기업인에게 매각되어 델타에어서비스Delta Air Service라는 회사가 되었다. 1929년에 여객수송을 시작하였고, 1930년 12월 델타에어Delta Air Corporation라는 법인으로 다시 설립하여 남부에서 가장 빠르게 성장하는 도시인 애틀랜타에 취항했으며, 서쪽과 동시에 동쪽인 텍사스주로 확장하게 되었다.

1934년 이후 미국 남부지방의 여객 및 화물을 미국의 각 도시와 해외로 운송하게 되었다. 1941년에 본사를 애틀랜타로 이전하였고, 1945년 현재의 명칭으로 변경되었으며, 그와 동시에 새로운 장비를 구입하고 새로운 노선을 취항하기 시작했다. 1953년에 시카고 앤드 서던항공Chicago and Southern Air Lines, Inc.; C&S과 1960년대에는 노스이스트항공Northeast Airlines, Inc.과 합병하고, 1970년 델타항공은 5대의 보잉747-100 기종을 도입하여 장거리 노선에 취항하였다. 1978년 애틀랜타에서 런던 간 국제선 운항을 시작한데 이어 1979년에 노스웨스트항공Northwest Airlines을 인수하여 자회사가 되었다. 같은 해 프랑크푸르트 간 국제선 노선이 신설되었으며, 1981년에 최초의 상용고객 우대프로그램인 스카이마일스SkyMiles를 시작하였다.

1987년에 캘리포니아주 등 미국 서해안 지역에 많은 항로를 가지고 있던 웨스턴항공Western Air Lines, Inc.과 합병했으며, 1991년에 도산된 팬아메리칸 월드항공Pan American World Airways Inc.의 일부를 소유하는 과정에서 유럽, 중동, 아시아 남부 등의 항로를 취득하였다. 1999년에 보잉777 기종을 도입하여 라틴아메리카와 논스톱 항공편에 취항하기 시작하였다. 2000년에 에어프랑스, 아에로멕시코, 대한항공과 함께 항공 동맹인 스카이팀Sky Team을 창립하였다. 유가상승 및 9·11테러의 여파로 경영난을 겪던 델타항공은 자회사인 노스웨스트항공과 2010년 합병이 완전히 완료된 후 세계 최대의 글로벌 항공사가 되었고, 같은 해 6월 인천-디트로이트 간 직항을 취항하였다.

〈표 4.12〉 델타항공 현황

CODE	DAL/DL
설립일	1924년
회사안내	홈페이지 : http://www.delta.com http://ko.delta.com/?lang=ko&loc=kr
보유 항공기수	772대
취항노선	247개

(6) 일본항공

JAPAN AIRLINES

일본정부는 반관반민(半官半民) 형태로 1951년 8월 1일, 도 자본금 1억 엔, 39명의 종업원으로 일본 최초의 항공사인 일본항공을 설립하였다.

1953년 11월, 최초의 국제선인 도쿄 하네다-샌프란시스코 노선(호놀룰루 경유)을 2주에 한 번 운항 개시하고, 당시 미국이 점령하고 있어 국제노선으로 취급하던 오키나와 노선(하네다공항-나하공항 구간)을 운항하였다. 경쟁사와의 어려움 속에서도 꾸준한 영업 강화 노력으로 1955년도에는 국제선과 국내선이 모두 흑자로 전환되었다.

1960년도 일본경제의 급격한 성장과 더불어 유럽노선 확장과 화물운송시장에서 급격히 시장을 확보해 나갔다. 1972년에는 전일본공수와 경쟁관계시장을 개선하고자 국가에서 만든 「항공헌법」 '45/47'에 의해 국제선만 운행하게 되었다. 1980년 일본의 경제발전과 함께 일본항공의 성장도 동반되었으나, 1982년과 1985년에 큰 규모의 항공기 사고가 발생하면서 영업실적이 악화되었다. 동시에 「항공헌법」 '45/47'의 폐지로 타 항공사들과의 경쟁이 가열되었다. 1990년 회사의 잇단 비리와 부패로 인해 경영이 악화되고, 2002년 JASJapan Air System과의 합병은 서비스의 혼란, 항공기 정비불량 등으로 고객이탈을 초래함은 물론 JAS의 채무를 승계하여 합병한 원인으로 결정적인 퇴보의 길을 걷게 되었다.

결국 2009년 13조 원의 금융부채를 안게 된 일본항공에 공적자금이 투입되고, 2010년 법정관리 및 상장폐지가 시행되었다. 법정관리 직후 기업재생을 위한 TF가 구성되어 급여, 인원, 노선축소를 시작으로 전회사가 노력한 결과 1년 만에 법정관리를 졸업하고, 2년 연속 우수한 영업이익을 기록하며 2012년 9월 재상장하였다.

〈표 4.13〉 일본항공 현황

CODE	JAL/JL	
설립일	1951년	
회사안내	홈페이지 : http://www.jal.com	http://www.kr.jal.com/krl/ko
보유 항공기수	156대	
취항노선	92개 도시	

(7) 전일본공수

전일본공수는 1952년 12월 27일에 일본 헬리콥터 수송주식회사콜 사인 : NH로 설립되었다. 설립 당시부터 국내선을 주축으로 하였는데, 당시 일본 운수성의 지도로 일본항공은 국제선과 국내선 간선 노선에, 전일본공수는 국내선 간선 노선과 지역 노선, 비정기 국제선을 담당하였다.

1953년 2월부터 승객들을 운송하기 시작했으며, 1953년 12월 15일부터 정기운항을 시작하였다. 1961년 가고시마－오키나와 노선 운항과 증권거래소 상장이 이루어졌으며, 1971년 도쿄－홍콩 구간의 국제선을 첫 취항하였다. 그러나 1972년 「항공헌법」 '45/47' 시행으로 국내선만 운항하였고, 법이 폐지된 1986년부터 국제선 정기편을 재운항하게 되었다. 1990년 아시아, 북아메리카, 유럽으로 노선을 확장하고, 1999년에는 항공동맹체 스타얼라이언스에 가입하면서 서비스를 확대하였다.

〈표 4.14〉 전일본공수 현황

CODE	ANA/NH
설립일	1952년
회사안내	홈페이지 : http://www.ana.co.jp http://www.ana.co.jp/asw/wws/kr/k/
보유 항공기수	211대
취항노선	73개 도시

(8) 중국국제항공

1988년 8월에 설립된 중국국제항공공사 또는 에어차이나Air China는 중화인민공화국의 항공사이다. 자국에서는 줄여서 '국항国航'이라고도 한다. 중화인민공화국 정부가 소유하고 있으며, 베이징 수도 국제공항에 기반을 둔 중화인민공화국 제 3위의 항공사이다.

중국국제항공은 국영항공사로, 모든 항공기에 오성홍기를 표시한 유일한 항공사이다. 이름이 유사한 중화민국의 중화항공中華航空, China Airlines과는 별개의 항공사로, 기체의 꼬리날개에서 볼 수 있는 중국국제항공의 로고는 약어 VIP를 형상화한 붉은 봉황과, 덩샤오핑이 서명하고 영어 및 중국어로 쓰여진 '중국국제항공'으로 이루어져 있다. 2005년 캐세이패시픽항공과 전략적 제휴를 맺어 오늘에 이르고 있다.

〈표 4.15〉 중국국제항공 현황

CODE	CCA/CA
설립일	1988년
회사안내	홈페이지 : http://www.airchina.kr
보유 항공기수	320대
취항노선	185개 도시

(9) 중국남방항공

운송량 중국 1위의 국유항공그룹으로, 산하에 중국남방항공공사中国南方航空公司, China Southern Airlines Company Limited가 있다. 2000년대 중국 중위안항공에 이어 중국북방항공과 중국신장항공을 인수한 후 합병되면서 중화인민공화국의 최대 항공그룹으로 중국국제항공中国国际航空股份有限公司, 중국동방항공中国东方航空股份有限公司과 함께 중국의 3대 항공집단이다.

1989년에 설립되어 1991년 30여 대의 항공기를 가지고 600만 명의 승객을 수송하였다. 1992년 5억3,700만 달러의 매출을 올렸고 1억200만 달러의 이익을 기록하였다. 1994년 중화인민공화국 정부가 자국 항공사에 대한 외국인의 투자를 허용하여 그 해 매출이 두 배로 증가하였다. 또한 2003년 상하이 증권거래소에 주식을 상장하여 좋은 결과를 가져왔다. 2005년 1월 28일 보잉777 항공기가 광저우 바이윈 국제공항을 출발하여 타이완 타오위안 국제공항에 착륙하였다. 중화인민공화국 항공사 사상 1949년 이래 처음으로 중화민국 땅을 밟은 항공기가 되기도 했다.

〈표 4.16〉 중국남방항공 현황

CODE	CSN/CZ
설립일	1989년
회사안내	홈페이지 : http://www.csair.com/cn http://www.cs-air.co.kr/
보유 항공기수	482대
취항노선	193개

(10) 캐세이패시픽항공

당시 중화민국에서 항공운송업을 하고 있던 미국인 로이 파렐Roy Farrell과 오스트레일리아인 시드니 칸쵸Sydney de Kantzow가 당시 중화민국에서 인도 간 국제선을 운항하고 있던 항공사로, 국민당-공산당의 내전 이후 중국이 공산화되면서 상하이에서 홍콩으로 이사하여 1946년 9월 24일에 창립되었다.

1949년에 중화인민공화국 수립 이후 중국 공산당의 지배를 싫어하는 많은 난민이 홍콩에 왔지만, 1950년대 초반에는 영국이 중화인민공화국과의 국교를 수립하면서 홍콩의 지위가 중국대륙의 창구가 되어 사업은 급속히 확대되었다. 승객수의 급격한 증가에 대응하기 위해서 보다 대형인 더글러스 DC-4와 더글러스 DC-6을 도입하고, 영국계 재벌의 스와이어그룹의 자본을 받아 재무체제를 강화시켰다. 이후 1959년에는 영국 해외항공과 자딘 마세손 합작회사 최대의 라이벌 항공사인 홍콩항공을 합병하고 규모를 확대하였다. 최초의 일본 취항은 1959년 7월에 도쿄 국제공항을 시작으로 하여 1960년대에 일본지역에 추가 취항 이후, 비행기를 추가로 투입하는 등 일본의 노선을 지속적으로 강화해 갔다. 대한민국의 경우에는 1961년에 최초로 취항하였다.

2003년에 홍콩의 화물 항공사인 에어홍콩을 인수하여 자회사가 되었고, 2006년 홍콩 드래곤항공이 인수되어 중국본토 전 지역과 네트워크를 형성하게 되었다. 2005년, 2006년, 2009년에 영국의 스카이트랙 회사 순위에서 최고상인 에어라인 올해의 상을 획득하는 등 세계에서 싱가포르항공과 더불어 최고의 서비스로 평가되었다. 최첨단 기술을 앞서 도입하였는데, 기내 엔터테인먼트에 대해 StudioCX란 개인 TV가 빠른 단계에서 이코노미 클래스에도 장착된 것들이 그 예이다. 여러 항공회사와 협정을 맺고 있으며 항공동맹인 원월드에 가맹되어 있다.

〈표 4.17〉 캐세이패시픽항공 현황

CODE	CPA/CX
설립일	1946년
회사안내	홈페이지 : http://www.cathaypacific.com
보유 항공기수	147대
취항노선	112개

(11) 루프트한자항공

독일 루프트한자 주식회사Deutsche Lufthansa는 독일의 항공사이자 유럽에서 가장 큰 항공사이다. 운송수의 경우가 세계 6위이다. 1926년 도이체 아에로 로이드Deutsche Aero Lloyd와 융커스 루프트베르케르Junkers Luftverkehr의 합병으로 세워졌다. 당시 정식명칭은 도이체 루프트한자 AGDeutsche Luft Hansa Aktiengesellschaft였으며, 루프트한자라는 단일이름은 1933년부터 쓰였다.

1927년 도이체 루프트한자는 독일정부를 대신하여 스페인 정부와 협약을 맺고 독일 – 스페인 간 항공서비스를 제공하였으며, 제2차 세계대전 이전에 이미 극동지역과 대서양을 횡단하는 노선에 취항하였다. 이후에 유럽, 아시아에 노선 취항을 시도했으나 제2차 세계대전에서 독일이 패전하면서 1945년에 영업이 중지되었다. 1951년에 회사가 청산되었으나, 이후에 1953년 연방정부, 독일국립철도, 노르트라인 베스트팔렌이 합작하여 재건했지만 독일이 동독과 서독으로 분단되면서 서독의 국영항공사가 되었다. 1954년에 현재의 이름으로 상호를 변경하였다.

루프트한자는 보잉737기를 최초로 구매하여 취항한 항공사였다. 1964년에는 보잉727기로 북극을 경유하여 일본으로 처음 운항하였고, 보잉의 새로운 기종이 나올 때마다 루프트한자는 미국 이외의 지역에서 최초로 상업운항을 한 해외항공사가 되었다.

1997년 루프트한자, 에어캐나다, 스칸디나비아항공, 타이항공, 유나이티드항공은 세계최초의 항공사 간 전략적 업무제휴 연합체인 스타 얼라이언스Star Alliance를 창설하기도 했다. 1984년에 앵커리지를 경유하는 노선을 운항하면서부터 한국에 처음 취항하였다. 이후 1988년 주 1회 취항하였고, 1989년 주 2회로 증편, 1991년 서울-프랑크푸르트 직항노선을 주 3회 운항, 1998년부터는 매일 운항하고 있다.

〈표 4.18〉 루프트한자항공 현황

CODE	DLH/LH
설립일	1926년 / 1954년
회사안내	홈페이지 : http://www.lufthansagroup.com/en.html http://www.lufthansa.com/kr/ko/Homepage
보유 항공기수	295대
취항노선	215개

(12) 에어프랑스항공

AIRFRANCE

1933년 프랑스 5개 민간항공사들의 합병에 의해 에어프랑스가 탄생되었다. 에어프랑스는 유럽의 넓은 지역과 북아프리카의 프랑스 식민지 등에 항공기를 운항하였다. 제2차 세계대전 동안에 에어프랑스는 모로코 카사블랑카로 본사를 옮겼고, 제2차 세계대전이 끝나고는 국유화되어 국유회사 에어프랑스Societe Nationale Air France가 1946년 1월 1일 설립되었다. 1948년 6월 16일에 의회의 법률에 의해 국유회사 에어프랑스Compagnie Nationale Air France가 설립되었다.

1946년 에어프랑스는 미국 사우스다코타주 섀넌Shannon을 중간 급유지로 하여 20시간에 달하는 파리와 뉴욕 간의 직항로를 개설하였다. 국영기업이 된 후에도 에어프랑스로 불렸다. 1952년 운항노선이 25만km로 확대되었고, 1953년 영국이 만든 세계최초의 제트여객기 드 하빌랜드 코멧De Havilland DH 106 Comet을 도입하여 제트기 시대를 열었다. 1960년 정부의 명령에 따라 프랑스 내 독점노선을 인터항공Air Inter에 양도하는 대신 인터항공에 대해 일정권리를 가졌다.

1990년 1월 12일 프랑스정부가 운영하던 모든 항공사들이 에어프랑스 그룹으로 합병되어 새 지주회사 그룹 에어프랑스는 1994년 7월 25일 법률에 의해 설립되었고, 2000년 대서양 항로에 대한 델타항공과의 협력관계가 확대되어 스카이팀Sky Team이 탄생되었다. 2004년 네덜란드의 KLM 로열더치항공과 합병하여 에어프랑스-KLM으로 새롭게 태어났다.

〈표 4.19〉 에어프랑스항공 현황

CODE	AFR/AF
설립일	1933년
회사안내	홈페이지 : http://www.airfranceklm.com/ko-KR/ http://www.airfrance.co.kr
보유 항공기수	254대
취항노선	272개

(13) 타이항공

1960년 스칸디나비아항공SAS과 태국의 국내선 항공사 타이에어웨이즈Thai Airways Company가 합작하여 설립되었다. 방콕에서 태국의 여러 지역으로 운항하는 저가항공사 녹에어Nok Air의 지분 39%를 가지고 있다. 아시아, 태평양 지역의 항공사로는 처음으로 런던 히드로공항에 취항하였다.

1960년 5월 1일 상업비행을 시작하였으며, 초기에는 방콕에서 아시아 지역의 9개 도시에 취항하였다. 1971년 대륙 간 항공편이 개설되어 호주 시드니로 취항했으며, 다음 해에는 유럽으로 취항하였다. 그리고 1980년에는 북아메리카 지역으로 취항하기 시작하였다. 1988년 여전히 국내선 운항을 맡고 있던 타이에어웨이즈와 합병하여 현재의 타이항공이 만들어졌으며, 1991년 6월 25일 태국의 증권거래소에 주식을 상장하였다. 1997년 5월 14일 루프트한자, 유나이티드항공, 스칸디나비아항공, 에어캐나다와 함께 세계 최초이자 최대의 항공사 동맹체인 스타얼라이언스를 창단하였다. 40년 동안 수익을 내다가 2008년 막대한 연료비용과 태국의 정치상황으로 인해 처음으로 약 210억 바트의 손실을 입었다. 2009년 상반기 현재 일련의 구조조정 조치를 단행한 후 다시 25억 바트의 순이익을 올렸다.

2010년 8월 타이항공과 싱가포르의 저가항공사인 타이거항공은 2011년 1분기까지 합작 저가항공사를 방콕에 설립할 계획을 발표하였고, 2006년 영국의 항공전문 평가기관인 스카이트랙스Skytrax에 의해 세계 최우수 항공사로 선정되었다. 2009년에는 방콕 수완나품 국제공항의 퍼스트클래스 라운지가 세계 1위로 선정되었다. 한국에서는 1967년 한국과 태국정부가 항공협정을 체결하여 1968년 처음으로 서울에 취항하였다. 1982년 한국지점이 설립되었으며, 2010년 현재 서울과 부산에 지사를 두고 있다.

〈표 4.20〉 타이항공 현황

CODE	THA/TG
설립일	1960년
회사안내	홈페이지 : http://www.airfranceklm.com/ko-KR/ www.thaiair.co.kr
보유 항공기수	96대
취항노선	72개

(14) 말레이시아항공

1947년에 말레이얀항공Malayan Airways Limited으로 설립했으며, 허브공항인 쿠알라룸푸르 국제공항과 코타키나발루 국제공항에서 전 세계 100여 곳에 취항하고 있다. 1947년 국내선 노선 운항을 시작한 후 3개월 만에 동남아시아 지역에 취항, 1957년 말레이시아가 독립을 선포한 이후 신규 노선을 확대하였다. 1963년 말레이시아 연방정부 수립과 함께 현재의 사명으로 변경하였다. 말레이시아, 싱가포르 정부가 공동소유하게 되면서 다시 말레이시아-싱가포르항공Malaysia-Singapore Airlines으로 운영되다가, 1971년 공동소유 체제가 끝나고 두 부분으로 분리된 뒤 현재의 이름으로 변경되었다. 항공동맹연합인 원월드 회원으로, 영국 스카이트랙스Skytrax에 선정되어 5스타 항공사에 뽑히기도 했다. 2014년 3월 항공기 사고와, 우크라이나와 반군의 내전 속에 피격되는 등 연이은 악재로 인해 파산위기에 놓여 전문경영인을 통한 자구노력을 기울이고 있다.

〈표 4.21〉 말레이시아항공 현황

CODE	MAS/MH
설립일	1947년
회사안내	홈페이지 : http://www.malaysiaairlines.com
보유 항공기수	91대
취항노선	61개

(15) 베트남항공

1956년 베트남 정부가 세운 베트남 민간항공을 설립하여 5대로 운항을 시작하였다. 1970년대와 1980년대 국제선을 확대하며 본격적으로 운항했다. 이 시기에 국제민간항공기구ICAO의 회원이 되었으며, 1989년 공식적으로 국영기업으로 전환하고 그 후 1996년 항공사업 부문의 여러 회사가 통합되어 현재의 사명으로 변경되었다.

베트남 총리가 지명하는 관리위원회가 이 회사를 감독한다. 베트남의 저가항공사 제트스타 퍼시픽항공의 대주주이며 베트남에서 두 번째로 큰 항공사에 속했지만, 2010년 자사의 지분을 베트남 투자청에 양도하였다.

핵심사업은 여객수송으로 자회사들이 맡고 있는 기내식 조달업 및 항공기 유지보수, 정비사업을 통해서도 수익을 올리고 있다. 베트남 남부지역 항공사 베트남 에어 서비스 컴패니 지분 전체를 가지고 있으며, 캄보디아의 항공사인 캄보디아 앙코르항공의 지분도 보유하고 있다. 2000년대 들어 베트남의 경제발전과 함께 해마다 15% 이상 성장하고 있으며, 2010년 6월 항공동맹인 스카이팀Sky Team의 회원사가 되었다.

〈표 4.22〉 베트남항공 현황

CODE	HVN/VN
설립일	1956년
회사안내	홈페이지 : http://www.vietnamairlines.com/kr/ko/
보유 항공기수	115대
취항노선	52개

Aviation Transportation & Industry

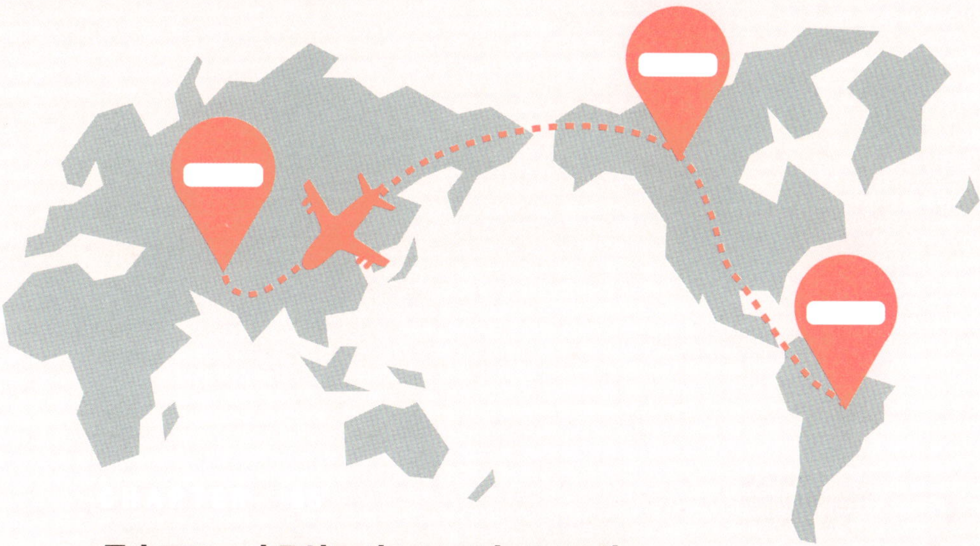

항공여행정보시스템

Aviation Transportation & Industry

01 예약

1) 항공예약업무의 개요

항공여객예약업무는 항공운송업무의 가장 기본이 되는 업무로써 항공기를 이용하여 고객에게 운송수단을 제공하는 서비스로, 예약이 완료된 승객을 출발지로부터 도착지인 다른 지역으로 이동시키는 시간과 공간의 제약을 받으며, 또한 항공사는 국제항공운송협회IATA : International Air Transport Association에 등록된 운항스케줄에 의거하여 항공기의 운항 계획을 수립하며 예약상황에 따른 좌석판매, 수입관리를 위한 예약통제 기능 및 사전예약관리업무를 수행한다.

역사적으로 보면, 항공운송산업을 태동시킨 것은 우편물 운송사업이었다. 그리고 오늘날에 이르기까지 빠른 속도로 성장해오면서 시장도 세분화되었다. 국제적인 운송이 시작된 것은 팬암Pan American항공사가 1927년 미국 플로리다의 키웨스트와 쿠바의 하바나 간의 90마일 구간을 개설하면서부터였다. 당시 항공기의 취항은 정해진 스케줄이 아니라 수요에 따라 운송이 이루어졌으며, 화물도 각각 무게가 5파운드 미만으로 제한되었다. 같은 해 미국에서는 철도산업의 연장으로 항공익스프레스 사업Air Express Service이 시작되었다(A. T. Wells, 1999).

제5장에서는 국제선 항공운항스케줄 및 잔여좌석을 조회하여 항공예약기록인 PNR을 작성하고, 승객의 여정 변경 및 부가서비스 입력기능 등을 통한 항공예약기록과 발권에 따른 업무를 정확하게 관리하는 방법에 대해서 알아보고자 한다.

2) CRS와 ABACUS

(1) CRSComputerized Reservation System의 이해

CRS란, 컴퓨터시스템을 사용하여 항공편의 예약, 운임계산, 발권, 운송, 호텔, 렌터카 등 여행과 관련된 종합적인 서비스를 제공하는 항공사 전산예약시스템이다.

① CRS의 역사

- 1950년대 말 항공수요의 증가로 인해 다수의 항공사들이 기존에 수작업에 의존하던 예약업무 운영과 좌석의 수요공급 조절을 위해 전산화의 필요성이 절감되었다.
- 1964년 항공사 최초로 American Airlines(AA)가 IBM과 합작하여 'SABRE'라는 항공사시스템을 개발하여 본격적인 운용에 들어갔다.
- 최초의 CRS는 항공사 내부의 생산성 향상과 업무의 효율성 증대, 비용절감 등의 효과를 목적으로 개발되었다고 볼 수 있다.

② CRS의 전개

- 1976년경 American Airlines(AA)에서 여행사 판매 대리점을 대상으로 항공사시스템인 SABRE를 보급함으로써 항공사의 판매활동의 주요 대체수단으로 자리잡게 되고, CRS를 소유한 항공사가 판매우위를 가지게 되었다.
- 유럽 및 아시아 지역의 경우에는 항공사들이 연합하여 새로운 CRS를 개발, 보급하게 되면서 미국의 거대 CRS에 대비하여 자국의 시장을 보호함과 동시에 Mega CRS와의 제휴관계도 증대시키게 되었다.
- 이러한 과정에서 항공사 위주의 CRS와 다른 성격을 가진 GDSGlobal Distribution System가 탄생하게 되고, 이것은 CRS를 이용한 전문적인 시스템 비즈니스의 한 형태가 되어 항공예약 및 발권기능을 기반으로 새로운 영역의 수익창출을 목적으로 하는 시스템으로 전개되어 갔다.
- 세계 4대 GDS로는 Sabre, Amadeus, Worldspan, Galileo가 있으며, 현재 한국에서 운영되고 있는 GDS로는 Abacus, Topas, Galileo, Worldspan이 있다.

③ CRS의 기능

- 항공스케줄, 운항정보 조회, 잔여좌석상태 조회 및 좌석 예약을 한다.
- 운항구간의 운임조회 및 BSP 참여 항공사 발권을 한다.
- 호텔 / 렌터카 정보조회 및 예약을 한다.

- 상용고객의 세부정보 내역 저장관리를 한다.
- 여행상품의 정보제공 및 예약(철도, 선박회사 등 여행관련 업체)한다.
- 국가별 비자 등 여행관련 정보를 조회한다.
- 항공업계 뉴스 및 시스템 소식을 조회한다.

④ 주요 CRS/GDS 전개와 한국지역 보급현황

현재 한국지역에는 Abacus, Topas, Galileo, Worldspan 4개 GDS가 보급되어 있으며, 각 회사별 대표적인 예약발권시스템 상품명은 다음과 같다.

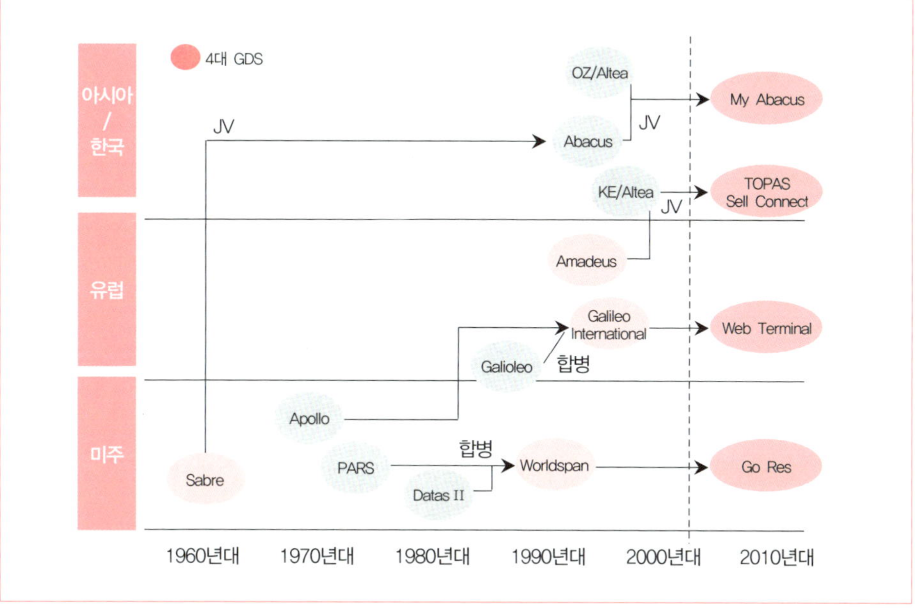

[그림 5.1] 주요 CRS/GDS 전개와 한국지역 보급현황

(2) Abacus의 이해

① Abacus 초기화면 구성

- PC 내에 설치되어 있는 아이콘을 클릭하거나 인터넷창에서 직접 www.myabacus.co.kr을 입력하여 Abacus를 실행할 수 있다.

- 최초 접속 시 국제선, 국내선, New & News, 국제선 GUI, 국내선 GUI 등 복수의 TAB으로 구성된다.
- 사용자별 PCC 정보, IATA 번호, Device ID 등의 시스템 정보를 초기화면 우측상단 아이콘을 통해 확인할 수 있으며, 시스템 정보 내에 있는 전송자 설정을 통해 ITR / 여정표 발송자 정보를 기본적으로 입력해야 한다.

〈표 5.1〉 Abacus 화면구성

구성요소	설 명
메뉴바(Menu Bar)	• 화면과 정보설정 관련, 자주 활용되는 정보페이지 링크, 도움말 등이 제공됨 – PF Key 설정 / 글자크기 자동조정 / 애바쿠스 '아시아나항공' IATA 홈페이지 이동 / 부가기능 Tool 마스크 연결 / 도움말 / A-ONE
아이콘바(Icon Bar)	• 평상시 자주 조회해야 하는 기능 중 선별하여 메뉴구성 – 화면인쇄 / 화면 Clear / 좌석 지정 / 도시코드 조회 / Capping 잔여매수 확인 / 고객관리 / Q Mask 등
탭(Tab)	• 업무 종류별로 구분된 지시어 입력 공간(Work Area) 분리 – 국제 / 국내 / 국제선 GUI / 국내선 GUI/New & News 5개로 구성됨 – 사용자가 추가로 생성, 삭제, 위치이동 등 가능
작업공간(Work Area)	• 사용자가 지시어를 입력하고, 응답화면을 확인하는 공간
Mask	• 사용자가 지시어를 입력하지 않고, 해당 Mask 항목에 정보를 입력하면 지시어로 자동전환 되는 편리한 기능

- 국제선, 국내선 TAB은 각각 Sign 입력을 진행해야 하며, GUI 모드의 경우에 자동으로 Sign-in된다. 하나의 국제선 TAB은 하나의 작업장만 존재하며, 국제선의 경우에 최대 2개의 TAB을 동시에 혹은 분리해서 사용할 수 있다.
- 최초 설치 시 자동으로 기능키 F1에 Sign이 저장되어 있으며, 추가로 여행사 연락처나 자주 사용하는 지시어를 저장할 수 있다.
- 미사용 시간이 240분(국내선은 30분) 이상 경과되는 경우에 시스템에서 자동으로 Sign-out되며, 사용자가 지시어를 입력하면 자동으로 재Sign-in을 진행한다.
- 일반 작업장의 경우에 지시어 모드Entry 및 Mask 위주로 사용하고, 초보자를 위해 전 메뉴가 한글로 제작된 GUIGraphic User Interface 모드를 통해 지시어 없이도 손쉽게 예약, 발권을 진행할 수 있다.

- Mask : 사용자가 지시어를 직접 입력하지 않고, 해당 Mask 항목에 정보를 입력하면 지시어로 자동전환 되는 편리한 기능이다.

② Key Board와 특수기호

특수기호의 종류

특수기호	명 칭	기 능
@(Shift & 2 또는])	Lozenge	수정 및 삭제(Change or Delete)
*(Shift & 8 또는 [)	Asterisk	조회(Display)
I(W)	Pipe	여러 지시어 연결(And the Item)
#(Shift & 3 또는 ,)	Sharp	발권지시어 연결 및 Plus(+) 기능
$(; 또는 Shift & 4)	Dollar	복수 Item의 연결
–	Hyphen	연속적인 범위의 지정 및 이름 입력
/	Slash	비연속적인 범위의 지정 및 여정 삽입

현재 키보드Key Board상에서 사용하는 특수기호 중 콤마(,)는 #으로 대체 사용되고 있고, 왼쪽 대괄호 '['는 '*'로, 오른쪽 대괄호 ']'는 '@'로 대체 사용되고 있으며, 콜론(;)은 '$'로 사용되고 있다.

키보드(Key Board)의 기능

Key	기 능
Pause	작업공간에 나타나 있던 화면 Clear
Scroll Lock	커서 뒤의 내용을 모두 삭제
Print Screen	작업공간에 나타나 있는 화면 Print
Home	커서의 위치를 해당 줄에서 맨 앞으로 이동
End	커서의 위치를 해당 줄에서 맨 뒤로 이동
Page Up	전 화면 조회
Page Down	다음 화면 조회
Insert	커서의 앞 위치에 글자를 추가로 삽입
Delete	커서 위치의 글자부터 다음 순서대로 하나씩 삭제
←	커서 앞에 위치한 글자를 하나씩 삭제
Enter	시스템이 지시어를 인식하도록 입력
Ctrl+ ↑	사용자가 바로 전에 입력했던 지시어가 가까운 시점의 순서대로 보여짐

3) 예약의 기초

(1) ARDAltea Reservation Desktop 환경의 이해

① 로그인 화면 소개 : Sign In

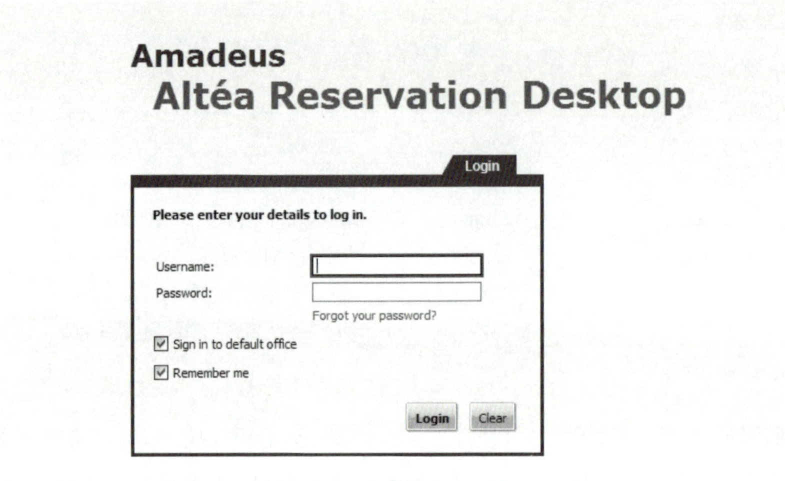

- Username : 개인의 Sign 입력
- Password : 개인이 설정한 6자리 비밀번호 입력
- Login : Login 버튼 클릭

② 작업장 및 Sign 확인

Login 이후 Sign의 상태를 확인 ································	JD

Response

【General Display】

```
> JD

NCEPI2001-9CB57FE1 IN REMOTE OFFICE MODE OF SELOZ0111-AA15B760
①
9CB57FE1       ② SELOZ0111              PSEUDO CITY : SEL
                ③
AREA  TM  MOD SG/DT.LG TIME QCAT ACT.Q   STATUS      NAME
A-IN      PRD AA/SU.EN  24            ④SIGNED      ⑤
B                                       NOT SIGNED
C                                       NOT SIGNED
D                                       NOT SIGNED
E                                       NOT SIGNED
F                                       NOT SIGNED
>
```

① Terminal Address ② Office ID

③ Sign/Duty Code ④ Sign 상태 표시 ⑤ 작업중인 PNR의 첫번째 승객이름

- PNR 작업 중일 경우 : PNR Status와 PNR상 첫 번째 승객의 이름이 명시됨
- Login 후 30분 간 작업이 이루어지지 않을 경우 : Screen Lock(화면 재로그인 시 Display되어 있던 PNR 유지됨)
- Login 후 2시간 이상 아무런 작업이 이루어지지 않을 경우 : Session Time Out(Display 되었던 PNR은 자동 Ignore되며, 다시 Login해야 함)

Office ID Structure(Office 이동하기)

【Display】

- ARD 화면 오른쪽 상단의 메뉴 확인
- Office ID 클릭
- Office ID Display됨(새로운 팝업창 보여짐)
- 해당 Office 선택

③ 로그아웃 화면 소개 : Sign Out

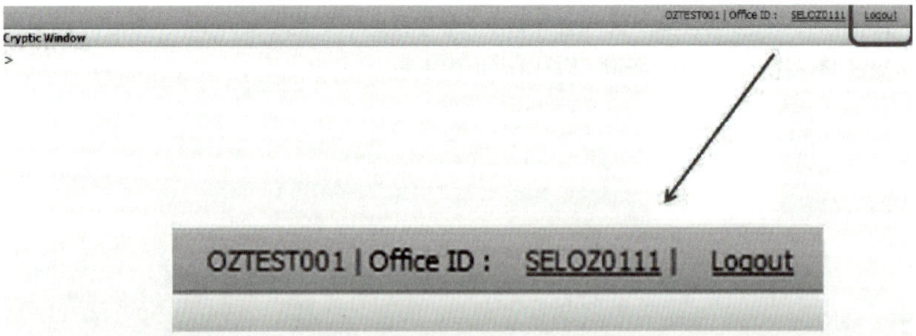

- Log Out 버튼 클릭(화면 오른쪽 상단 위치)

④ 정보와 Help Page의 기능

- Keyword와 2Letter Code를 이용하여 조회가 가능하다.
- Entry와 내용에 해당하는 Example이 Display되어 이해를 돕는다.

Entry

【Help Page의 Introduction Display】

HE

【Keyword와 2Letter Code를 이용하여 조회 가능】

HE NAME

HE NM

【HE Steps Entry를 입력】

HE Steps-help Page의 내용을 단계적으로 Display 함

- HE Steps 조회방법 확인
- 단계적으로 Display 됨

특수기호의 종류

	특수 기호	명 칭	기 능
1	*	Asterisk, Astar	지시어상의 항목을 구분해 주는 기능
2	/	Slash	다른 내용의 Item 분류기능, Insert(삽입) 기능
3	–	Hyphen	From~To 또는 이름 입력 지시어

Page 이동하기 : Scrolling(화면이동, Entry)

	Entry	Description
1	MD or M	Move Down
2	MT	Move Top
3	MB	Move Bottom
4	MU	Move Up

각종 정보찾기

구 분	GG : Information Page		HE : On Line Help Page	
Entry	GG		HE	
관리	아마데우스, ACO, 항공사에서 업데이트 관리		아마데우스에서 업데이트 관리	
주요 Entry	GGAIS	아마데우스 정보모음	HENM	Help Page
	GGPCAKE	아마데우스와 해당항공사 협정기능 아마데우스에서 업데이트	HENAME	수행업무 이름으로 Help Page 조회 가능. 즉 Name 관련 업무 참조
	GGAIRUA	UA 항공사에서 업데이트한 정보	HESTEP	단계별 작업방법 열기
	GGAMASG	싱가포르에 있는 아마데우스 정보 ACO에서 업데이트	HE/	엔트리 잘못 입력 시 에러 응답인 경우
	GGCODEx	X로 시작하는 Code 조회		

* ACO : Amadeus Commerical Organizations

* Amadeus Information Page에서 Serch 단어 찾기 : GSL/xxxx(go serch list)

(예) GSL/INFANT/ : Infant 단어를 포함한 화면이 맨 위 화면으로 조회된다.

구 분	정보조회		Entry 조회	
Entry	GG xxxxx		HE xxxxx	
유용 Entry	GG AIS GG AIR TG	•1A Information Index •항공사 TG에서 업데이트한 정보	HE NM HE NAME HE STEP HE/	• Entry로 Help Page 조회 가능 • 수행업무 이름으로 Help Page 조회 가능 • 어떤 작업 수행 시 단계별 작업방법 • Entry 틀리게 입력 후 Error 응답이 나온 경우, 해당 Help Page Guide로 이동

Alliance별 항공사 적용현황 (2012.12 기준)

Alliance	Vendor	사용 중	Migration 중	검토 중	계
Sky Team(19)	Amadeus	AF, KL, KQ, ME, OK, RO, SV, UX	KE, AZ		10
	Sabre	AM, AR, SU, VN			4
	Worldspan	DL			1
	IBM/USAS			CI, CZ, MF, MU	4
Ster Alliance(27)	Amadeus	A3, AV, JJ, JP, LH, LO, MS, OS, OU, LH, LX, SA, SK, SQ, TG, TK, TP	NH(국제선), OZ		19
	Unisys	NH(국내선)			–
	HP/EDS	CM, UA, US			3
	IBM(BA-TPF)/USAS	AC, LX, SN		CA, FM	5
One World(11)	Amadeus	AB, AY, BA, CX, IB, LA, QF, RJ	JL		9
	Sabre		AA		1
	IBM(TPF) / 기타	S7			1
계		45(79%)	6(10.5%)	6(10.5%)	57

4) Encode와 Decode

(1) 정의

- IATA와 ISO에 등록된 Airport/City 3Letter Code와 Airline 2Letter Code 조회한다.
- 항공업무의 신속성과 정확성을 통해 효과적인 업무수행을 위한 것이며, 코드의 의미를 풀어보는 작업을 Decode라 하고, 각각의 명칭을 코드화하는 작업을 Encode라 한다.
- Don't Know Search와 Do a Country 기능 활용이 가능하다.

Entry

【Encode/Decode】

ENCODE	
DAN (Do a Name)	
이름으로 조회	DAN SEOUL

DECODE	
DAC (Do a Code)	
CODE로 조회	DAC SEL

DN (Don't know) 지시어	
항공사 코드 조회	DNA ASIANA AIRLINES
항공사 이름 조회	DNA OZ
항공사 이름 조회	DNA 988
기종 이름 조회	DNE 747
주 코드 조회	DNS TEXAS
주 이름 조회	DNS US TX

DC (Do Country) 지시어	
국가 코드 조회	DC KOREA
국가 이름 조회	DC KR

5) 코드조회

(1) City Code

① Decode

DAC LON

【Display】

```
> DACLON
A : APT B : BUS C : CITY P : PRT H : HELI O : OFF-PT R : RAIL S : ASSOC TOWN
CITY :
  LON C LONDON                          /GB : UNITED KINGDOM
  LATITUDE : 51°30'00"N                 LONGITUDE : 00°10'00"W
  TIME DIFF : GMT +0H                   LOCAL TIME IS 0744 ON
FRI31JUL15
  DAYLIGHT SAVING : 29MAR15 AT 0100 TO 25OCT15 AT 0100 : +1H
                    27MAR16 AT 0100 TO 30OCT16 AT 0100 : +1H
AIRPORT-HELIPORT :
  BQH A BIGGIN HILL                     /GB        -51K
  LGW A GATWICK                         /GB        -39K
  LHR A HEATHROW                        /GB        -21K
  LCY A LONDON CITY APT                 /GB        -16K
  LTN A LUTON                           /GB        -43K
  SEN A SOUTHEND                        /GB        -61K
  STN A STANSTED                        /GB        -51K
RAIL-BUS-PORT STATION :
  XQE R EBBSFLEET INTL RAIL ST          /GB        -35K
```

- A : 공항, B : 버스, C : 도시, P : 항구, H : 헬기장, O : OFF-PT R : 철도, S : 인접지역, 51K : 공항에서 51km 떨어짐
- OFF-PT : 대전은 IATA City Code는 QTW로 존재하고 공항코드는 미존재
- LON : LONDON, GB : 영국, LATITUDE : 위도, LONGITUDE : 경도
- TIME DIFF : 그리니치 천문대 기준으로 시차, LOCAL TIME : 현지시간
- DAYLIGHT SAVING : 서머타임

DAC PAR (DAC : Do A Code) **DAN PARIS** (DAN : Do A Name)

구분	Decode (HE DAC)	Encode (HE DAN)
	코드의 의미를 풀어보는 작업 **DAC** PAR	도시의 Full Name 을 코드화 하는 작업 **DAN** PARIS
도시 (City)	DACPAR A:APT B:BUS C:CITY P:PRT H:HELI O:OFF-PT R:RAIL S:ASSOC TOWN CITY : PAR C PARIS /FR:FRANCE LATITUDE: 48°52'00"N LONGITUDE: 02°20'00"E TIME DIFF: GMT +1H LOCAL TIME IS 1702 ON WED16OCT13 DAYLIGHT SAVING: 31MAR13 AT 0100 TO 27OCT13 AT 0100: +2H 30MAR14 AT 0100 TO 26OCT14 AT 0100: +2H AIRPORT-HELIPORT : BVA A BEAUVAIS TILLE /FR - 68K XCR A CHALONS VATRY /FR -138K CDG A CHARLES DE GAULLE /FR - 23K LBG A LE BOURGET /FR - 14K ORY A ORLY /FR - 16K POX A PONTOISE CORMEILLES /FR - 34K TNF A TOUSSUS LE NOBLE /FR - 21K VIY A VILLACOUBLAY VELIZY /FR - 14K JDP H ISSY LES MOULINEAUX HP /FR - 6K JPU H LA DEFENSE HELIPORT /FR - 0K RAIL-BUS-PORT STATION : XEX B AEROGARE DES INV BUS /FR - 0K XTT B ARC DE TRIOMPHE BUS ST /FR - 0K XGB B MONTPARNASSE BUS STN /FR - 0K **/A** : Airport, **/B** : BUS **/C** : City, **/P** : PORT(항구) **/H** : Heliport **/O** : Off-Point (예-QTW : 대전) IATA City Code는QTW 로 존재, 공항 Code는 미 존재 **/R** : Rail **/S** : Associated Town (인근 지역) **/N** : Nearest 10 Airports ➤ CITY : PAR 는 도시코드 ➤ 해당 도시의 위도,경도 표시 ➤ Greenwich Means Time (세계 표준시) 기준 Plus 1시간 ➤ Summer Time 적용 여부	

② Encode

DAN LONDON

【Display】

```
DANLONDON
A : APT B : BUS C : CITY P : PRT H : HELI O : OFF-PT R : RAIL S : ASSOC TOWN
YXU C LONDON                                                  /CAON
     A YXU-INTERNATIONAL                   - 0K               /CAON
     R XDQ-RAILWAY STATION                 - 0K               /CAON
LON C LONDON                                                  /GB
     A BQH-BIGGIN HILL                     - 51K              /GB
     A LGW-GATWICK                         - 39K              /GB
     A LHR-HEATHROW                        - 21K              /GB
     A LCY-LONDON CITY APT                 - 16K              /GB
```

(2) State Code

① Decode

DNSUSGA

【Display】

```
>DNSUSGA

DNSUSGA
US GA GEORGIA/UNITED STATES OF AMERICA
```

▸ US GA GEORGIA/UNITED STATES OF AMERICA 조지아주 / 미국

② Encode

DNSGEORGIA

【Display】

```
> DNSGEORGIA

DNSGEORGIA
>US GA GEORGIA/UNITED STATES OF AMERICA
```

(3) Nation Code

① Decode

DC KR

【Display】

```
> DCKR

DCKR
KR KOREA REPUBLIC OF/ASIA                    TC3
   KOREA (SOUTH)

KRW S. KOREAN WON                            LOCAL/INTL PUBLISHED

KOR REPUBLIC OF KOREA CITIZEN
```

- DC : 기본 지시어 ✈ KR : 대한민국 국가코드
- KOREA REPUBLIC OF/ASIA : 한국 / 아시아 지역
- TC3 : AREA3 지역표시 ✈ KRW : 한국화폐 영어단위

② Encode

DC KOREA

【Display】

```
> DCKOREA

DCKOREA
KP KOREA (NORTH)                          TC3
KR KOREA (SOUTH)                          TC3
KP KOREA DEM PEOPLES REP OF               TC3
KR KOREA REPUBLIC OF                      TC3
```

▸ 국가코드는 Decode와 Encode 지시어가 동일하다.

(4) Air Craft Code

① Decode

DNE380

【Display】

```
> DNE380

DNE380
380 W AIRBUS INDUSTRIE A380               JET 480-656
```

▸ DNE : 기본 지시어 ✈ 380 : 항공기 기종(Equipment)

▸ AIRBUS INDUSTRIE : 에어버스사 제작 ✈ JET : 제트여객기

② Encode

DNEAIRBUS

【Display】

```
> DNEAIRBUS

DNEAIRBUS
AB3 W AIRBUS INDUSTRIE A300                JET 181-317
312 W AIRBUS INDUSTRIE A310-200            JET 169-246
313 W AIRBUS INDUSTRIE A310-300            JET 167-222
AB4 W AIRBUS INDUSTRIE A300-B2/B4/C4       JET 211-317
AB6 W AIRBUS INDUSTRIE A300-600/600C       JET 207-317
ABM W AIRBUS INDUSTRIE A300-C4 MIXED       JET 211-336
```

(5) 주요항공사 및 공항코드

코 드	항공사명	코 드	항공사명
AC	에어캐나다	MH	말레이시아항공
AF	에어프랑스	MU	동방항공
AI	인도항공	NH	전일본공수
AZ	이탈리아항공	LH	독일항공
BR	에바항공	NX	에어멕시코항공
B7	유니항공	OK	체코항공
CA	중국국제항공	OX	오리엔트타이항공
CI	중화항공	OZ	아시아나항공
CX	홍콩항공	PR	필리핀항공
CZ	중국남방항공	QF	콴타스항공
DL	델타항공	QR	카타르항공
OS	오스트리아항공	SC	산둥항공
EK	에미레이트항공	SQ	싱가포르항공

코 드	항공사명	코 드	항공사명
KL	네덜란드항공	SU	AEROFLOT RUSSIAN항공
G6	ANGKOR항공	TG	타이항공
GA	가루다인도네시아항공	TK	터키항공
KE	대한항공	UA	유나이티드항공
KA	드레곤항공	VN	베트남항공
HY	우즈베키스탄항공	XF	블라디보스톡항공
HZ	사할린항공	US	US항공
H8	하바로브스크항공	ZH	심천항공
IR	이란항공	5J	세부퍼시픽항공
JL	일본항공	NZ	에어뉴질랜드항공

(6) 세계의 주요도시 코드

① Area 1(북미, 중남미, 캐러비안)

○ 미국

코 드	도 시	코 드	도 시
SEA	Seattle	DFW	Dallas and Ft. Woorth
PDX	Portland	STL	St. Louis
SFO	Sanfrancisco	HOU	Houston
LAX	Losangeles	BOS	Boston
SAN	Sandiego	NYC	New York
LAS	Lasvegas	WAS	Washington DC
ELP	El Paso	ATL	Atlanta
PHX	Phoenix	PIT	Pittsburgh
CHI	Chicago	BUF	Buffalo
DEN	Denver	MSP	Minneapolis
TUC	Tucson	DTW	Detroit
SLC	Salt Lake City	OKC	Oklahoma City
ABQ	Albuquerque	MIL	Milwaukee
SPK	Spokane	TOL	Toledo
BOI	Boise	SHV	Shreveport

코드	도 시	코드	도 시
OMA	Omaha	CMH	Columbus, OH
ICT	Wichita	CVG	Columbus, SC
DSM	Des Moines	IND	Indianpolis
LIT	Little Rock	CLE	Cleveland
SAT	San Antonio	PHL	Phildelphia
MXP	New Orleans	ORF	Norfork
CPH	Corpus Christi	RIC	Richimond
MGM	Montgomery	CLT	Charlotte
BHM	Birmingham	MIA	Miami
TOP	Topeka	SAV	Savannah
TOL	Toledo	TPA	Tampa
HNL	Honolulu	MCO	Orlando
ANC	Ancorage	JAC	Jacksonville

* Columbus처럼 지명이 같은 경우는 반드시 주(State)를 확인해야 한다.

〈미국의 동일도시 내 복수공항〉

1. NYC(New York)
   JFK-John F Kennedy Airport of NYC
   EWR-Newark Airport of NYC
   LGA-Laguardia Airport of NYC
2. CHI(Chicago)
   ORD-O"Hare Airport
   MDW-Midway Airport
3. WAS(Washington DC)(워싱턴주와 혼동하지 말 것)
   DCA-National Airport
   IAD-Dullas Airport(텍사스주 Dallas공항과 혼동하지 말 것)
4. HOU(Houston)
   IAH-Intercontinental Airport
   HOU-Hobby Airport

○ 캐나다와 멕시코

코 드	도 시	코 드	도 시
YVR	Vancouver	YYZ	Toronto
YYC	Calgary	YOW	Ottawa
YWG	Winnipeg	YQB	Quebec
YUL	Montreal	MEX	Mexico City

* 코드 앞철자가 Y로 시작하면 캐나다 도시이다.

○ 중남미, 캐러비안 주요도시

코 드	도 시	코 드	도 시
GUA	Guatemala City	CCS	Caracas
MGA	Managua	SAO	Sao Paulo
PTY	Panama City	BUI, EZE	Buenos Aires
BOG	Bogota	LIM	Lima
LPB	La Paz	SCL	Santiago
GEO	Georgetown	MVD	Montevideo
GRU	Guarulhos	RIO	Rio De Janeiro

② Area 2(유럽, 중동, 아프리카, 우랄알타이산맥 서쪽지역 주요도시)

코 드	도 시	코 드	도 시
DUB	Dublin	HAM	Hamburg
GLA	Glasgow	DUS	Dusseldorf
MAN	Manchester	FRA	Frankfurt
LON	London	MUC	Munich
OSL	Oslo	VIE	Vienna
ARN	Stockholm(STO)	STR	Stuttgart
CPH	Copenhagen	ZRH	Zurich
HEL	Helsinki	LIN	Milan(MIL)
AMS	Amsterdam	NCE	Nice
BRU	Brussels	FCO	Rome
PAR	Paris	PMO	Palermo
LYS	Lyon	TUN	Tunis
BOD	Bordeaux	BUD	Budapest

코 드	도 시	코 드	도 시
GVA	Geneva	ATH	Athens
MAD	Madrid	HEL	Helsinki
LIS	Lisbon	PRG	Prague
CMN	Casablanca(CAS)	AMM	Amman
CAI	Cairo	KWI	Kuwait
BAH	Bahrain	RUH	Riyadh
JED	Jeddah	DXB	Dubai
AUH	Abudhabi	MCT	Muscat
DAM	Damascus	ABJ	Abidjan
KRT	Khartoum	NBO	Nairobi
LUN	Lusaka	JNB	Johanesburg
MRU	Mauritius	CPT	Capetown
IST	Istanbul	MOW	Moscow
LED	ST. Petersburgh	THR	Theran

〈유럽에서의 주요 복수공항〉

1. LON(London)
   LHR : London Heatrow Airport
   LGW : Gatwick Airport
2. PAR(Paris)
   CDG : Charles De Gaulle Airport
   ORY : Orly Airport
   * 대한항공과 아시아나항공은 각 LHR, CDG 공항으로 취항한다.

③ Area 3(한국 / 일본, 러시아 일부, 동남아시아, 오세아니아 지역)

○ 한국공항

코 드	도 시	코 드	도 시
ICN	인천	YNY	양양
GMP	김포	RSU	여수
PUS	부산	MPK	목포
CJU	제주	HIN	사천
TAE	대구	KPO	포항
KWJ	광주	YEC	예천
USN	울산	KUV	군산
CJJ	청주	WJU	원주

일본의 주요도시

코 드	도 시	코 드	도 시
AXT	Akita	KIJ	Niigata
AOJ	Aomori	OIT	Oita
FUK	Fukuoka	OKJ	Okayama
FKS	Fukushima	OKA	Okinawa
HIJ	Hiroshima	KIX	Osaka
KOJ	Kagoshima	CTS	Sapporo
KMQ	Komatsu	HAK	Hakodate
KMJ	Kumamoto	TAK	Takamatsu
MYJ	Matsuyama	NRT	Narita
KMI	Miyazaki	NHD	Haneda
NGS	Nagasaki	NGO	Nagoya

〈일본에서의 주요 복수공항〉

1. TYO(Tokyo)
   NRT : Narita Airport, ICN(인천공항) ⇔ NRT(나리타공항)
   HND : Haneda Airport, GMP(김포공항) ⇔ HND(하네다공항)
   * 우리나라 양 항공사는 두 공항을 모두 취항하고 있다.
2. OSA(Osaka)
   KIX : Kansai Airport(국제용)
   ITM : Itami Airport(국내용)
   * KE, OZ는 KIX로 취항하며 ITM은 주로 일본 국내용이다.
3. SPK(Sapporo)
   CTS : Chitose Airport(대한항공 취항)
   HAK : Hakodate(아시아나항공 취항)

중국의 주요도시

코 드	도 시	코 드	도 시
PEK	Beijing	NKG	Nanjing
CGQ	Changchun	TAO	Qingdao
CTU	Changchun	SYX	Sanya
CKG	Chongqing	SHA	Shanghai
DLC	Dalian	SHE	Shenyang
CAN	Guangzhou	SZX	Shenzhen
KWL	Guilin	TSN	Tianjin

코 드	도 시	코 드	도 시
HAK	Haikou	URC	Urumqi
HGH	Hangzhou	WEH	Weihai
HRB	Harbin	WUH	Wuhan
HKG	Hongkong	XMN	Xiamen
TNA	Jinan	SIA	Xian
KMG	Kunming	YNJ	Yanji
MFM	Macau	YNT	Yantai

〈중국에서의 주요 복수공항〉

1. SHA(Shanghai)

PVG : Pudong Airport

SHA : Hongqiao Airport

* PVG공항을 주로 국제공항으로 사용하고 있다.

○ 러시아의 주요도시

코 드	도 시	코 드	도 시
ALA	Almaty	TAS	Tashkent
FRU	Bishkek	VVO	Vladivostok
KHV	Khabarovsk	UUS	Yuzhnosakhalinsk

○ 동남아시아의 주요도시

코 드	도 시	코 드	도 시
BKK	Bangkok	BOM	Mumbai
CEB	Cebu	DEL	New Delhi
CRK	Clark	PEN	Penang
DPS	Denparsar	HKT	Phuket
HAN	Hanoi	REP	Siemreap
SGN	Hi Chi Min City	SIN	Singapore
CGK	Jakarta	SFS	Subic
KHH	Kaohsiung	TPE	Taipei
BKI	Kota Kinabalu	ULN	Ulaanbaatar
KUL	Kuala Lumpur	MNL	Malinla

④ 대양주 및 오세아니아

코 드	도 시	코 드	도 시
AKL	Auckland	SYD	Sydney
BNE	Brisbane	GUM	Guam
CHC	Christchurich	SPN	Saipan
NAN	Nadi(FIJI)		

ICAO Phoentic Alphabet 표시 영어코드

A	Alpha	N	November
B	Brabo	O	Oscar
C	Charlie	P	Papa
D	Delta	Q	Quebec
E	Echo	R	Romeo
F	Foxtra	S	Smile, Syera
G	Golf	T	Tango
H	Hotel	U	Uniform
I	India	V	Vitory
J	Juliet	W	Whisky
K	Kilo	X	X-ray
L	Lima	Y	Yankee
M	Mike	Z	Zulu

예약 시 사용하는 월 표시

1월	JAN	4월	MAY	7월	SEP	10월	OCT
2월	FEB	5월	JUN	8월	OCT	11월	NOV
3월	MAR	6월	JUL	9월	NOV	12월	DEC

6) 항공예약 기록의 작성 및 수정

(1) PNR의 개요

PNR Passenger Name Record에서 각 앞 철자를 조합해서 표현한 것으로, 고객의 예약기록을 정해진 영역에 따라 예약전산시스템에 기록해 놓은 것을 나타내는 용어이다.

(2) PNR의 구성요소

PNR은 성명, 여정, 전화번호 등 여러 부분들로 이루어져 있다. 이러한 각 부분을 Elements라고 표현하는데, 각각의 Elements별로 정해진 형식에 따라 작성해야 한다. PNR 기본요소는 프린트 Print, 즉 전화번호, 의뢰자, 여정, 이름, 발권 구입시한 등 5가지 항목을 입력한 후 기본 PNR을 완성한다.

	구성요소	용 도	입력 Entry
1	Phone	전화번호	AP 02-520-1234
2	Name	승객 성명 및 Title	NM1LEE/JALHAE MS
3	Itinerary	항공 / 비항공 여정	SSKE001Y20JULSELNRT1
4	Received From	예약 완성자, 변경 의뢰자	RF PAX
5	TKT Arragement	Ticket 발권시한	TKTL20AUG TKXL20AUG/1800 TKOK
6	OS	항공사 전송 각종 INFO	OS KE VIP CEO OF 1A
7	SR	여정관련서비스 요청사항 등	SRVGML

* 1, 2, 3번은 예약번호 도출을 위한 필수요소이다.

(3) 예약가능 Availability 항공편 조회

① 항공편 검색

AN30DECICNLAX

② Dual City Pair

AN30DECICNLAX * 10JAN

- 왕복여정을 Single Entry로 조회
- 왕복여정이 한 페이지에 모두 Display
- AN : Availability 지시어
- 30DEC : 출발일자
- ICNLAX : 여정
- *10JAN : 돌아오는 일자

③ 선호하는 항공사와 제휴된 항공사만 조회(제휴 항공사 위주로 조회)

AN30DECICNLAX/A OZ

- AN : Availability 지시어
- 30DEC : 출발일자
- ICNLAX : 여정
- /A-/ Option Code
- OZ : 항공사

④ 왕복 동일한 옵션으로 조회

AN30DECICNLAX/A OZ/CY*10JAN

- AN-Availability 지시어
- 30DEC : 출발일자
- ICNLAX : 여정
- /AOZ : 항공사 지정
- /CY : Booking Class 지정
- *10JAN : 돌아오는 일자

⑤ Schedule Display

```
SN 20JANICANLAX
```

(4) 각 Elemets 작성방법

① 예약의 구성 : PNR 구성요소(여정 입력하기)

- 1명의 손님이 Y-CLS로 원하는 날짜에 특정 편명과 여정을 지정하여 예약하고자 할 경우

```
AN30DECICNLAX
```

```
SSIYI
```

- ▸ SS : 여정 입력 지시어
- ▸ 1 : 승객수
- ▸ Y : 클래스
- ▸ 1 : Line Number

- 2명의 손님이 Y Class를 이용, 출발여정은 Availability의 2번에 Display된 여정이다. 돌아오는 편은 Availability의 11번에 Display된 여정 예약

```
SS 2 Y 2 * Y11
```

- ▸ SS : 여정 입력 지시어
- ▸ 2 : 승객수
- ▸ Y : 출발 여정의 Class
- ▸ 2 : 출발 여정의 Line Number
- ▸ * : Dual City Pair Indicator
- ▸ Y : 돌아오는 여정의 Class
- ▸ 11 : 돌아오는 여정의 Line Number

② PNR 구성요소(이름 입력하기)

- 이름 입력은 예약의 필수항목
- 예약 후 각 승객의 이름 앞에 고유번호 생성(PNR 사항 편집/특정승객에 연결 시 사용)
- 승객을 추가/변경 시 알파벳순 재배치됨
- 다수 승객의 성이 같은 경우와 다른 경우 입력방식이 다름

○ 한 명의 승객이름을 입력

```
NM1KIM/YOUNGHEE,MS
```

○ 성이 다른 다수의 승객이름을 입력

```
NM1KIM/YOUNGHEE,MS1PARK/CHULSOO,MR
```

○ CHILD 승객의 이름을 입력

```
NM1KIM/MINJI,MISS (CHD/13OCT07)
```

○ PTC CODE Passenger Type Code의 종류

- INF, INS, CHD, EXST, CBBG

③ PNR 구성요소(연락처 입력하기)

```
APH - 02 - 123 - 4567
```

④ 예약저장 및 확인

○ 예약에 필요한 모든 사항 입력 후 예약을 저장

○ PNR 저장 후, 영문/숫자가 혼합된 Record Locator와 8자리 숫자 예약번호가 생성

Entry	Description
ER	저장 후 PNR Redisplay
ET	저장 후 종료
ERK	Status 변경 후 저장 / Redisplay
ETK	Status 변경 후 저장 / 종료

⑤ 예약의 구성 : Ignore 기능

- 예약을 진행 / 변경 중 현재까지 이루어진 작업을 무시하고자 할 때 사용한다.

```
IG
```

⑥ Ticket Arrangement Element

Entry	기 능
TKTL TKTL18JAN/1800	Q 전송(8번), PNR은 취소되지 않는다. 발권 후 TKOK로 자동변경 반영된다.
TKOK	Q 미전송, PNR은 취소되지 않는다. 바로 발권예정 또는 Ticket Number가 있는 경우 입력한다.
TKXL	Q 미전송, PNR이 취소된다. 발권 후 TKOK로 자동변경 반영된다.

02 발권

1) 항공운임의 기초

(1) 항공권의 이해 IATA와 BSP

① IATA International Air Transport Association : 국제항공운송협회

1945년 4월 쿠바의 하바나에서 최초로 설립되었으며, 항공운송산업에서의 안전과

신뢰, 항공사 간의 협력과 전 세계 소비자의 경제적 이익을 도모하기 위한 전 세계 126개국 240여 개 회원사를 보유한 민간항공기구이다.

IATA는 여객/화물운송과 관련된 규정의 표준Standard화를 목표로 항공운임의 결정 및 관련 규정 제정 등을 수행한다. IATA회의에서 결정되는 운임 및 서비스의 조건, 운송절차, 대리점에 관한 규정 등은 전 세계 IATA 항공사와 대리점에 대하여 구속력이 있으며 각국정부가 이를 인정하고 있다.

현재 우리나라를 비롯한 각 지역 국가에서 IATA 기능 중 국제선 항공권 판매대금 정산을 위한 BSPBilling and Settlement Plan 및 국제선 항공화물 운임정산을 위한 CASSCargo Account Settlement System 및 대리점 인가업무Accreditation를 수행하고 있다.

② BSPBilling & Settlement Plan

항공사와 대리점 간의 항공권 배포, 항공권 발권, 항공권 판매보고, 항공권 판매대금 정산을 간소화, 표준화한 절차를 말한다. BSP 표준 항공권으로 BSP 가입 항공사의 항공권 발권이 가능하며, 항공권 발권, 항공권 배포, 항공권 판매보고 등의 비용이 절감된다. 1971년 일본에서 BSP를 시작하여 현재는 128개국에서 시행되고 있으며, 우리나라는 1990년 4월 2일부터 같은 제도를 도입하였으며, IATA 한국지부의 BSP-Korea 사무국에 의해 운영되고 있다.BSP Bank : 한국외환은행

③ BSP의 구성

- 여행사
  - SAF(관리양식), CIPCarrier Identification Plate 보관 및 관리(5년)
  - SAF를 일련번호 순으로 사용
  - 판매보고일까지 DPC에 판매보고
  - 발권 및 판매보고 된 STD는 여행사에서 합당한 증빙자료를 보관
  - Clearing Bank에 항공권 판매대금을 입금일자까지 입금
- 항공사
  - CIP 불출 및 회수

- ADM, ACM 등 항공사 정산서류 정시발행

○ BSP Korea
- 담보관리 및 항공권 불출 승인
- 항공권 재고관리, 자동발권 에러관리
- 항공권 판매보고, 입금관리 등
- BSP Korea에 가입되어 있는 항공사는 2015년 1월 기준으로 총 87개임

○ 전산처리센터Data Processing Center
- 대리점 판매자료를 전산처리하여 Billing Report 작성 및 대리점 배포역할을 수행함

○ BSP 정산은행Clearing Bank
- 대리점의 항공권 판매대금 입금 및 항공사 정산역할을 수행함

○ System Provider
- 항공권 예약발권시스템을 제공함
- 한국지역에서는 애바쿠스, 토파스, 갈릴레오, 월드스팬이 가입되어 있음

(2) BSP 표준항공권의 이해

① BSP 표준항공권의 특징과 종류

BSP여행사에서 사용하는 항공권의 번호는 항공사 Numeric Code인 3자리 숫자를 제외한 10자리의 숫자로 구성되며, 항공권 발권 이전까지는 특정 항공사의 항공권이 아닌 중립 항공권의 개념으로 존재한다. 발권자가 발권 항공사를 지정하여 항공권을 완료하게 되면, 그때 생성되는 전자항공권 기록상에 항공사를 나타내는 Numeric Code 3자리가 포함된 총 13자리의 항공권 번호가 구성된다.

표준 항공권의 종류로는 전자항공권인 ETElectronic Ticket와 항공권 지불증 역할을 하는 EMDElectronic Miscellaneous Document가 있다.

② 전자항공권 : Electronic Ticket(ET)의 개요

Electronic Ticketing, 즉 전자발권이란 발권자가 GDSGlobal Distribution System를 통해 승

객의 발권된 항공권 정보를 실시간으로 발권항공사Issuing Carrier의 컴퓨터시스템Database을 통해 승인 및 저장하여 승객의 탑승 및 항공권 환불/재발행 등의 운송/발권업무 진행 시 전산으로 자유롭게 조회하고 처리할 수 있도록 하는 발권방식을 말한다.

전자항공권인 E-Ticket은 기존의 실물항공권Paper Ticket과 달리 분실이나 도난 등의 위험을 방지할 수 있으며, 고객이 항공권을 수령하기 위한 방문의 불편요소를 제거함으로써 시간과 인력을 단축할 수 있는 제도로 정착되었다. 이러한 전자항공권은 한국지역에서는 2008년 6월 1일부로 전 BSP여행사에서 100% 전자항공권으로만 운영되도록 전환되었으며, 다음과 같은 특징을 갖는다.

- 항공권을 비롯한 모든 관련서류를 전자적인 문서Document로 제공
- 전자항공권은 발권 진행 시 항공사의 실시간 승인이 이루어지며, 항공사의 컴퓨터시스템Database에 저장 관리됨으로써 GDS상의 발권기록과 연계
- 항공사마다 전자항공권 발행규정 및 조건이 다름
- 승객에게는 IATA 법적 고지문이 포함되어 있는 전자항공권 발행 확인서ITR를 제공

이에 더해 BSP는 2014년 11월부터 기존에 사용하던 여행사 지불증인 V-MPD를 전자형식의 EMDElectronic Miscellaneous Document로 전환하여 발행하도록 변경하였다. 따라서 2015년 1월 현재 BSP 표준항공권으로 사용되고 있는 형태는 전자항공권인 ET와 전자지불증인 EMD가 있다.

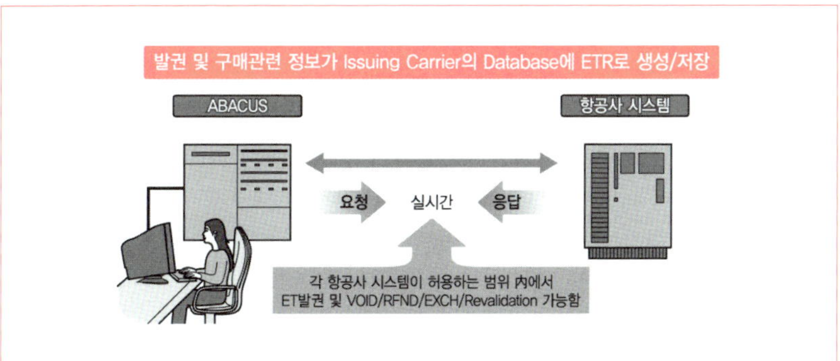

[그림 5.2] 전자발권(E-Ticketing) 진행도

③ 전자항공권 기록Electronic Ticket Record과 ITRPassenger Itinerary & Receipt

○ 전자항공권 기록ETR

```
>WETR*2
ELECTRONIC TICKET RECORD
INV: 1                 CUST:  2              3       PNR:GBUURO  4
TKT:1604302720030      ISSUED:17MAR14    PCC:Z0F8    IATA:99999992  5
NAME:KO/SBMR  6                                    8
NAME REF: 7                 9              TOUR ID:SEL1087FF500
FOP: CN9410111122223333*1020 /00 M
CPN  A/L  FLT  CLS DATE   BRDOFF  TIME  ST F/B  11          STAT 12
1 10 CX   417   M  20MAR  ICNHKG  1020  OK ML6MKR           OPEN
2    CX   412   M  25MAR  HKGICN  0055  OK ML6MKR           OPEN

DT CHG FOC RFDFEEKRW70000/VALID CX/KA ONLY 13
FARE  14  KRW444500   TAX  28000BP TAX  16700HK TAX  58400YR
TOTAL     KRW547600

SEL CX HKG208.18CX SEL Q4.25 208.18NUC420.61END ROE1056.772 15
```

순 서	지시어	내 용
1	TKT	항공권 번호
2	ISSUED	발행 일자
3	PCC	발행 점소
4	PNR	발권 PNR
5	IATA	여행사의 IATA(BSP)번호
6	NAME	승객 명
7	NAME REF	승객 중 소아, 유아의 나이 부분(C05)
8	TOUR ID	항공사 할인에 대한 AUTH 번호 및 Tour CODE
9	FOP	지불수단(Form of Payment)
10	CPN AL FLT CLS DATE....	발행된 구간의 여정 정보
11	F/B	운임 종류(Fare Basis) 코드
12	STAT	발행된 항공권 Coupon의 사용상태(Coupon Status)
13	DT CHG FOC RFD FEE KRW....	항공권 제한사항(Endorsement)
14	FARE/TAX/TOTAL	항공운임 / TAX 합계 / 운임과 TAX 총합계
15	SEL CX HKG208.18CX SEL.....	운임 구성내역(Fare Calculation)

○ Agent Coupon

종이항공권이 아닌 ETR로 결과물을 산출하게 되면서 발행 점소는 보관용 증빙으로 발급되는 Agent Coupon을 발권시점에 동시 발행하여 보관할 수도 있고, 각자 PC별로 해당 데이터Data를 전산적으로 보관할 수도 있다. Agent Coupon에는 ETR 상에 제공되지 않는 발권수수료, 할인금액 등이 표시된다.

TKT NBR : 0794805876390:1 ❶ ISSUED BY : PHILIPPINE AIRLINES ❷
ISSUING : 29APR14 / 99999992 / ABACUS TRAINING ROO SEOUL KR ❸
NAME : KO/SBMR ❹ PNR : GTWQPR/1B Z0F8/1
ENDS/RSTR : PENALTIES APPLY/NONEND ❺

C	ST	CAR	FLT	CLA	FROM	TO	DATE	TIME ❻	STATUS	FARE BASIS	NVB	NVA	B/A
1		PR	467	B	ICN	MNL	10JUN	0810	CONFIRMED	BLRREXSL		10SEP14	20K
2	O	PR	468	B	MNL	ICN	15JUN	1440	CONFIRMED	BLRREXSL		10SEP14	20K

FARE CALCULATION : SEL PR MNL140.58PR SEL140.58NUC281.16END ROE1066. 99
FARE : KRW 300,000 ❼ EQV : TAX : 28000BP 123800YO
TOTAL : KRW 451,800
FOP : CNXXXXXXXXXXXX3333 M12345678 XX/XX
ORIGINAL ISSUE : ❽ TOUR CODE :
EXCHANGED TICKET : OB FEE : ❾
NEW TICKET :
CONTROL NBR : [7766/I [FCI00]

REMIT	CARD	CASH	DC	COMM	TAX
KRW	451.800	0	0	G3	151.800

순 서	지시어	내 용
1	TKT NBR	항공권 번호
2	ISSUED BY	발행 항공사
3	ISSUING	발행일 / IATA 번호 / 발행 점소 명
4	NAME	승객 명
5	ENDS/RSTR	항공권 제한사항(Endorsement)
6	항공권 여정 정보	탑승편, 탑승일자, 구간, 좌석상태, Fare Basis, 무료수하물 정보 외
7	FARE/TAX/TOTAL	항공운임 / TAX / 합계금액
8	FOP	지불수단 정보(Form of Payment)
9	REMITTANCE	지불수단별 실제 지불금액, 발권수수료(G3)

○ ITR(전자항공권 발행 확인서)

전자 항공권 발행 확인서
E-Ticket Passenger Itinerary & Receipt

담당자 : ABACUS 교육 TEL : 031-740-1323 2014 / 03 / 10

승객 정보 (Passenger Information)

- 승객 성명 (Passenger Name) : KIM/ASIANAMS **승객명과 항공권 번호**
- 항공권 번호 (Ticket Number) : 9884805667872
- 예약 번호 (Booking Reference) : OZ-5BF37W (1B-NBAFXU)

여정 정보 (Itinerary Information) ASIANA AIRLINES 인터넷 좌석배정

OZ 541 ASIANA AIRLINES **출도착 시간 및 공항정보**

	도시/공항	일자/시각	터미널	클래스	비행시간	상태
출발	SEOUL INCHEON INT	10APR 12:30		ECONOMY/E	11:30	OK
도착	FRANKFURT	10APR 17:00	TERMINAL 1			

경유지(Via) : 좌석(Seat Number) : 유효 기간 (Validity) Not Valid Before **비행소요시간**
무료수하물(Baggage) : 20K 운임(Fare Basis) : EKXEE8KR Not Valid After 10APR15

OZ 542 ASIANA AIRLINES

	도시/공항	일자/시각	터미널	클래스	비행시간	상태
출발	FRANKFURT	25APR 19:00	TERMINAL 1	ECONOMY/E	10:20	OK
도착	SEOUL INCHEON INT	26APR 12:20				

경유지(Via) : 좌석(Seat Number) : 유효 기간 (Validity) Not Valid Before
무료수하물(Baggage) : 20K 운임(Fare Basis) : EKXEE8KR Not Valid After 10APR15

항공권 정보 (Ticket Information)

- Issue Date / Place (IATA No.) : 10MAR14 / ABACUS TRAINING ROO SEOUL KR (99999992)
- Restriction (Endorsement) : NON ENDS/REROUTING
- Form of Payment / Tour Code : CASH **지불수단**
- Fare Calculation : SEL OZ FRA709.70OZ SEL709.70NUC1419.40END ROE1056.772
- Fare Amount : KRW 1,500,000 **항공운임과 TAX정보**
- Tax / Fee / Charge : 28000BP 9800DE 48500RA 62900OY 298400YQ
- Total Amount (Fare + Tax) : KRW 1,947,600

드리는 말씀 (Remarks)

- 본 전자 항공권 발행 확인서는 탑승 수속 / 입출국 / 세관 통과시 요구될 수 있으므로 전여행기간동안 소지하시기 바랍니다.
- 본 전자 항공권 발행 확인서의 이름과 여권상의 이름은 반드시 일치해야 하며, 위/변조시 법적인 책임이 따를 수 있습니다.
- 대부분 공항의 탑승 수속 마감 시간은 항공편 출발 40분 전(미주/유럽 1시간)이므로, 최소 2시간 전 공항에 도착하시기 바랍니다.
- 일부 공동 운항편의 탑승 수속은 운항 항공사에서 이루어 지며, 운항 항공사의 규정에 따라 탑승 수속 마감 시간이 다를 수 있습니다.
- 항공사에 따라 무료 수하물 허용량 외의 추가 수하물에 대해서 위탁 수하물 수수료가 부과될 수 있습니다.
- '사전 좌석 배정'을 완료한 경우, 항공기 출발 70분 전까지 수속하지 않으면 예약(사전 좌석)이 취소될 수 있습니다.

④ 전자지불증 : EMDElectronic Miscellaneous Document

항공사의 지불증인 MCO와 동일한 기능을 가진 운송증표로써, 기존에 V-MPD 방식으로 사용해 오던 것이 2014년 초부터 전자항공권인 ET와 동일한 개념인 EMDElectronic Miscellaneous Document로 보급되기 시작했으며, 2014년 11월부터 전 BSP여행사에서 EMD로 일원화되어 사용되고 있다.

EMD의 기능으로는 여정 변경으로 인한 차액 징수, 환불 및 항공사별 기내/운송서비스 관련 비용 징수 등에 주로 사용된다. EMD는 해당기능을 제공하는 GDS 및 항공사에 따라 발행방법이 상이하며, 발행된 결과는 ET와 마찬가지로 발권시스템 기록으로 각 항공사로 전송되며 BSP 정산에 반영된다.

2) 항공운임의 분류

국제선 항공운임은 일반적으로 승객이 여행 중에 적용받게 되는 제한사항의 종류 및 범위에 따라 정상운임과 특별운임으로 나눌 수 있다. 대체적으로 정상운임의 경우 여행조건에 제한사항이 없으며, 특별운임의 경우 정상운임과 비교하여 체류기간, 여행형태, 사용시기 등의 여러 가지 제약을 받는 경우가 많다.

(1) 정상운임Normal Fare

정상운임에는 Primary Normal Fare와 Secondary Normal Fare로 구분되며, Primary Normal Fare는 무제한 정상운임Unrestricted Normal Fare으로 사용시기Seasonality와 주중/주말Part of Week의 조건 외에 다른 조건이 없으며, Secondary Normal Fare는 제한 정상운임Restricted Normal Fare으로 사용시기, 주중/주말의 조건과 함께 Stopover, Transfer 제한 규정을 갖는다. 일반적으로 편도운임 또는 왕복운임으로 공시되어 있다.

정상운임을 사용하는 항공권의 유효기간은 발권 후 1년 이내에 첫 Flight Coupon을 사용해야 하며, 잔여 Flight Coupon은 여행 개시 후 1년 이내에 모두 사용해야 한다. 대표적인 Fare Basis는 P, F, J, C, Y, YO2, Y2, YW2, YX2 등이 있다.

(2) 특별운임 / 판촉운임Special/Promotional Fare

정상운임이 아닌 운임은 모두 특별운임으로 구분되며, 승객의 여행조건 및 신분에 따라 정상운임보다 저렴한 운임을 구성할 수 있도록 되어 있다. 특별운임은 노선별 · 항공사별로 다양한 종류의 운임을 사용하고 있으며, 통상 여행조건과 관련된 다음과 같은 제한조건을 가지게 된다.

- 최소 체류기간Minimum Stay
- 최대 체류기간Maximum Stay
- 구매자의 연령 또는 신분Eligibility
- Stopover 및 Transfer 허용여부 및 가능횟수
- 여정변경 가능여부 및 환불제한
- 사용 시기Seasonality

항공사에서 판매촉진의 수단으로, 혹은 가격정책 운영의 일환으로 사용하는 판촉운임은 특정 구간의 수요경향이나 공급좌석수, 해당 정부와의 이해 등을 고려하여 타 항공사와의 경쟁력을 갖추기 위해 탄력적으로 운영하는 운임이다. 승객의 여행 및 예약 / 발권 조건을 제한함으로써 그에 맞는 저렴한 운임을 제공하고 있으며, 항공사마다의 규정을 준수하는 것을 원칙으로 한다. 대표적인 Fare Basis로 YLPX15, YHEE3M, BHAP6M, YLZZ, ELEE3KR/AP3, BLXST9KR 등이 있다.

(3) 할인운임Reduced/Discounted Fare

일반적으로 승객의 나이나 신분에 따라 특정한 할인율을 제공하는 경우의 운임을 말한다. 이 경우 할인을 적용하는데 기준이 되는 운임은, 특별운임이 아닌 정상운임을 사용하는 경우도 있다. 그러나 해당 승객의 신분을 이용하여 할인이 제공되는 경우가 많으므로 그에 따른 별도의 제한사항을 가지기도 한다. 나이 조건을 이용한 소아나 유아, 신분과 나이제한을 동시에 가지는 학생, 여행 구성인원 조건에 따라 지급되는 단체 인솔자, 특별한 목적을 가진 이민자 등과 같은 경우가 이에 속한다.

각 항공사의 규정에 따라 할인운임은 특별운임으로 분류되기도 한다. 대표적인 Fare Basis는 Y/SD25, YOW/SC40, MLXEE1M/CH25, HLPX15/IN90, GHXGV10/CG00 등이 있다.

(4) Fare Basis 구성요소의 이해

① Prime Code Mandatory

Fare Basis의 첫 번째에 위치하며, 사용운임 및 승객이 이용하는 Class Zone을 지칭한다. Economy Class의 경우, 항공사별 다양한 Multi Class 형태가 사용된다.

- F First Class(P, F, A, O 등)
- C Business Class(J, C, D, Z, R 등)
- Y Economy Class(M, K, H, Q, T, S 등)

② Seasonal Code Conditional

사용 가능한 기간 및 성수기, 비수기 등의 계절Season을 나타낸다.

- H High/Peak Season L Low/Basic Season
- K Shoulder Season

③ Part of Week Code Conditional

출발일에 대한 제한사항으로 주중/주말을 구분한다.

- W Weekend X Weekday

④ Fare Type Code Conditional

Prime Code에 더해 자세한 Fare Type에 대한 규정을 나타낸다.

- EX Excursion
- PX Special/Purchase Excursion
- APEX Advanced Purchase Excursion
- IT Inclusive Tour

- ZZ Youth
- GV Group Inclusive Tour

⑤ Discount DesignatorConditional

나이나 신분에 따른 할인율 적용여부를 알려주는 코드이다.

- SD25 : Student 25% 할인, SC25 : Ship's Crew 25% 할인
- CH25 : Child 25% 할인, IN90 : Infant 90% 할인
- CG00 : Tour Conductor 100% 할인

3) 운임조회 및 기능 활용

(1) 운임조회

운임을 조회하고, 다양한 옵션을 부여하여 정확하고 신속한 운임을 산출할 수 있다.

```
FQDICNBKK/AOZ
```

(2) 조회옵션

각 옵션 사이마다(/) 기호를 사용하여 멀티옵션Multi Option 지정 및 조회가 가능하다.

```
FQDICNBKK/AOZ/D10JUL
```

Options	Description	Example
/A	항공사 지정	/AOZ, TG
/C	Booking Class 지정	/CY
/K	Cabin Class 지정	/KF
/D	날짜 지정	/D10APR
/R	Override 지정	/R,AT or R,U
/I	Display 지정	/IR or /IL or /IX
/V	GI 지정	/VTS

(3) 운임규정 조회

특정운임에 대한 규정 및 조건을 확인하는 데에 사용한다.

```
FQN05
```

해당 운임의 전체 카테고리를 리스트 조회할 수 있다.

```
FQN05 * L
```

```
> FQN05*L

FQN05*L
VERIFY OPTION
**  RULES DISPLAY  **                    TAX MAY APPLY
                                         SURCHG MAY APPLY-CK RULE
28MAR13**28MAR13/OZ SELBKK/NSP;EH/TPM  2286/MPM  2743
LN FARE BASIS    OW   KRW  RT   B PEN  DATES/DAYS   AP MIN MAX R
05 DRX4KR                1802000 D  +     -      -   + 3  -  12M R
FCL: DRX4KR   TRF:   8 RULE: K500 BK:  D/Z
PTC: ADT-ADULT                FTC: BX -BUSINESS CLASS EXCURSION
OPTION LIST
   RU.RULE APPLICATION                MX.MAX STAY
   SR.SALES RESTRICT                  AP.ADVANCE RES/TKT
   FL.FLT APPLICATION                 CD.CHILD DISCOUNTS
   SO.STOPOVERS                       SU.SURCHARGES
   TE.TKT ENDORSEMENT                 PE.PENALTIES
   CO.COMBINABILITY
          ****** SELECT CATEGORIES ******
                                                  PAGE  1/ 1
```

(4) 단독 Entry 활용

```
FQXICNSIN/10/YY
```

현재 OZ은 YY Fare 기준으로 초과 수하물을 적용하고 있으므로, 반드시 YY를 지정해서 조회한다.

```
FQC300USD/KRW
```

BSR의 적용을 받아 통화를 변환할 수 있다. (/B)옵션을 지정하여 BBR을 적용하여 변환도 가능하다.

(5) Expanded Parameter Code

Code	Description
EU	Economy Unrestricted Only
NAP	No Advance Purchase Information
NDA	No Day or Time Information
NMX	No Maximum Stay Information
NMN	No Minimum Stay Information
NPE	No Penalty Information
PE	Penalty Information
NR	No Restriction
NMM	No Minimum and No Maximum Fare
NRF	Non Refundable Fare
RF	Refundable Fare

4) E-Ticket 발권

(1) E-Ticket 정보조회

E-Ticket은 모든 항공권의 세부사항을 ET Process를 통하여 모든 참여자, 즉 항공사, 여행사, 기타 Service Provider가 수행이 가능하도록 구성되어 있으며 E-Ticket 발행 전에 각 Market의 E-Ticket 환경을 파악하고 해당조건을 확인할 필요가 있다.

- Amadeus 참여 항공사 중 해당 항공사의 제공여부에 따라 Interline Ticketing 계약정보를 조회할 수 있다.

```
TGAD-OZ
```

```
> TGAD-OZ
--AIRLINES HAVING AGREEMENT WITH: OZ
AA   TPE - AC   TPE - AE   TPE - AF   TPE -
AH   T E - AI   TPE - AM   TPE - AN   TP  -
AP   T E - AR   TP  - AS   TPE - AT   TPE -
AV   TPE - AY   TPE - AZ   TP  - A3   TPE -
BA   TPE - BD   TPE - BG   TPE - BI   TP  -
BP   TP  - BR   TPE - BT   TP  - BU   TP  -
BW   TP  - BX   TPE - B6   TPE - B7   TPE -
CA   TPE - CF   TP  - CI   TPE - CJ   TP  -
CM   TPE - CO   TPE - CP   TP  - CS   TP  -
CW   TP  - CX   TPE - CZ   TPE - DI   TP  -
DL   TPE - DM   TP  - DT   TP  - DY   TP  -
D6   TP  - EG   TP  - EH   TP  - EK   TPE -
EL   TP  - EQ   TP  - ET   TPE - EU   TP  -
EY   TPE - FF   TP  - FI   TPE - FJ   TPE -
FM   TPE - FQ   TP  - FT   TPE - FU   TP  -
FV   T E - F9   TPE - GA   TPE - GD   TP  -
GF   T E - GH   TP  - GN   TP  - GT   TP  -
GU   TP  - GV   TP  - HA   TPE - HP   TP  -
HR   TPE - HU   TPE - HY   T E - HZ   TPE -
IB   TPE - IC   TP  - IE   TPE - IR   T   -
IT   TP  - IY   TP  - JD   TP  - JE   TP  -
)
```

○ 참고

Code	Description
T	Ticket(Paper)
P	PTA
E	E-TKT

(2) E-Ticket 발권절차

자동발권을 위한 PNR은 예약 PNR상에 발권을 위한 필수항목 및 선택항목을 추가로 입력함으로써 비로소 이루어진다.

○ 발권의 구성요소

필수항목	선택항목
• TST : Transitional Stored Ticket, Pricing and Ticketing Information으로 운임 저장 후 발권을 위해 필요한 모든 정보가 들어있는 부분	• TTN/D 금액 : Discount 입력 부분 • FE Element : Endorsement 입력 부분 • FT Element : Tour Code/Auth 번호 • FS Element : Conjunction Ticket Number(KE Only)
• FM Element : Commission 입력 부분	
• FV Element : Validating Carrier 입력 부분	
• FP Element : Form of Payment 입력 부분	

- Pricing Indicator : 산출된 운임 데이터소스Data Source를 의미한다.

Pricing Indicator	Description
I	IATA Automatically Priced
F	Negotiated Fare, Priced Automatically
M, N	Manually Priced Fare
B	Negotiated Fare, Manually Updated TST

03 날짜와 시간 확인 및 계산 이해

1) Time Table 조회

다양한 방법으로 날짜와 시간 확인 / 계산한다.

Time & Date 조회 / 계산

현재 시스템상 시간과 날짜	DD
특정 도시, 시간과 날짜	DD LAX
두 도시간의 시간	DD SEL0900/LAX
지정 날짜 기준 30일 전	DD25OCT/-30
지정 날짜 기준 30일 후	DD25OCT/30
Combination	DD25OCT/-7/2/30

2) Timetable Display의 기능

(1) 모든 항공사

Timetable 조회

- **7일 간격으로 항공 시간표 조회**
- **일정 조회**
  - ☞ **TN 30DEC ICN BKK**

TN30DECICNBKK

(2) 특정 항공사

TN30DECICNBKK/AOZ

▸ 특정 항공사만 지정할 수 있다.

```
> TN30DECICNBKK/AOZ

TN30DECICNBKK/AOZ
** ASIANA AIRLINES - TN ** BKK BANGKOK.TH                 30DEC12 06JAN1
 1   OZ 741  D   ICN   BKK   1820    2210    0 28OCT12          333  5:50
 2TG:OZ6761  D   ICN   BKK   0935    1330    0 11DEC12 30MAR13 773  5:55
 3TG:OZ6763  D   ICN   BKK   2125    0120+1  0 28OCT12 30MAR13 772  5:55
NO MORE FLIGHTS  30DEC12  TO  06JAN13

>

편명  운항요일  출발지/도착지  출발시간/도착시간  운항기간  기종  소요시간
```

(3) 간편 Entry

	Entry	기 능
1	ACSN	SKD 화면으로 바로 전환
2	ACAN	AVBLTY 화면으로 바로 전환
3	TCAN	Time Table 조회 후 바로 예약하고자 할 경우 / AN 이동
4	MN	Move Next(다음날 조회 / AN, SN 화면에서 모두 사용 가능)
5	MY	Move Yesterday(전날 조회 / AN, SN 화면에서 사용 가능)
6	TCR	역방향 Time Table 조회

(4) Optional Entry

	Entry	해 설
1	SA30OCTSELMOW	도착 시간별(Arrival Time) 조회
2	SD30OCTSELMOW	출발 시간별(Departure Time) 조회
3	SE30SEPSELMOW	비행 시간별(Elapsed Time) 조회

(5) Time and Date 조회

① Local Time 및 도착시간 시간차Time Difference 조회

DDJFK

【Display】

```
>DDJFK

DDJFK
JFK TIME IS 2106/906P ON WED05JUN13
JFK IS 13HRS 00MIN EARLIER
```

② 특정시간 및 도시 지정

DDSEL1200/BKK

【Display】

```
>DDSEL1200/BKK

DDSEL1200/BKK
BKK TIME IS 1000/1000A ON THU06JUN13
BKK IS 02HRS 00MIN EARLIER
```

(6) MCTMinimum Connecting Time 조회

① Entry : 인천공항에서 항공편 갈아타는 시간

DMICN

【Display】

```
>DMICN

DMICN/06JUN13
ICN STANDARD MINIMUM CONNECTING TIMES
ICN-GMP        FROM       -         TO       D/D  D/I  I/D  I/I
CC FLTN-FLTR ORGN EQPTM-CC FLTN-FLTR DEST EQPTM HMM HMM HMM HMM
                          -                  240  400  240  400

ICN-ICN        FROM       -         TO       D/D  D/I  I/D  I/I
CC FLTN-FLTR ORGN EQPTM-CC FLTN-FLTR DEST EQPTM HMM HMM
HMM HMM                    -                 040  140  140  110
CK SPECIFIC CARRIER FOR EXCEPTIONS TO STANDARD CONNECTING TIMES
PRECLEARANCE MAY APPLY
```

MCT(최소 환승 연결시간 4가지)					
1	D/D	국내선에서 국내선 환승	2	D/I	국내선에서 국제선 환승
3	I/D	국제선에서 국내선 환승	4	I/I	국제선에서 국제선 환승

DMJFK

【Display】

```
>DMJFK

DMJFK/06JUN13
JFK STANDARD MINIMUM CONNECTING TIMES
JFK-EWR      FROM      -             TO         D/D  D/I  I/D  I/I
CC FLTN-FLTR ORGN EQPTM-CC FLTN-FLTR DEST EQPTM HMM HMM HMM HMM
                       -                        300  300  330  330

JFK-JFK      FROM      -             TO         D/D  D/I  I/D  I/I
CC FLTN-FLTR ORGN EQPTM-CC FLTN-FLTR DEST EQPTM HMM HMM HMM HMM
                       -                        100  115  145  200

JFK-JRB      FROM      -             TO         D/D D/I  I/D  I/I
CC FLTN-FLTR ORGN EQPTM-CC FLTN-FLTR DEST EQPTM HMM HMM HMM HMM
                       -                        400  400  400  ---

JFK-LGA      FROM      -             TO         D/D  D/I  I/D  I/I
CC FLTN-FLTR ORGN EQPTM-CC FLTN-FLTR DEST EQPTM HMM HMM HMM HMM
                       -                        200  230  230  300
```

▸ New York에는 JFK, EWR, LGA 등 3개의 국제공항이 있고, 여타 작은 공항도 많다. 따라서 최소연결 적용시간을 주의해서 체크해야 한다.

〈표 5.2〉 추가 조회기능

Entry	기 능
DMJFK-LGA	공항 지정
DMAA/JFK/15SEP13	항공사 / 공항 / 날짜 지정
DMI	PNR SEG가 있는 경우 전체 SEG의 MCT 조회
DM2/4	PNR상의 2번과 4번 SEG의 MCT 조회

여객운송서비스

Aviation Transportation & Industry

Aviation
Transportation
& Industry

01 여객운송서비스의 종류

1) 발권

고객들은 발권(항공권 구매) 업무의 특성상 적지 않은 시간이 소요되기 때문에 일정을 미리 계획한 뒤 여러 가지를 고려하여 인터넷, 여행사 및 시내지점 등을 통해 항공권을 구매한다. 공항에서의 발권은 출발시간에 임박한 제한된 시간과 물리적 환경(발권카운터 수 한정)에 의해 특정한 업무처리를 위해 운영되는 것이 일반적이다. 주로 항공권 변경, 초과수하물 비용 지불, 비정상 운항 시 항공권 재발행, 타항공사로의 이서배서 또는 Endorsement 등의 업무를 진행하며 신속한 처리를 위해 숙련된 업무처리 능력과 전문지식이 필요하다.

2) 탑승수속

고객이 출발지 공항에서 항공기 탑승을 위해 수행하는 모든 행위를 일컫는다. 고객이 여권과 항공권을 소지하고 항공사 카운터에서 항공권을 확인한 후, 좌석을 배정하고 수하물을 접수하며 Tag을 붙이는 과정 등이 모두 이에 속한다. 발전된 IT기술의 도움으로 WEB Check-in, Kiosk Check-in 등을 이용하여 고객이 직접 수속할 수 있도록 변화하고 있다.

3) 출국장서비스Gate 탑승안내

탑승수속을 마친 고객들은 CIQCustoms, Immigration, Quarantine을 거쳐 항공기 탑승을 위해 탑승편 게이트로 이동하게 된다. 이러한 과정에서 고객이 안전하고 원만하게 탑승할 수 있도록 서비스를 제공하게 된다. 보안검색을 실시하는 과정에서 확인된 기내휴대제한품목SRI : Security Removed Item을 고객이 위탁 수하물로 탑재를 요청하는 경우,

직원이 확인하여 재처리를 하기도 한다. 또한 노약자, 임산부, 환자 고객들에게는 넓은 공항에서 이동의 불편을 덜어주고자 전동카서비스를 실시하기도 한다. 출국장 내에는 각 항공사마다 Transit 고객을 위한 카운터가 마련되어 있어 연결편 항공기의 좌석배정 및 제반서비스를 제공한다.

4) 입국장서비스

고객이 도착하여 항공기에서 하기하면 도착장으로 이동하게 되는데, 검역을 시작으로 법무부 출입국, 세관신고를 진행하게 된다. 입국장에서 근무하는 직원들은 항공기 운항 관련 각종서류를 인계받아 정리하고 고객들이 입국수속을 받는데 문제가 없도록 서비스한다. 검역, 법무부, 세관의 입국절차 과정에서 문제가 발생하면 「출입국관리법」에 따라 관련기관 및 부와 협의를 통해 적절한 조치를 취하게 된다.

5) 수하물서비스

고객은 검역과 법무부 출입국 및 세관신고를 마친 후 수하물을 찾기 위해 수하물벨트로 이동하게 된다. 수하물이 고객에게 전달되는 과정에서 파손, 미도착, 수하물 오수취 등의 사고가 발생할 경우, 접수 및 처리하게 된다.

6) 라운지 및 의전서비스

항공사는 허브공항에 각자의 라운지서비스를 특화하여 고객을 만족시키려고 노력한다. 또한 허브공항의 라운지는 항공사의 이미지와 서비스 수준을 보여줄 수 있는 대표적인 상품이며, 제휴 항공사를 이용하는 고객에게 홍보할 수 있는 수단이기도 하다. 항공사의 의전서비스는 VIP, CIP 등 내·외국 정부관리 등의 예우가 필요한 경우나, 재계 및 사업상 주요 요인들을 위해 제공된다. 이러한 의전 업무를 MAS Meet and Assistance라고도 한다.

02 출국절차의 이해

출국을 위한 일련의 절차는 다음과 같이 정리할 수 있다.

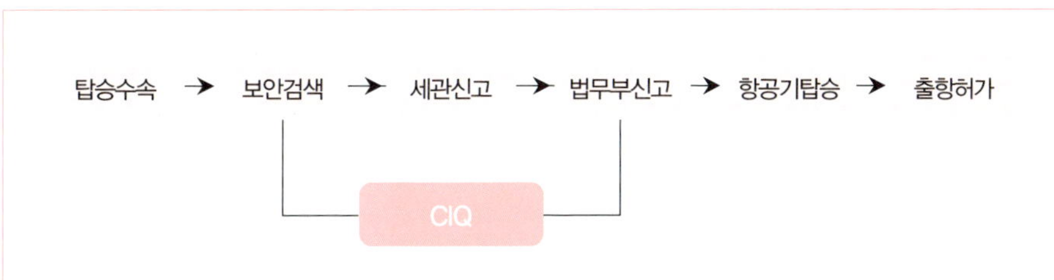

[그림 6.1] 출국절차

여행구비서류 확인 → 항공권 및 마일리지 접수 → 좌석 배정 → 수하물 접수 → 탑승권 발급

1) 탑승수속

여행자가 공항에 도착하여 출국하기 위해 진행하는 우선의 절차로써, 항공업무의 중요 내용들이 포함되어 있다. 항공권, 여권 등 여행 구비서류에 대한 확인 및 수하물의 위탁처리 과정을 통틀어 '탑승수속'이라 한다.

(1) 여행 구비서류의 확인

모든 여행자들이 갖추어야 하는 기본서류는 여권Passport, 사증Visa, 예방접종증명서Vaccination이다. 여권과 사증은 유효기간 확인에 유의해야 하며, 여행하는 국가에 따라 비자와 예방접종서는 생략이 가능하므로 여행 전 방문국가의 규정을 확인할 필요가 있다.

① 여권Passport

'여권'은 국가가 발급하는 국적 증명서로써, 외국 관계기관에 자국민의 보호와 자유통행을 요청하는 본국의 신분증명서임과 동시에 국외로 출국이 가능한 출국증명서이다.

여권은 사용횟수에 따라 유효기간과 상관없이 1회만 사용가능한 단수여권Single Passport과, 유효기간 내에 사용횟수에 제한 없이 사용가능한 복수여권Multiple Passport으로 구분되며, 일반여권인 경우는 유효기간이 10년이다. 대한민국 여권은 2008년 8월부터 전자칩이 내장된 전자여권이 발급되고 있다.

[그림 6.2] 여권의 종류

② 사증VISA

'사증'이란, 방문 혹은 여행하고자 하는 나라로부터 받는 입국허가증으로, 여권이 정식 발행된 유효한 것임을 증명하고 사증인이 그 여권 소지자를 안전하게 자기나라에 입국시키도록 본국(여권 발급국) 관리에게 추천하는 기능을 한다. 사증은 대사관에서 구비서류와 함께 발급을 받으며 그 국적, 신분, 방문목적 등에 따라 여러 종류로 구분되어 발급된다.

- 신분에 따른 기준 : 외교사증Diplomatic Visa, 공무사증Official Visa, 일반사증Ordinary Visa
- 사용횟수에 따른 기준 : 단수사증Single Entry Visa, 복수사증Multiple Entry Visa
- 입국목적에 따른 기준 : 관광사증Tourist Visa, 상용사증Business Visa, 체류사증Staying Visa, 통과사증Transit Visa

사증을 받은 후에도 여행 전 안전하고 편안한 여행을 위해, 매월 발간되는 각국의 출입국관리에 대한 안내책자인 TIMTravel Information Manual의 최근 정보를 확인하는 것이 바람직하다. 우호관계와 경제적 수준이 비슷한 양국 간에 비자면제협정Visa Waver agreement을 체결할 수 있으며, 최근에는 많은 나라들이 나라별로 비자면제협정을 맺어 체결국과 사증 없이 자유롭게 여행할 수 있도록 하고 있다.

TWOVTransit With Out Visa 무사증통과

통과를 목적으로 여행하는 경우, 사전에 해당국가의 통과비자를 받아야 하나, 일반적으로 아래와 같은 무사증통과(TWOV) 요건을 충족하면 통과비자 없이 여행할 수 있다.

- 제3국행 유효한 여행서류 소지
- 연결편에 대한 예약이 확약된 항공권 소지
- 입국 목적이 단순한 통과 및 관광에 한함
- 일반적으로 외교관계가 수립되어 있는 국가

우리나라 사증면제 협정국 : 일반여권

체류기간 90일 이내 무비자 입국 가능한 나라

오스트리아, 바하마, 바베이도스, 벨기에, 브라질, 불가리아, 칠레, 콜롬비아, 코스타리카, 체코, 덴마크, 도미니카연방, 도미니카공화국, 엘살바도르, 에스토니아, 프랑스, 핀란드, 독일, 그리스, 그레나다, 과테말라, 아이티, 헝가리, 아이슬란드, 아일랜드, 이스라엘, 이탈리아, 자메이카, 일본, 라트비아, 라이베리아, 리히텐슈타인, 리투아니아, 룩셈부르크, 말레이시아, 몰타, 멕시코, 모로코, 네덜란드, 뉴질랜드, 니카라과, 노르웨이, 파나마, 페루, 폴란드, 루마니아, 싱가포르, 슬로바키아, 스페인, 스웨덴, 스위스, 태국, 영국, 우루과이, 베네수엘라 외

체류기간 60일 이내 무비자 입국 가능한 나라

포르투갈, 인도네시아, 레소토

체류기간 30일 이내 무비자 입국 가능한 나라

인도네시아, 튀니지, 남아공화국, 아랍에미리트, 카자흐스탄, 러시아

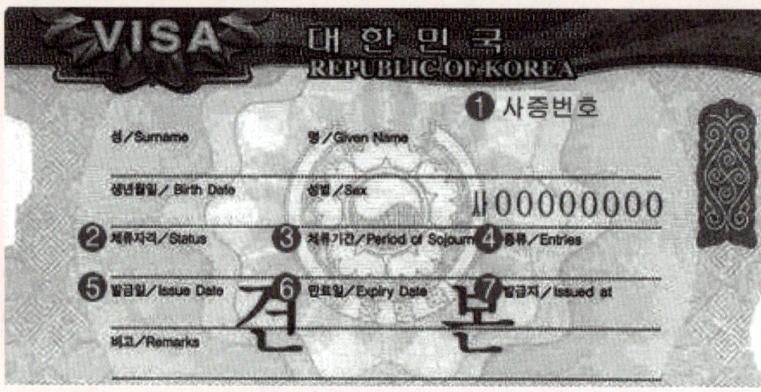

자료 : http://www.hikorea.go.kr/pt/main_kr.pt(2015.4.11 현재)

③ 국외여행허가서

25세 이상임에도 불구하고 병역의무를 마치지 못하였거나 연령과는 상관없이 현재 공익근무요원 복무중인 자, 공중보건의사, 징병전담의사, 국제협력의사, 공익법무관, 공익수의사, 국제협력요원, 전문연구요원/산업기능요원으로 편입되어 의무종사기간을 종료하지 못한 30세 미만의 남자 여행자가 해당이 되며, 기존에는 공항의 병무신고사무소에서 신고절차를 이행하였으나, 2008.7.15일부터 공항 안 병무신고사무소가 폐쇄(인천공항은 제외)됨에 따라 병역 의무자의 경우 국외여행허가증명서를 반드시 휴대해야 한다. 국외여행허가증명서는 병무청 홈페이지에서 쉽게 출력할 수 있도록 되어 있으며, 출국 당일 법무부 심사대에서 여권과 함께 제출하고 확인받으면 된다.

■병역법 시행규칙 [별지 제132호서식] 〈개정 2011.11.25〉

병역의무자 국외여행(기간연장)허가 신청서

※ 유의사항과 첨부서류를 확인하시고 작성하여 주시기 바랍니다. (앞쪽)

<table>
<tr><td>접수번호</td><td colspan="3">접수일자</td><td>처리기간</td><td colspan="2">민원사무처리기준표에 따름</td></tr>
<tr><td rowspan="5">병 역
의무자</td><td colspan="4">성 명</td><td colspan="2">주민등록번호</td></tr>
<tr><td colspan="4">집 전화번호</td><td colspan="2">휴대전화번호</td></tr>
<tr><td colspan="6">E-mail</td></tr>
<tr><td rowspan="2">주 소</td><td colspan="5">국 내</td></tr>
<tr><td colspan="5">국 외</td></tr>
<tr><td rowspan="2">병역사항
(허가기관
기재사항)</td><td colspan="4" rowspan="2"></td><td colspan="2">대 조</td></tr>
<tr><td colspan="2">확 인</td></tr>
<tr><td rowspan="3">최 초
허가신청</td><td>당초 허가번호</td><td colspan="5">제 호</td></tr>
<tr><td>여행기간</td><td colspan="5">. . . ～ . . . (년 월 일간)</td></tr>
<tr><td colspan="3">여행국명</td><td colspan="3">여행목적</td></tr>
<tr><td rowspan="6">국외체류
중인 자
기간연장
허가 신청</td><td colspan="3">재외공관장 확인 : (인)</td><td colspan="3">접수 및 확인번호</td></tr>
<tr><td rowspan="3">최 초
허가사항</td><td colspan="2">여행 목적</td><td colspan="3">여행국명</td></tr>
<tr><td colspan="2">병무청 허가번호</td><td colspan="3">출국 연월일</td></tr>
<tr><td colspan="5">병무청 허가기간
20 . . . ～ 20 . . . (일간)</td></tr>
<tr><td rowspan="2">기간연장
허가 신청</td><td colspan="2">체재목적</td><td colspan="3">체재국명</td></tr>
<tr><td colspan="5">기간연장 요청기간
20 . . . ～ 20 . . . (일간)</td></tr>
<tr><td rowspan="4">국 내
가족사항</td><td>성 명</td><td>관 계</td><td>주 소</td><td>전화번호</td><td colspan="2">E-mail</td></tr>
<tr><td></td><td></td><td></td><td></td><td colspan="2"></td></tr>
<tr><td></td><td></td><td></td><td></td><td colspan="2"></td></tr>
<tr><td></td><td></td><td></td><td></td><td colspan="2"></td></tr>
</table>

『병역법』 제70조 및 같은 법 시행령 제145조부터 제147조까지의 규정에 따라 위와 같이 국외여행(기간연장)허가를 받기 위하여 신청합니다.

년 월 일

신청인 (서명 또는 인)

의무자와의 관계 :

○○지방병무청(병무지청)장 귀하

신청서 제출 시 별도의 수수료는 없습니다. 210㎜×297㎜[일반용지 60g/㎡(재활용품)]

자료 : http://www.mma.go.kr/kor/s_navigation/travel/travel02/travel022/index.html

④ 출국카드 작성

2006년 8월부터 내·외국인 출입국신고서는 폐지되었으나, 출입국관리사무소에 외국인등록을 하지 않는 외국인은 출입국신고서를 작성하여야 한다.

⑤ 국제예방접종증명서

아프리카, 남미 등으로 여행할 경우에는 국립검역소, 보건소 등에서 콜레라, 황열병, 말라리아 예방접종을 해야 한다. 유엔의 세계보건기구WHO : World Health Organization

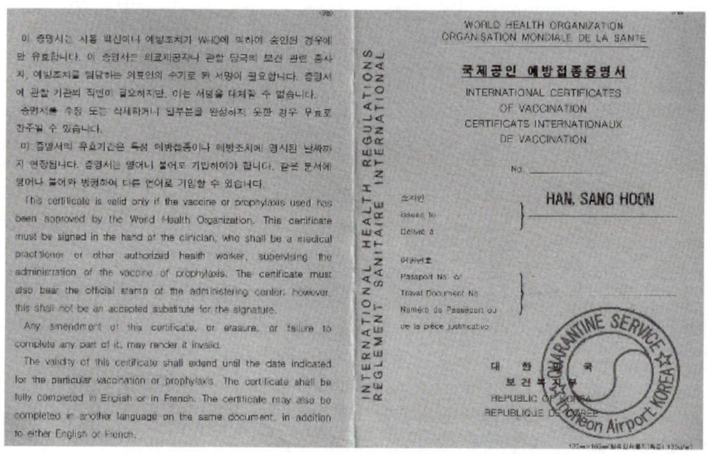

이 증명서는 사용 백신이나 예방조치가 WHO에 의하여 승인된 경우에만 유효합니다. 이 증명서는 의료제공자나 관할 당국의 보건 관련 종사자, 예방조치를 담당하는 의료인의 수기로 된 서명이 필요합니다. 증명서에 관할 기관의 직인이 필요하지만, 이는 서명을 대체할 수 없습니다.

증명서를 수정 또는 삭제하거나 일부분을 완성하지 못한 경우 무효로 간주될 수 있습니다.

이 증명서의 유효기간은 특정 예방접종이나 예방조치에 명시된 날짜까지 연장됩니다. 증명서는 영어나 불어로 기입하여야 합니다. 같은 문서에 영어나 불어와 병행하여 다른 언어로 기입할 수 있습니다.

This certificate is valid only if the vaccine or prophylaxis used has been approved by the World Health Organization. This certificate must be signed in the hand of the clinician, who shall be a medical practitioner or other authorized health worker, supervising the administration of the vaccine of prophylaxis. The certificate must also bear the official stamp of the administering center; however, this shall not be an accepted substitute for the signature.

Any amendment of this certificate, or erasure, or failure to complete any part of it, may render it invalid.

The validity of this certificate shall extend until the date indicated for the particular vaccination or prophylaxis. The certificate shall be fully completed in English or in French. The certificate may also be completed in another language on the same document, in addition to either English or French.

INTERNATIONAL HEALTH REGULATIONS
REGLEMENT SANITAIRE INTERNATIONAL

WORLD HEALTH ORGANIZATION
ORGANISATION MONDIALE DE LA SANTE

국제공인 예방접종증명서

INTERNATIONAL CERTIFICATES OF VACCINATION
CERTIFICATS INTERNATIONAUX DE VACCINATION

No. ______

소지인 / Issued to / Délivré à: HAN, SANG HOON

여권번호 / Passport No. or Travel Document No. / Numéro du Passeport ou de la pièce justificative: ______

대 한 민 국
보 건 복 지 부
REPUBLIC OF KOREA
REPUBLIQUE DE COREE

QUARANTINE SERVICE KOREA Incheon Airport

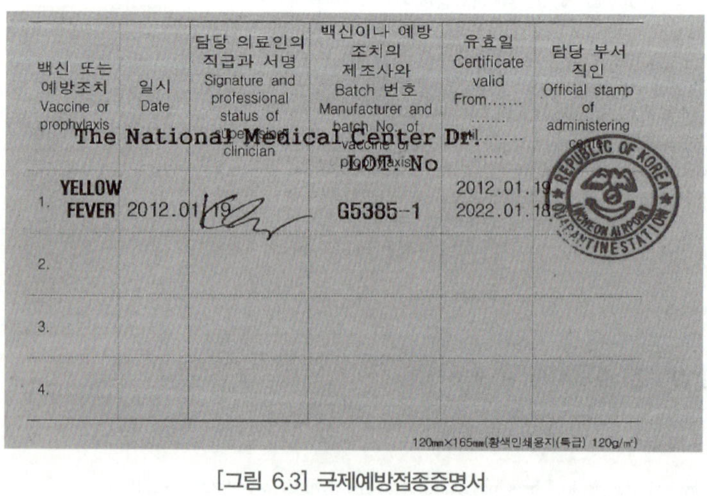

백신 또는 예방조치 Vaccine or prophylaxis	일시 Date	담당 의료인의 직급과 서명 Signature and professional status of supervising clinician	백신이나 예방조치의 제조사와 Batch 번호 Manufacturer and batch No. of vaccine or prophylaxis	유효일 Certificate valid From……. ……. until……. …….	담당 부서 직인 Official stamp of administering center
		The National Medical Center Dr.	LOT. No		
1. YELLOW FEVER	2012.01.19		G5385-1	2012.01.19 2022.01.18	REPUBLIC OF KOREA INCHEON AIRPORT QUARANTINE STATION
2.					
3.					
4.					

120㎜×165㎜(황색인쇄용지(특급) 120g/㎡)

[그림 6.3] 국제예방접종증명서

에서 관장하고 있는 국제예방접종증명서는 통상 Yellow Card, Shot Record, Health Card 등으로 불린다. 세계 각국은 자국 내에 각종 전염병이 전염되는 것을 예방하기 위해 자국민이 전염병이나 풍토병이 감염된 지역을 여행할 경우, 반드시 해당 전염병에 대한 예방접종을 실시하도록 하고 있으며, 국제예방접종증명서는 각국 검역관의 검인을 받아야만 국제적으로 유효하다.

(2) 항공권 및 마일리지카드 접수

E-Ticket의 경우에는 예약번호와 신분증으로 본인임을 확인하고, 항공권을 소지한 승객은 여권상의 이름과 일치여부, 중간 기착지 확인, 위조 및 도난의 확인, 유효기간 등을 확인한다. E-Ticket의 경우에는 종전의 종이항공권과는 달리, 지점을 방문하지 않고 컴퓨터에 저장된 자료를 온라인으로 작업하여 각자의 이메일로 송부되어지는 항공권으로, 티켓을 분실하더라도 세부내역이 항공사의 시스템에 저장되어 있으므로 분실에 대한 부담이 적은 항공권이다.

입국절차가 까다롭거나, 불법체류자 관리가 엄격한 국가이거나, 세관검사 시 돌아갈 항공편Return Flight을 확인하기 위해 E-Ticket 확인증Itinerary/Receipt을 제시해 달라는 요청을 받는 경우가 있으므로, 반드시 모든 여정을 마칠 때까지 잘 소지하는 것이 좋다.

항공권과 함께 이용하는 항공사 및 Alliance 항공사들 간의 마일리지 적립을 위해 사전에 마일리지카드 또는 회원정보를 제공하여 적립한다. 회원가입 전에 이용하여 발생한 마일리지는 소급하여 적립할 수 없으며, 회원가입 이후 탑승한 기록에 따라 적립된다. 탑승과 함께 적립하지 못한 마일리지는 여정완료 후라도 본인의 탑승기록을 확인하거나 Boarding Pass를 항공사에 증빙으로 제출하여 소급 적립할 수 있다.

(3) 좌석 배정

① 사전좌석 배정예약 확인 및 고객의 선호좌석을 고려하여 좌석 배정한다.

- 대한항공
  - 일등석 / 프레스티지 : 30일 전~24시간 전

- 일반석 : 30일 전~48시간 전

○ 아시아나항공
- 국내선 : 30일~72시간 전
- 국제선 : 328일~72시간 전

* 주의사항 : 국내선 출발 30분 전, 국제선 출발 90분 전 미 수속 시 사전좌석은 무효됨(자료는 각 항공사 홈페이지에서 참조)

② 비선호 좌석을 사전에 안내하여 추후의 불만을 예방한다.

③ 비상구 좌석의 안전규정에 따른 안내 및 승객 배정을 실시한다.

○ 비상시 타인의 도움 없이 비상구 개폐가 가능한 신체 건강한 승객

○ 승무원과 언어소통 및 이해가 가능한 승객

○ 긴급탈출 시 승무원을 도와줄 것을 약속한 승객

(4) 수하물 접수

수하물Baggage이란, 승객이 여행 시 휴대 또는 탁송을 의뢰한 소지품 및 물품을 말하며, 위탁 수하물Checked Baggage과 휴대 수하물Carry on Baggage은 구분된다.

○ 위탁 수하물Checked Baggage : 고객이 여행사 항공사에 탁송 의뢰하여 수하물표를 발행하여 항공기 수하물 칸에 탑재되는 짐

○ 휴대 수하물Carry on Baggage : 위탁 수하물이 아닌, 고객의 책임과 보관 하에 기내에 휴대하여 운송하는 모든 수하물

탑승객의 여정과 좌석의 등급, 마일리지 회원의 등급에 따라 무료 수하물의 허용 범위가 다르게 적용되고 항공사마다 상이하게 운영된다. 그리고 고객에게 각 항공사의 수하물 규정을 이용 전 확인할 수 있도록 반드시 안내하여 발생할 수 있는 불편을 미연에 방지할 수 있도록 해야 한다.

[그림 6.4] 수하물표 읽는 법

(5) 탑승권 발급

탑승권 발급 후 표기된 게이트Gate번호, 탑승시간 안내, 목적지 재확인을 Circling을 통해 승객에게 안내한다.

2) 보안검색

출국심사 중 가장 먼저 진행되며, 항공기 안전운항을 위해 승객의 신체 및 휴대 수하물을 검색하는 작업이다. 승객 및 승객의 휴대 수하물, 무기류, 폭발성 물질, 기내 반입 제한품목SRI : Security Removed Item 소지확인 시 반입이 금지된다.

SRI물품의 경우, 항공사에서 제공하는 별도의 봉투에 보관하여 승객과 분리하여 탑재가 되고, 항공기 승무원에 의해 관리되며, 공항 도착 후에 Baggage Claim에서 찾아가면 된다. 또한 최근 강화된 보안 규정으로 인해 100mℓ 이상의 액체류 및 젤류, 에어로 졸의 경우 위탁 수하물로만 운송이 가능하며, 100mℓ 이하의 액체류는 비닐 지퍼락에 포장하여 검색요원에게 제시하고 확인 후에 기내반입 할 수 있다.(1개/인당)

자료 : 인천공항공사 홈페이지, 인천일보

[그림 6.5] 보안검색

3) 세관신고Custom

미화 1만 달러를 초과하는 일반 해외여행경비 휴대 반출 시에는 세관 외환신고대에서 신고를 해야 하며, 출국 후 여행이나 방문이 종료되어 귀국할 경우에 다시 가져올 귀중품이나 고가품은 반드시 출국 전 세관에 신고한 후 '휴대물품반출신고(확인)서'를 받아야 입국 시에 면세를 받을 수 있다.

4) 법무부 출국심사Immigration

출국심사대에서 출입국심사관이 출국자들을 대상으로 유효한 여권과 사증의 소지 여부를 확인하고, 체류기간 및 출국금지 여부의 확인 등을 거쳐 출국허가 스탬프를 날인한다.

자료 : immigration.co.kr

[그림 6.6] 출국심사

5) 검역Quarantine

출국심사의 마지막 단계로써, 예방접종카드 여부에 대한 확인 절차이나 거의 생략되는 경우가 많다. 그러나 아프리카 혹은 중남미 지역으로 여행하고자 하는 경우에는 출국 10일 전에 접종을 받고 '국제공인예방접종증명서'를 휴대하여야 한다. 접종 유효기간은 10년이다.

6) 항공기 탑승

항공기 탑승은 통상 출발 30분 전부터 기내에 탑승을 실시한다. 항공기 탑승의 우선순위는 다음과 같다.

① 직원의 도움이 필요한 승객Stretcher 승객, UM, WHCR, Family SVC 승객
② 노약자, 유·소아 동반 승객

③ VIP & CIP
④ 일등석 승객
⑤ 비즈니스석 승객
⑥ 일반석 승객(뒷좌석 배정 승객부터 탑승)

7) 출항 허가

출항은 법무부 출입국사무소 및 세관 승기실로부터 허가를 받아야 진행이 가능하며, 출항보고서에 포함되어야 할 내용들은 다음과 같다.

- 승무원과 승무원수 및 명단, 검역 등의 일반적 사항
- 수하물 개수와 중량
- 화물과 메일 중량
- 총기 유·무와 개수

03 입국절차의 이해

항공기 하기 → 검역사열 심사 → 법무부 입국사열 심사 → 위탁수하물 수취 → 세관신고

1) 항공기 하기

항공기가 탑승교에 접현하고 항공기의 문이 열리면, 아래와 같은 순서로 승객의 하기가 진행된다.

응급환자 → VIP & CIP → First Class 승객 → Business Class 승객 →
비동반 소아(UM : Unaccompanied Minor) → Economy Class 승객 → Stretcher 승객

2) 검역사열 심사

입국 시 가장 먼저 검역 절차를 거치게 되어있으며 콜레라, 황열, 페스트 오염지역(동남아, 중동, 아프리카, 남아메리카)에서 입국하는 경우에는 검역 설문서를 작성하여 제출해야 한다. 그러나 일반적으로 입국장 초입에 열감지카메라를 설치하여 고체온 승객을 식별하는 것으로 검역사열을 대체하고 있다.

(1) 식물검역

식물류를 휴대하여 입국하는 여객은 농림부 국립식물검역소에서 검역을 받아야 하며, 수입지역에 따른 수입금지 식물을 반입하는 경우에는 즉시 반송 또는 폐기처분된다. 수입이 가능한 식물이라도 병충해에 감염되지 않은 것이어야 한다.

(2) 동물검역

개, 고양이, 조류, 동물의 폐사체, 가죽, 알 등이 그 검역대상이며, 수출국 정부에서 발행한 검역증명서 원본과 검역신청서를 제출해야 한다.

3) 법무부 입국사열 심사

한국에 입국하는 모든 승객은 출입국관리소 직원에 의해 입국사열을 받게 되며, 내국인의 경우에는 여권의 유효기간 내에 입국하는지의 여부와 여권 목적 및 여행 목적 등을 확인한다. 외국인의 경우, 출입국신고서를 사전에 작성하여 입국사열에 임해야 한다.(한국인에 대한 출입국신고서 폐지, 2006년 8월 1일부)

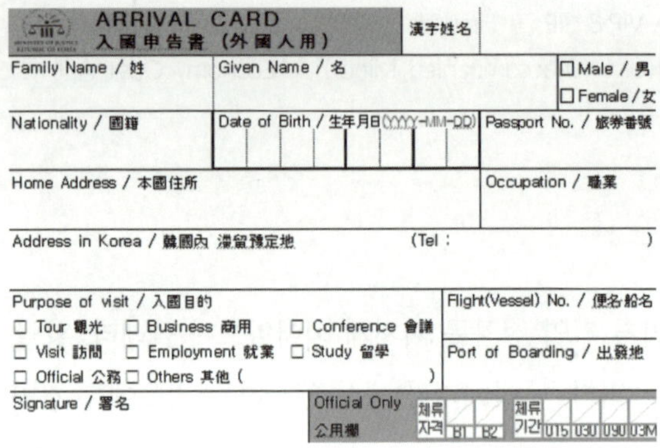
ARRIVAL CARD
入國申告書 (外國人用)
漢字姓名
Family Name / 姓
Given Name / 名
☐ Male / 男
☐ Female / 女
Nationality / 國籍
Date of Birth / 生年月日(YYYY-MM-DD)
Passport No. / 旅券番號
Home Address / 本國住所
Occupation / 職業
Address in Korea / 韓國內 滯留豫定地 (Tel :)
Purpose of visit / 入國目的
☐ Tour 觀光 ☐ Business 商用 ☐ Conference 會議
☐ Visit 訪問 ☐ Employment 就業 ☐ Study 留學
☐ Official 公務 ☐ Others 其他 ( )
Flight(Vessel) No. / 便名·船名
Port of Boarding / 出發地
Signature / 署名
Official Only 公用欄
체류자격 B1 B2
체류기간 D15 D30 D90 D3M

[그림 6.7] 입국신고서(외국인용)

4) 위탁 수하물 수취

입국을 위한 절차가 이루어지는 동안 항공기에 탑재되어 있던 위탁 수하물들은 항공기에서 컨베이어 벨트로 옮겨지고, 승객은 수하물 찾는 곳에서 본인의 수하물을 찾아 세관검사대를 통과하면 된다. 탑승 전 수거되었던 SRISecurity Removed Item은 직원이 승객에게 인계한다. 수하물의 사고발생 시 신고서PIR : Property Irregularity Report를 작성하여 항공사에 제출한다.

[그림 6.8] 수화물 수취대(컨베이어 벨트)

5) 세관신고

세관신고서를 사전에 작성하여 제출해야 하며, 모든 위탁 및 휴대 수하물은 세관원에 의해 검열을 받게 된다. 또한 국가별 면세범위 초과 시 관세를 징수한다. 각 나라별 면세범위가 상이하며, 대한민국은 주류 1L/$400 이하 한 병, 담배 1보루(10갑), 향수 60㎖을 기준으로 한 구입물품 총 구입가격 $600 미만이 면세이다.

면세범위를 초과한 물품을 자진 신고하지 않을 경우 부과되는 가산세는 초과금액의 40%이다.

자료 : http://www.customs.go.kr

[그림 6.9] 세관신고

04 수하물서비스의 이해

수하물Baggage이란, 승객이 자신의 항공여행과 관련하여 휴대 또는 탁송을 의뢰한 물품, 용품 및 기타 휴대품을 의미한다.

1) 수하물의 종류

(1) 위탁 수하물Checked Baggage

승객이 항공사에 탁송 의뢰하여 수하물표를 발행한 수하물을 말한다. 탑승수속 카운터에서 좌석배정과 함께 승객이 소유한 수하물의 개수 및 중량을 측정하고, 항공사 규정에 따라 무료 수하물, 초과 수하물, 특수 수하물로 분류하여 수하물표 부착 후 화물칸에 탑재 / 운송된다.

〈표 6.1〉 무료 수하물 규정(대한항공)

지 역	미주 구간	미주 외 구간	국내선
일등석	수하물의 무게가 32kg 이하이며, 최대 3변의 합이 158cm 이내의 짐 3개		–
프레스티지석	각 수하물의 무게가 32kg 이하이며, 최대 3변의 합이 158cm 이내의 짐 2개		30kg
일반석	각 수하물의 무게가 23kg 이하이며 최대 3변의 합이 158cm 이내의 짐 2개 ※ 브라질 출 · 도착 여정은 32kg 이하의 짐 2개 적용	각 수하물의 무게가 23kg 이하이며 최대 3변의 합이 158cm 이내의 짐 1개	20kg
소아(만 12세 미만)	성인과 동일 + 접는 유모차, 소아용 카시트 중 1개		성인과 동일
유아(만 2세 미만)	접는 유모차, 운반용 요람, 유아용 카시트 중 1개 + 크기가 115cm 이하이면서 무게가 10kg/22lbs 이하인 가방 1개		접는 유모차, 운반용 요람, 유아용 카시트 중 1개

〈표 6.2〉 아시아나항공 미주구간 탑승 시

좌석등급	퍼스트 / 비즈니스 클래스(성인, 소아)	이코노미 클래스(성인, 소아)	Infant(유아)
허용량	• 무게 : 32kg 이내 • 크기 : 3변의 합 158cm 이내 • 허용개수 : 2개	• 무게 : 23kg 이내 • 크기 : 3변의 합 158cm 이내 • 허용개수 : 2개	• 무게 : 23kg 이내 • 크기 : 3변의 합 158cm 이내 • 허용개수 : 1개 + 접을 수 있는 유모차, 유아 운반용 요람, 유아용 카시트 중 1개

〈표 6.3〉 아시아나항공 미주 외 구간 탑승 시

좌석등급	퍼스트 클래스(성인, 소아)	비즈니스 클래스(성인, 소아)	이코노미 클래스(성인, 소아)	Infant(유아)
허용량	• 무게 : 40kg 이내	• 무게 : 30kg 이내	• 무게 : 20kg 이내	• 무게 : 10kg 이내, 추가로 접을 수 있는 유모차, 유아 운반용 요람, 유아용 카시트 중 1개

(2) 휴대 수하물Hand-carry Baggage

위탁 수하물이 아닌, 고객의 책임과 보관 하에 기내에 휴대하여 운송하는 모든 수하물을 말한다. 따라서 별도의 수하물 Tag이 없다. 휴대 수하물은 항공사 간에 다소의 차이는 있으나, 1인 10kg 미만으로 기내선반 및 좌석 밑에 보관이 가능하도록 물품 3면의 합이 115cm 미만으로 제한된다.

〈표 6.4〉 휴대수하물 휴대기준

구 분	종 류
위탁 / 휴대 수하물로 운송이 불가한 물품	다음의 물품들은 어떠한 경우에도 수하물로 운송이 허용되지 않으며, 화물로 신고하여 운송되어야 한다. • 폭발성 물질 • 액화, 고체, 압축, 냉동, 독극성 등의 가스류 • 인화성 액체 • 인화성 고체로 자화성 또는 물과 반응하여 인화하는 고체 • 산화성, 독극성, 전염성 물질 • 방사성 물질 • 부식성 물질 및 기타 위험물
위탁 수하물 운송이 불가한 물품	• 파손 혹은 부패하기 쉬운 물품 • 하드케이스에 넣지 않은 소형 악기류 • 기내 또는 여행 중에 사용될 의약품 • 노트북 컴퓨터, 휴대폰, 카메라 등 고가의 개인 전자제품 또는 데이터 저장장치 • 현금, 보석이나 귀금속, 유가증권, 계약서, 논문과 같은 서류, 여권, 신분증, 열쇠, 견본(샘플), 골동품 등 가치를 따지기 어려운 귀중한 물건
기내 휴대 제한품목 (Security Removed Item)	기내보안 및 인명, 항공기 안전을 위해할 가능성이 있는 물품으로, 위탁은 가능하나 승객 휴대가 불가함으로 항공사가 수거 관리하여 운송한다. 도착 후 Baggage Claim Area에서 찾을 수 있다. • 끝이 뾰족한 무기류(칼, 송곳, 가위 등) • 둔기(골프채, 아령, 야구배트, 빙상용 스케이트 등) • 총기류(총알과 총 분리 후 위탁 가능) • 공구류(도끼, 망치, 톱, 펜치류 등)

자료 : Koreanair.com/flyasiana.com

(3) 동반 수하물Accompanied Baggage

승객이 탑승한 항공편에 함께 운송되는 수하물을 말한다.

(4) 비동반 수하물 Unaccompanied Baggage

승객의 항공편과 관계없이 별도의 항공편으로 운송되는 수하물이다. 즉 항공화물 Air Cargo 형태로 운송되는 수하물이다.

(5) 특수 수하물

① 생동물 PET

집에서 기르는 애완동물(개, 고양이, 새만 가능함)을 기내에 반입하여 운송하거나, 위탁 수하물로 접수하여 전용 화물칸에 탑재하여 운송한다. 애완동물은 살아있는 생명체로 운송에 제한사항과 각별한 주의가 요구되는데, 내용은 다음과 같다.

〈표 6.5〉 생동물 운송기준

구 분	내 용
종 류	• 애완용 개, 고양이, 새
용 기	• 세면의 합이 115cm 이하의 Cage(높이 21cm 이하) • 방수바닥, 잠금장치가 있어야 함
주의사항	• 1인당 1cage, 1마리만 반입 가능(6개월 미만의 경우에는 2마리 가능) • 비행 중 Cage에서 꺼내는 것은 엄격히 금지됨

② 대형 악기류

세면의 합이 115cm 이하인 바이올린은 무료로 기내반입이 가능하나, 고가의 대형 악기는 별도의 좌석을 구입하여 승객 옆 좌석에 보관 · 운송해야 한다.(악기가 점유하는 좌석의 운임은 판매시점의 일반 성인요금에 준함) 고객의 요청에 의해 위탁 수하물로 운송될 경우에는 아래와 같은 절차로 처리한다.

- 악기의 상태점검 및 포장의 안전도 확인
- 깨질 물품의 Tag을 붙이고 운송 도중 발생하는 파손 등의 사고 시 항공사 면책사항임을 확인하는 악기서약서를 작성

(6) 수하물 사고 및 처리

수하물은 지연Delay, 분실Missing, Loss, 파손Damage, 부분 분실Pilferage이 있다. 이러한 수하물 사고들은 Mis-loading, Mis-tagging, Left Behind, Interline Baggage Mis-connecting, 조업사의 Rough Handling, Tag Torn-off, 포장불량 등이 원인이다.

〈표 6.6〉 수하물 사고 및 분실처리 절차와 내용

구 분	내 용
규 정	• 운송인은 탁송수하물의 파손, 분실의 경우 손해의 원인이 항공운송 중 발생한 경우 그 손해를 배상해야 하며 지연(Delay)으로부터 발생하는 손해에 대해서도 책임을 져야 한다.(바르샤바협약)
사고접수기간	• 파손 : 수하물 접수 후 7일 이내 서면 접수 • 지연 / 분실 : 수하물 접수일로부터 21일 이내
처리절차	• Property Irregularity Report 작성 • 해당승객에게 RON(Remain Over Night) Fee 지급(이용 클래스별 보상기준 상이) • World Tracer를 통해 화물을 추적하여 확인 작업 실시 • 추적 이후 14일 이내 확인불가 시 배상처리
배상규정	• 분실 : 최고 배상책임 한도액 $20/kg, 휴대 수하물의 경우 1인당 최대 $400으로 입증이 가능해야 함. 단, 여객이 사전에 높은 가격을 신고하고 종가요금을 지불한 경우 신고가격까지 배상이 가능 • 파손 : 수선할 경우는 수선비 영수증 첨부하여 실비 정산됨. 새로 구매할 경우 원 가격에 감가상각비 적용한 금액 보상 • 도난 : 중량 최고 배상한도액과 승객 청구액 중 낮은 금액 보상 • 지연 : 탑승클래스에 따라 일용품 구입비 OPE(Out of Porket Expense) 지급. 단, 항공사별 적용기준이 다소 상이할 수도 있음
Interline Bag Claim 처리규정	• IATA Resolution 780조에 명시된 항공사 간 기본처리 규정에 따름 • 승객을 운송한 최종 항공사에서 승객의 Claim을 처리하고, 이후 수하물사고에 대한 항공사 간의 책임소재를 가려 IATA Clearing House를 통해 정산처리

05 공항 특수서비스

1) 비동반 소아UM : Unaccompanied Minor

성인동반자 없이 항공여행을 하는 만 5세~만 12세 미만의 유아Infant 또는 소아Child를 말한다. 이러한 경우 항공여행을 위해 아래와 같은 준비와 절차가 필요하다.

〈표 6.7〉 비동반 소아 서비스 운영기준

구 분	내 용
서비스대상 및 운임	• 국제선 : 만 5세~만 12세(해당구간 성인요금은 항공사마다 확인 필요) • 국내선 : 만 5세~만 13세(성인요금의 75%)
탑승조건	• 비동반 소아는 출발지 및 도착지에 보호자가 직접 출영하여야 함 • 항공기 출발 48시간 전에 예약이 확약되어야 하고, 항공사와 출영할 보호자들이 직접 확인되어야 함 • 운송신청서 및 서약서를 제출하여야 함
운송절차	• 보호자에 의해 공항 Show-up • 카운터에서 수속(좌석 배정, 준비서류 확인, 비동반 소아 인식표 부착) • 출국수속 및 보안검색서비스 모두 항공사 직원에 의해 맨투맨 관리됨 • 비동반 소아와 함께 관련서류 일체를 기내 객실사무장에게 인계 • 도착 후 항공기의 문이 열리면 객실승무원이 대기하던 현지직원에게 비동반소아를 직접 인계함 • 직원은 비동반소아의 입국절차를 도와 도착지 보호자에게 인계하는 것으로 서비스가 마무리 됨

2) 임산부 서비스

임신 32주 미만의 임산부는 의사로부터 항공여행 금지를 권고 받은 경우가 아니라면 일반인과 다름없이 항공기 여행이 가능하다. 그러나 32주차가 넘어선 임산부의 경우, 임신기간 및 임신 형태(단태, 다태)에 따라 항공여행 가능여부가 달라질 수 있다. 국제항공운송협회IATA Medical Guideline은 편안하고 안전한 임산부의 항공여행을 위해 아래와 같은 기준을 제시하고 있다.

〈표 6.8〉 임산부 서비스 운영기준

구 분	내 용
임신기간	• 32주~36주 – 예약 시 임신 일수와 출산 예정일을 알림 – 탑승수속 시 항공기 출발 72시간 이내 발급된 건강진단서 제출 • 36주 이상 – 전문가들은 임신 36주 이후 항공여행을 피할 것을 권고
구비서류	• 건강진단서 – 항공기 출발시간 기준 72시간 이내 발급 – 산부인과 전문의사가 작성 및 서명해야 함 – 여행가능 여부, 임신 일수, 출산 경력, 분만 예정일이 필수 포함 • 36주 이상의 임신부가 여행을 진행할 경우 서약서도 함께 제출

항공사 서비스의 예로 '프리맘서비스'는 항공기 우선 탑승, 도착지에서 수하물 우선 처리, 탑승 게이트까지 전동차서비스, 수면양말을 제공함으로써 임신부의 편안한 항공여행을 돕고 있다.

Aviation
Transportation
& Industry

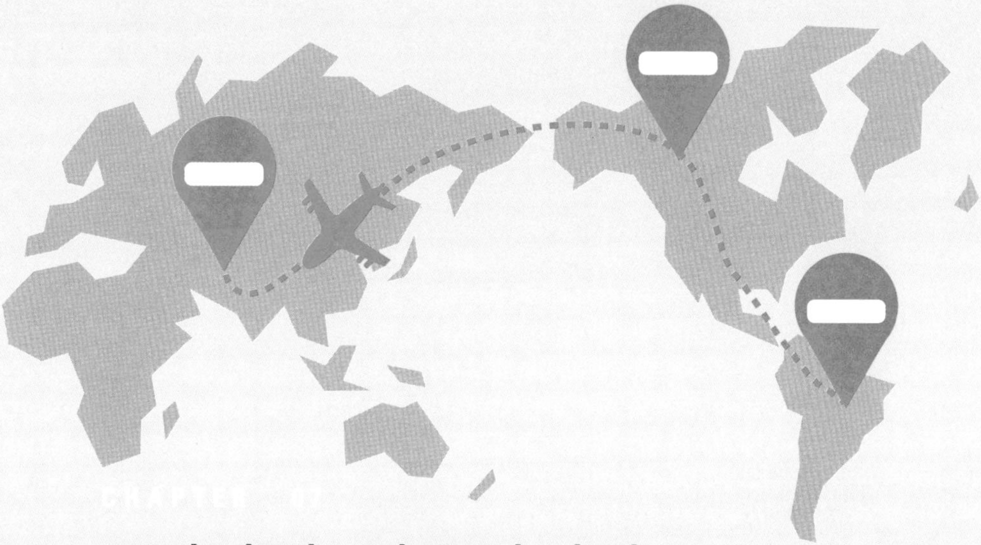

IT기반의 체크인서비스

Aviation Transportation & Industry

항공사는 IT의 발전과 함께 승객들의 편의를 위해 다양하게 개선된 서비스를 제공해 오고 있다. 그 예로, 지류 항공권이 E-Ticket으로 변경되고, 인터넷을 이용하여 예약 및 항공권 구매서비스가 제공된 것은 이미 오래 전 일이다. 나아가 공항에 나와야만 가능했던 탑승수속서비스도 IT 환경을 기반으로 하여 편의 높게 이용할 수 있다. 다음은 대표적인 자동탑승수속서비스시스템이다.

01 무인탑승수속기

승객이 체크인 카운터를 거치지 않고 항공권을 구매(국내선에 한함)하거나 체크인Check-in하여 직접 탑승권을 받을 수 있는 서비스를 말한다. 무인탑승수속기KIOSK는 항공사가 구매 관리하여 운영하는 것이 대부분이나, 인천공항의 KIOSK는 인천국제공항공사의 자산으로 전 공항에 배치되고, 각 항공사들이 각 사의 체크인 수속 프로그램을 장착하여 고객에게 서비스 제공되도록 하고 있다. 이 때문에 각 항공사마다의 수속절차 화면은 동일하지 않다.

1) 국제선 무인탑승수속기KIOSK

(1) 서비스 대상

① 예약이 확약된 전자항공권E-Ticket을 소지한 승객이 대상이다.

② 비자 없이 입국이 가능한 목적지로 여행하는 승객이 대상이다.

③ 인천공항 출발 미국비자 면제프로그램VWP 대상 한국 국적 승객이 대상이다.

④ 인천공항 출발 중국행 승객이 대상이다.(한국, 일본 등 일부 국적 승객)

(2) 서비스 이용 가능시간

출발 12시간부터 출발 60분 전까지 이용이 가능하다.

(3) 유의사항

① 유아동반 승객, 도움이 필요한 승객(한가족서비스, 몸이 불편한 고객 등)은 제외된다.

② 탑승수속 마감 전(출발 60분 전)까지 이용이 가능하다.

③ 일부 공동운항편 이용이 제한될 수 있다.

④ VISA가 필요한 국가는 일부 사용이 제한될 수 있다.

⑤ 각 항공사별로 무인탑승수속기KIOSK를 운영하는 공항이 안내되어 있어, 이용 시 사전에 확인이 필요하다.

(4) 무인탑승수속기KIOSK 탑승권 발급절차

항공사 선택 → 예약확인 → 여권스캔 → 좌석선택(변경) → 마일리지 정보 확인 → 탑승권 발급

대한항공 이용 시

① 대한항공 선택 시 화면

② 운송 제한품목 안내

③ 수속 진행방법 선택(예약번호, E-Ticket, 회원번호, 여권, 신용카드, 바코드)

③-1 예약번호 선택

English ✔한국어 日本語 다른 언어
Excellence in Flight
KOREAN AIR
00:00
예약 확인
고객님의 예약 확인을 위한 방법을 선택해 주십시오.
예약번호
Booking Reference
AZ6E7G
전자항공권(E-Ticket) 번호
Electronic Ticket
180 - 8971564792
회원번호
SKYPASS
여권
신용카드
바코드
취소
도움말

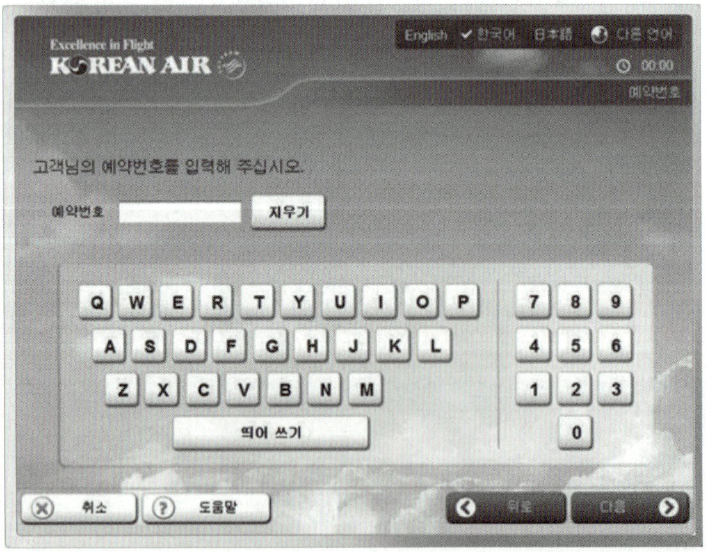
English ✔한국어 日本語 다른 언어
Excellence in Flight
KOREAN AIR
00:00
예약번호
고객님의 예약번호를 입력해 주십시오.
예약번호
지우기
Q W E R T Y U I O P
A S D F G H J K L
Z X C V B N M
띄어 쓰기
7 8 9
4 5 6
1 2 3
0
취소
도움말
뒤로
다음

③-2 E-Ticket 선택

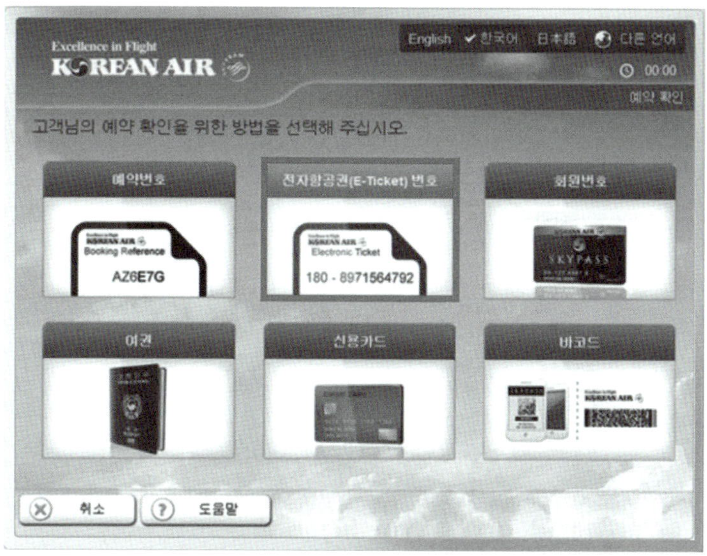

③-3 회원번호 선택

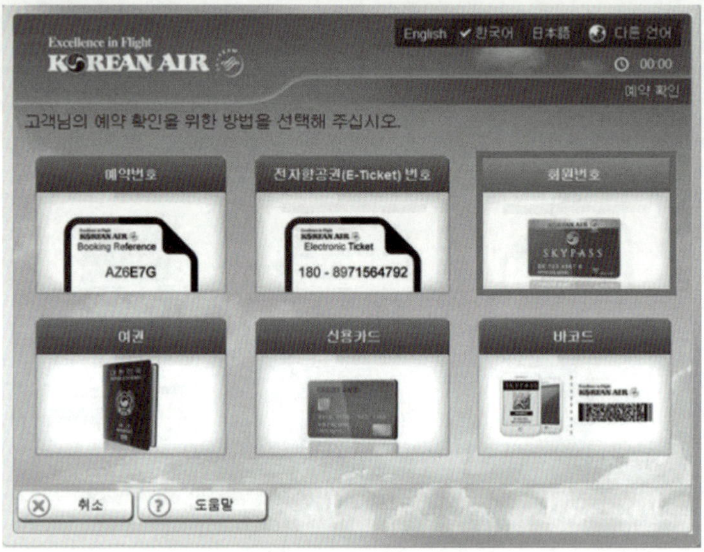
Excellence in Flight
KOREAN AIR
English ✔한국어 日本語 다른 언어
00:00
예약 확인
고객님의 예약 확인을 위한 방법을 선택해 주십시오.
예약번호
Booking Reference
AZ6E7G
전자항공권(E-Ticket) 번호
Electronic Ticket
180 - 8971564792
회원번호
SKYPASS
여권
신용카드
바코드
취소
도움말

Excellence in Flight
KOREAN AIR
English ✔한국어 日本語 다른 언어
00:00
카드 삽입
고객님의 회원 카드를 카드 투입구에 넣으시거나 모바일 바코드를 읽혀 주십시오
카드 인식 후 투입구에서 카드를 제거해 주십시오.
SKYPASS
또는
카드 번호 수동 입력
취소
뒤로

③-4 여권 선택

Excellence in Flight
KOREAN AIR
English
한국어
日本語
다른 언어
00:00
예약 확인
고객님의 예약 확인을 위한 방법을 선택해 주십시오.
예약번호
Booking Reference
AZ6E7G
전자항공권(E-Ticket) 번호
Electronic Ticket
180 - 8971564792
회원번호
SKYPASS
여권
신용카드
바코드
취소
도움말

Excellence in Flight
KOREAN AIR
English
한국어
日本語
다른 언어
00:00
여권 정보
고객님의 여권을 투입구에 넣어 주십시오.
여권 인식 후 투입구에서 여권을 제거해 주십시오.
취소
뒤로

③-5 신용카드 선택

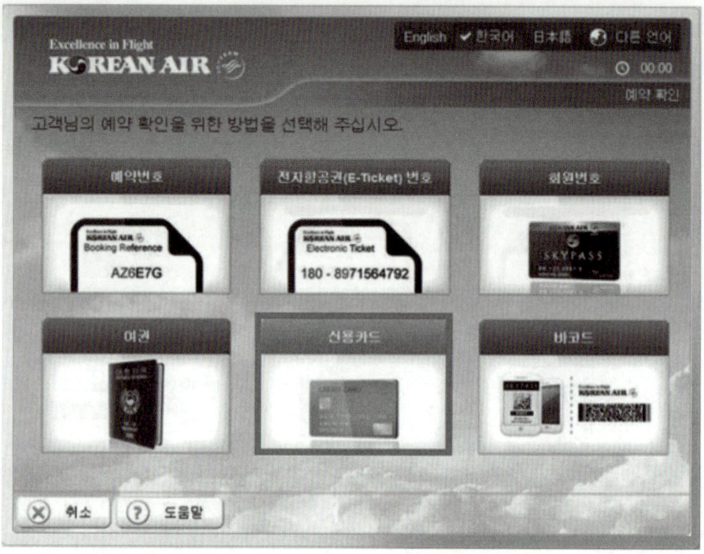
Excellence in Flight
KOREAN AIR
English ✔한국어 日本語 다른 언어
00:00
예약 확인
고객님의 예약 확인을 위한 방법을 선택해 주십시오.
예약번호
Booking Reference
AZ6E7G
전자항공권(E-Ticket) 번호
Electronic Ticket
180 - 8971564792
회원번호
SKYPASS
여권
신용카드
바코드
취소
도움말

Excellence in Flight
KOREAN AIR
English ✔한국어 日本語 다른 언어
00:00
카드 삽입
고객님의 카드를 카드 투입구에 넣어 주십시오.
카드 인식 후 투입구에서 카드를 제거해 주십시오.
취소
뒤로

③-6 바코드 선택

Excellence in Flight
KOREAN AIR
English
한국어
日本語
다른 언어
00:00
예약 확인
고객님의 예약 확인을 위한 방법을 선택해 주십시오.
예약번호
Booking Reference
AZ6E7G
전자항공권(E-Ticket) 번호
Electronic Ticket
180 - 8971564792
회원번호
SKYPASS
여권
신용카드
바코드
취소
도움말

Excellence in Flight
KOREAN AIR
English
한국어
日本語
다른 언어
00:00
바코드
고객님의 바코드(모바일 및 전자항공권 등)를 읽혀 주십시오.
SKYPASS
취소
뒤로

④ 승객정보 확인

⑤ 좌석 변경

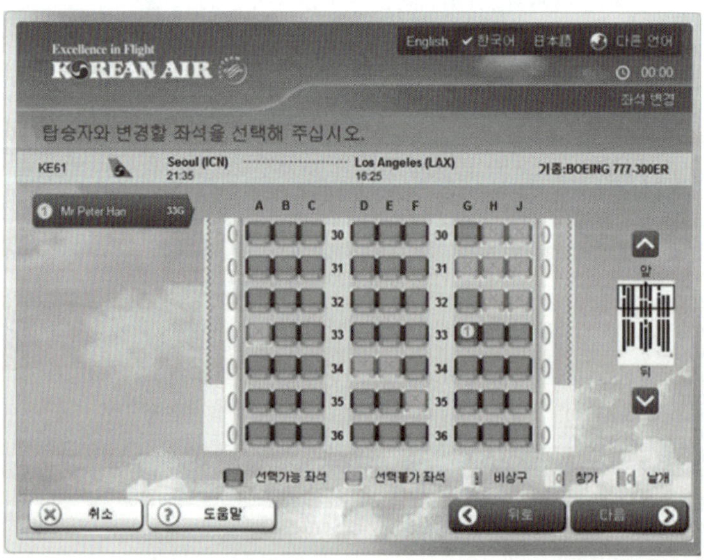

⑥ 회원 항공사 선택

Excellence in Flight
KOREAN AIR
English ✔한국어 日本語 다른 언어
00:00
회원 정보
고객님의 회원 항공사를 선택해 주십시오. 또는 회원 카드를 읽혀 주십시오.
Korean Air
Aeroflot
Aerolineas Argentinas
Aero Mexico
Air Europa
Air France
Alaska Airlines
Alitalia
China Airlines
1/3
다음 항공사
취소
도움말
다음

Excellence in Flight
KOREAN AIR
English ✔한국어 日本語 다른 언어
00:00
회원 정보
고객님의 회원번호를 입력해 주십시오.
회원번호
지우기
Q W E R T Y U I O P
A S D F G H J K L
Z X C V B N M
띄어 쓰기
7 8 9
4 5 6
1 2 3
0
취소
도움말
뒤로
다음

⑦ 승객정보 확인(일행정보 추가 확인)

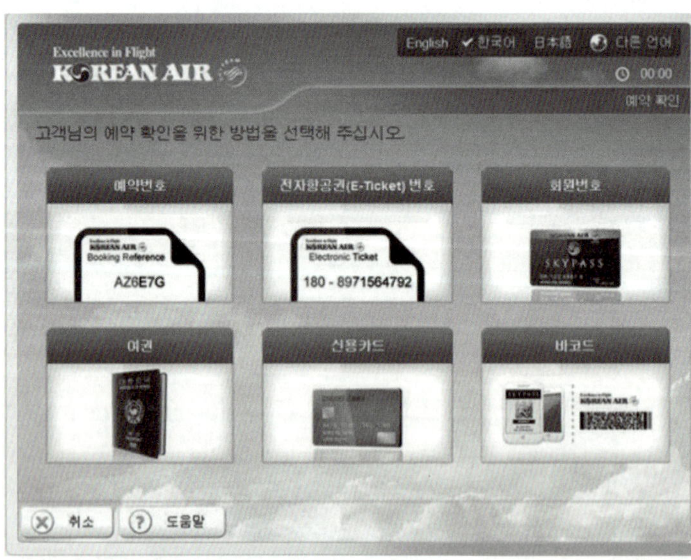

⑧ 보안 질의

⑨ 여권정보 재확인

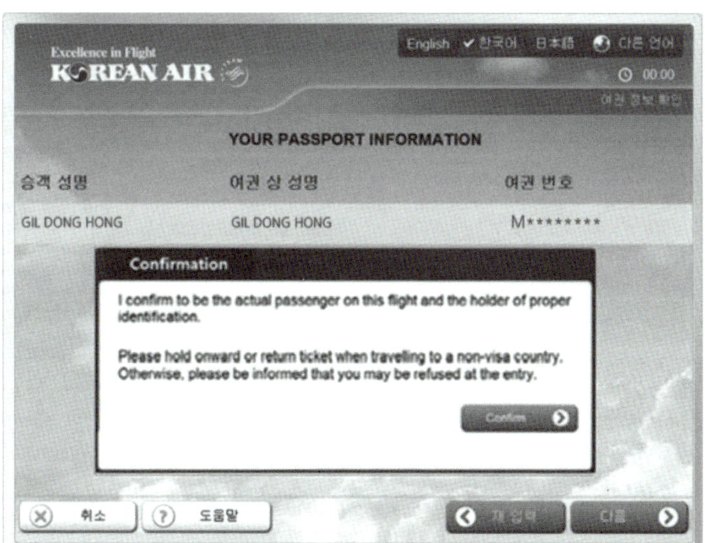

⑩ 승객정보 재확인(최종 확인)

⑪ 탑승권 발급

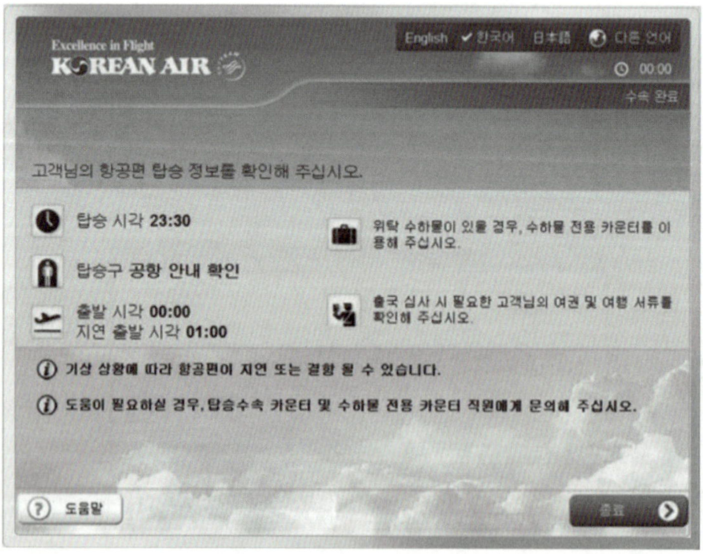

① 아시아나 선택 시 로그인 화면

아시아나항공 이용 시

② 서류 스캔

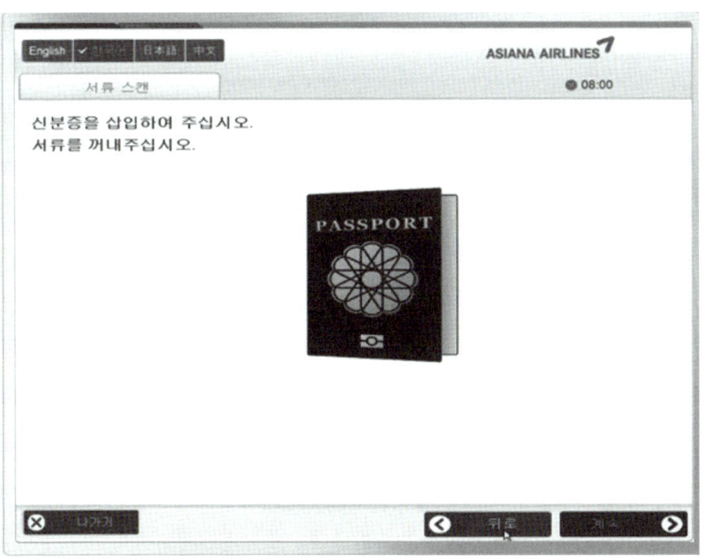

③ 승객 선택 및 추가

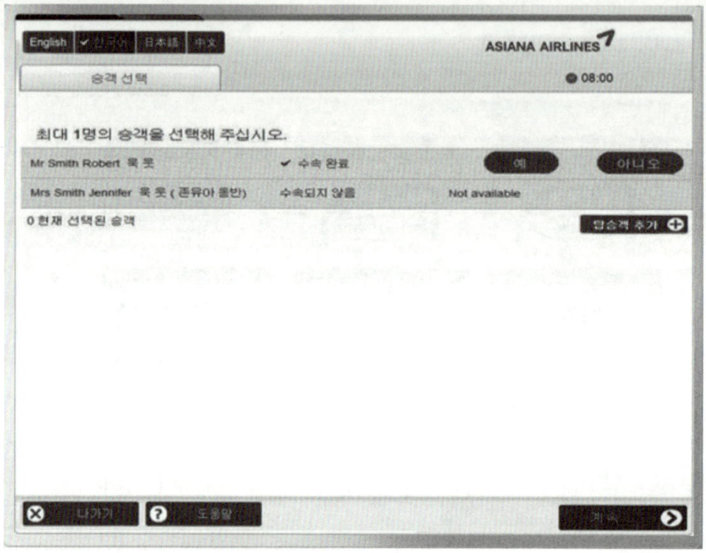

④ 단체 예약에서 확인

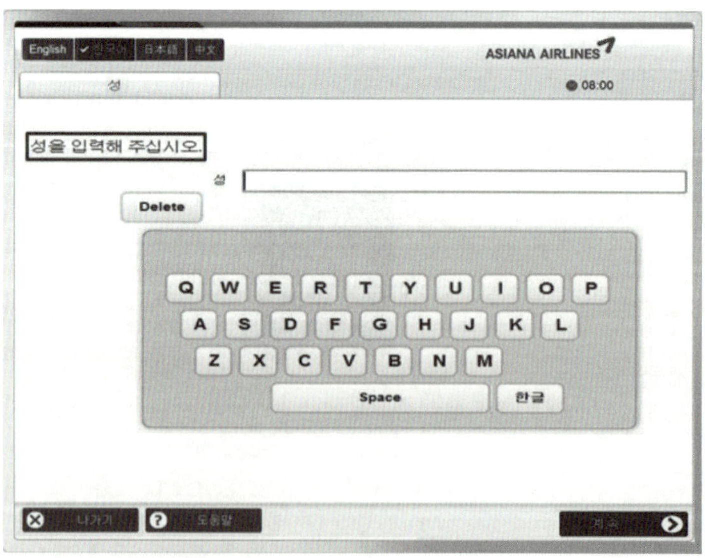

⑤ 승객 리스트 및 상세정보

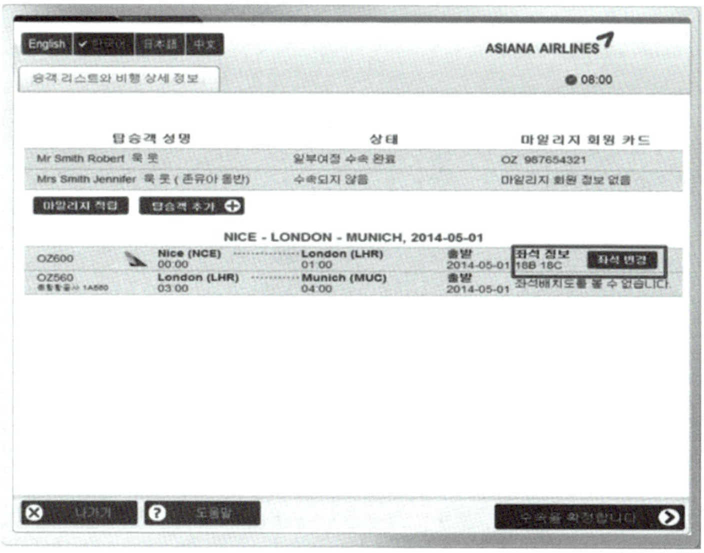

⑥ 마일리지 정보입력

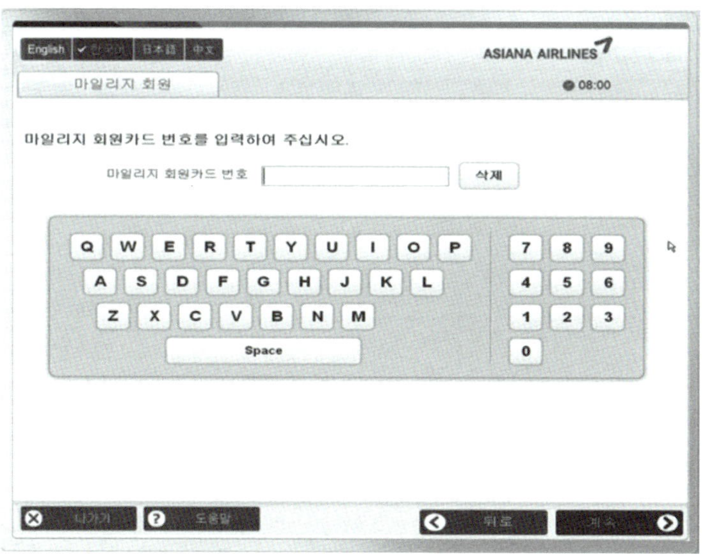

⑦ 좌석 선택

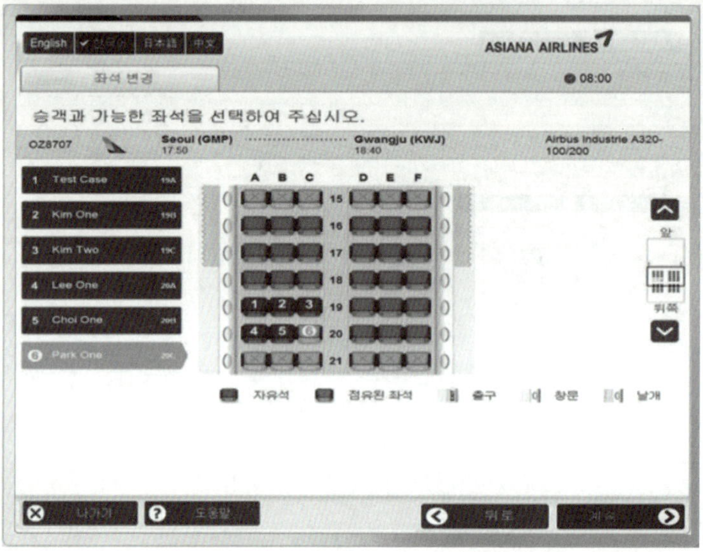

⑧ 탑승권 출력

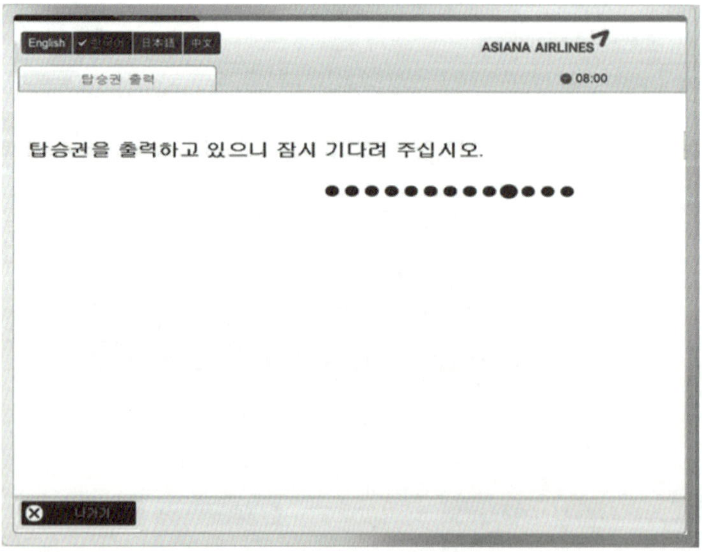

⑨ 수속 완료

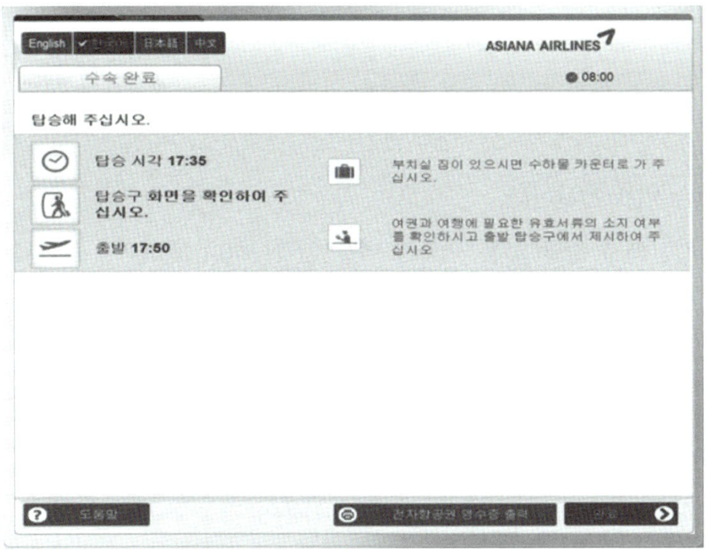

〈표 7.1〉 인천공항의 무인탑승수속기(KIOSK) 위치

항공사	위 치	항공사	위 치
대한항공(KE)	A, B, C, E, H, J, K, M	아시아나항공(OZ)	A, B, C, E, H, J, K, M
유나이티드항공(UA)	K	델타항공(DL)	K
캐세이패시픽항공(CX)	H, J	네덜란드항공(KL)	H
중국국제항공(CA)	H	아메리칸항공(AA)	H, J
남방항공(CZ)	C	이스타항공(ZE)	F

자료 : 인천공항 홈페이지 셀프체크인 http://www.cyberairport.kr

2) 국내선 무인탑승수속기KIOSK 체크인Check-in

(1) 서비스 대상

국내선 항공권 예약 및 항공권 구매를 완료한 승객을 대상으로 한다.

(2) 서비스 이용 가능시간

출발 12시간에서 출발 20분 전까지 이용이 가능하다.

(3) 유의사항

① 유아동반 승객, 도움이 필요한 승객(한가족서비스, 몸이 불편한 고객 등)은 제외된다.

② 탑승수속 마감 전(출발 20분 전)까지 이용이 가능하다.

③ 항공권 변경 및 재발행이 필요한 승객은 이용이 제한될 수 있다.

④ 수하물은 키오스크KIOSK 수속 후 수하물 전용 카운터에서 위탁할 수 있다.

02 웹 체크인

1) 국제선 웹 체크인Web Check-in

(1) 서비스 대상자

이용 항공사의 마일리지회원 가입승객 모두가 대상이 된다.

(2) 서비스 이용 가능시간

항공기 출발 48시간부터 1시간 전까지 인터넷을 통한 체크인 탑승권이 발급 가능하다.(미주/캐나다 : 항공편 출발예정 24시간~1시간 전)

(3) 유의사항

① 단체승객은 이용이 제한된다.

② 여권정보를 정확히 입력한 후 발급되는 홈 프린트 탑승권을 반드시 인쇄 소지해야 한다.

③ 출발 1시간 전 공항에 도착해야 하며, 위탁 수하물이 있는 경우 웹/모바일 전용 카운터에서 수속해야 한다.

④ 타 항공사, 공동 운항편 이용승객은 이용이 제한된다.

⑤ 유아, 소아동반 승객, 항공권 변경이 필요한 승객, 비동반 소아, PET, WHCR 승객 등은 이용이 제한된다.

2) 대한항공 웹 체크인Web Check-in 절차

① Step 1 : 예약 여정 확인

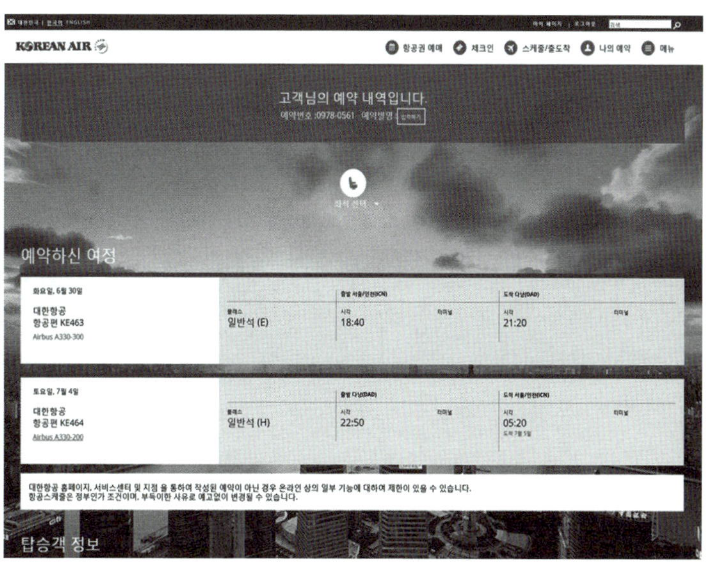

② Step 2 : 상단의 '체크인' 클릭

③ Step 3 : 탑승자 선택

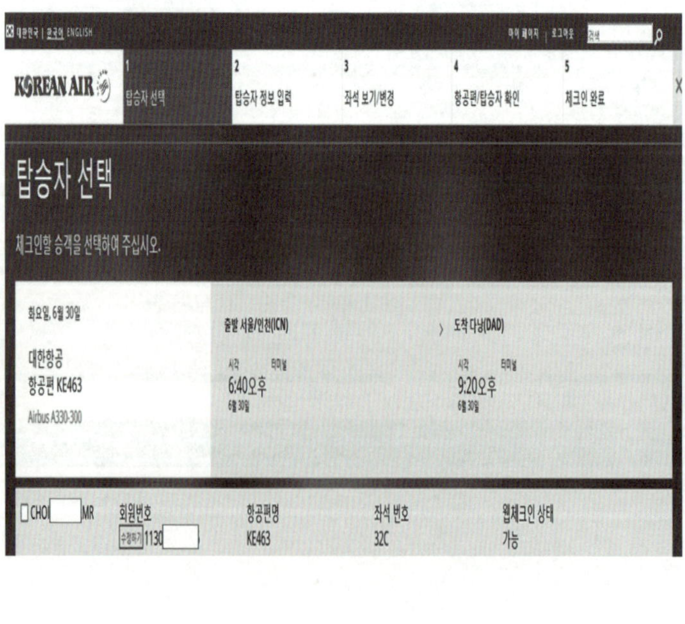

④ Step 4 : 규정안내 및 정보입력

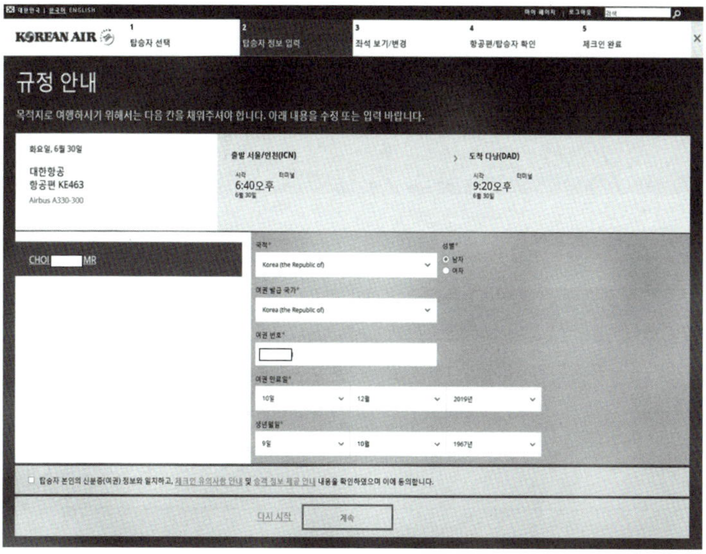

⑤ Step 5 : 좌석 선택

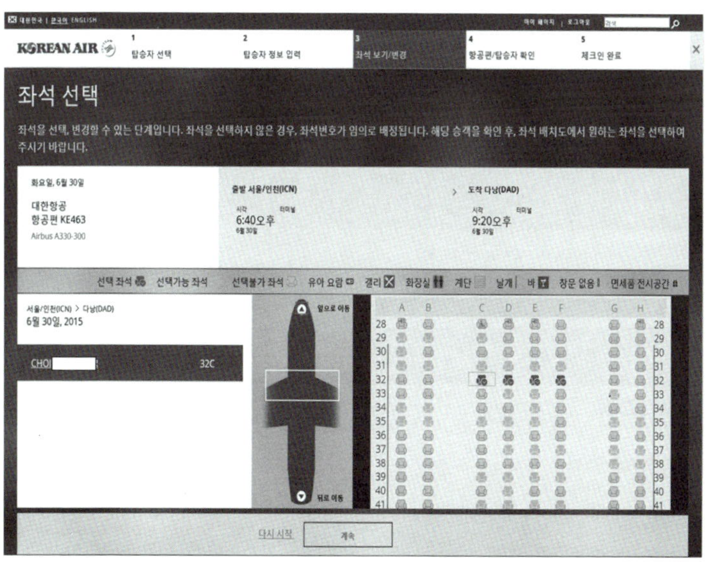

⑥ Step 6 : 항공편 탑승자 확인

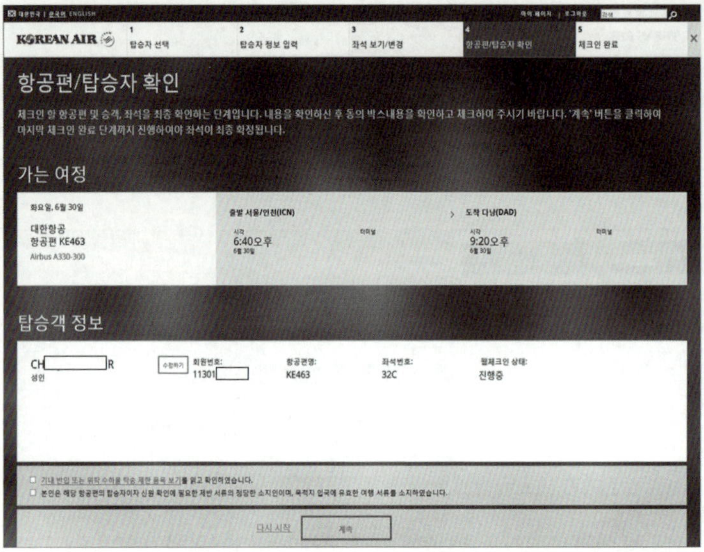

⑦ Step 7 : 체크인 상태 확인

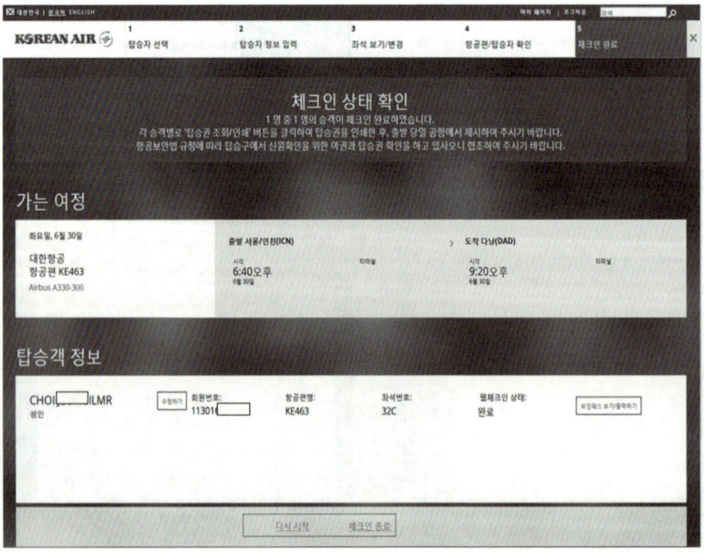

⑧ Step 8 : 탑승권 발급

3) 아시아나 웹 체크인Web Check-in 절차

① Step 1 : 예약번호 / 항공권 번호와 출발일자 입력 후 로그인

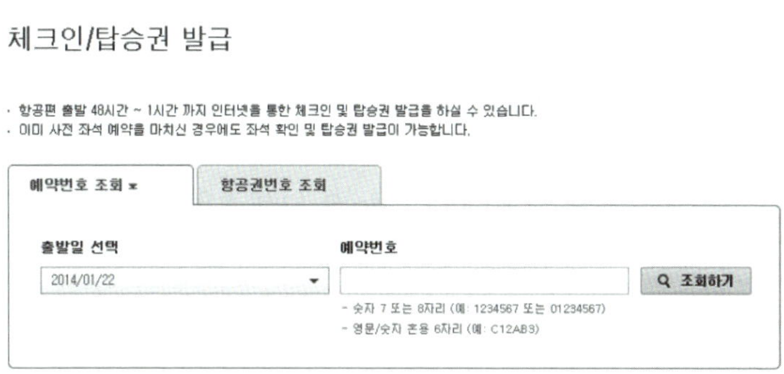

② Step 2 : 체크인할 여정 & 탑승객 선택

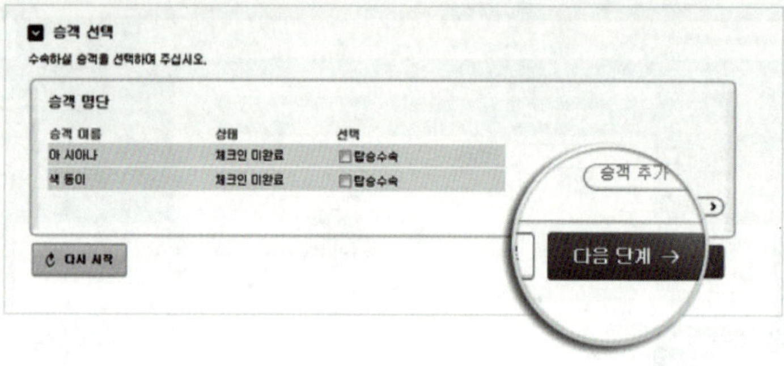

③ Step 3 : 위험물 안내

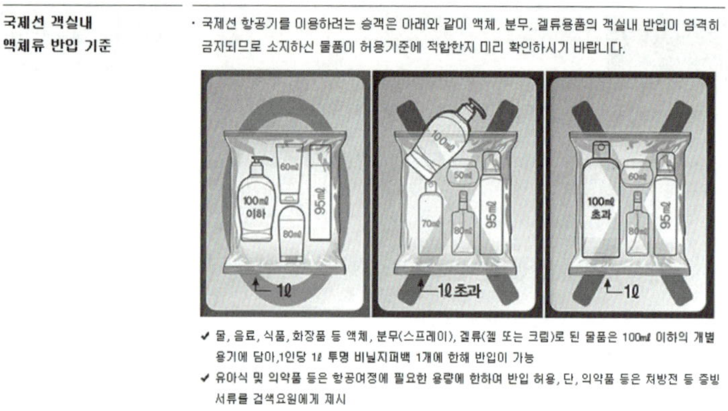

④ Step 4 : 탑승객 좌석 확인(국제선 - 여권정보 입력 필요)

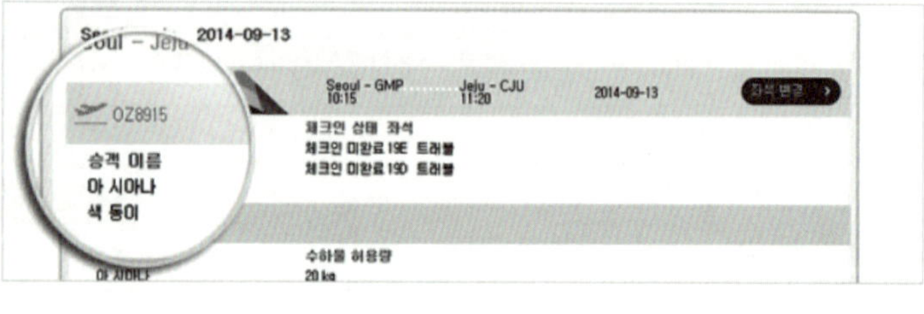

⑤ Step 5 : 원하는 좌석으로 좌석 변경

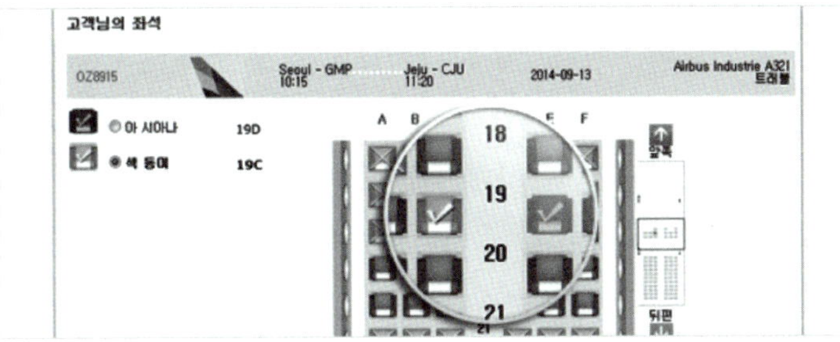

⑥ Step 6 : 탑승권 발급방법 선택(출력 / 이메일 전송)

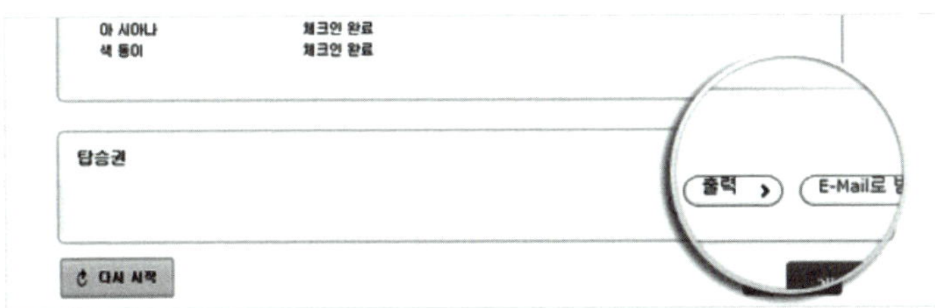

⑦ Step 7 : 탑승권 발급 완료

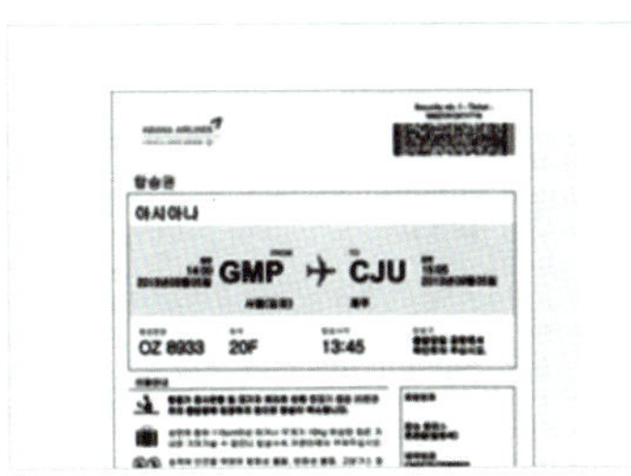

03 모바일 체크인

현재는 컴퓨터를 이용한 웹 체크인Web Check-in의 편의성을 뛰어넘어 장소와 시간의 제한을 받지 않고 스마트폰의 어플리케이션을 통해 직접 좌석배정 및 체크인이 가능하도록 제공되고 있는 서비스이다. 홈페이지 회원이며 스마트폰에 어플리케이션이 설치되어 있고, 항공권을 구매한 승객에 한해 모바일 수속도 가능하다.

1) 아시아나 모바일 체크인Mobile Check-in 절차

① Step 1 : 메뉴에서 '체크인' 선택

② Step 2 : 예약번호, 항공권번호, 출발일자 입력 후 로그인

③ Step 3 : '체크인' 할 여정 확인

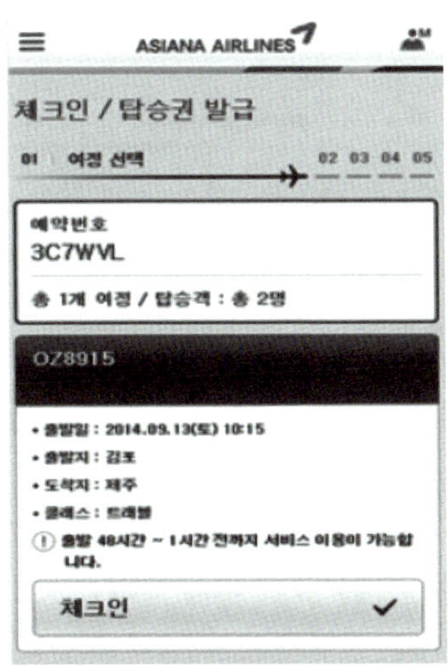

④ Step 4 : 좌석 선택

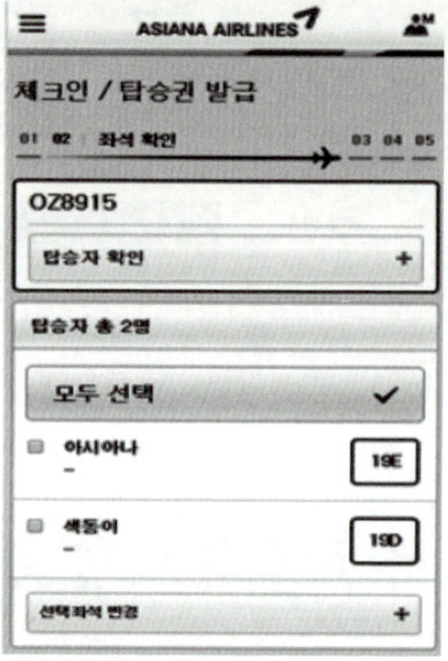

⑤ Step 5 : 탑승권 전송

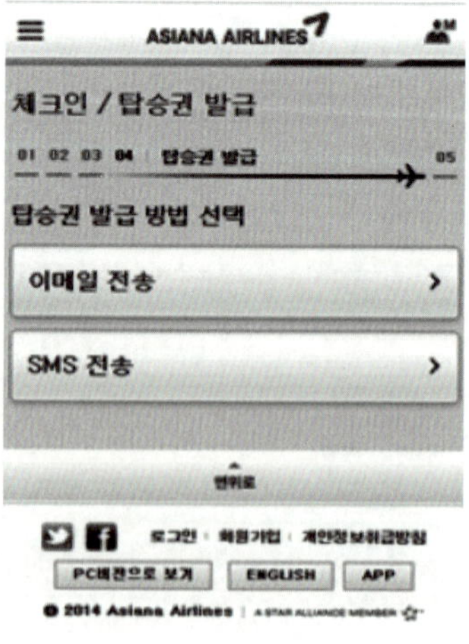

⑥ Step 6 : 좌석배정 내역 확인

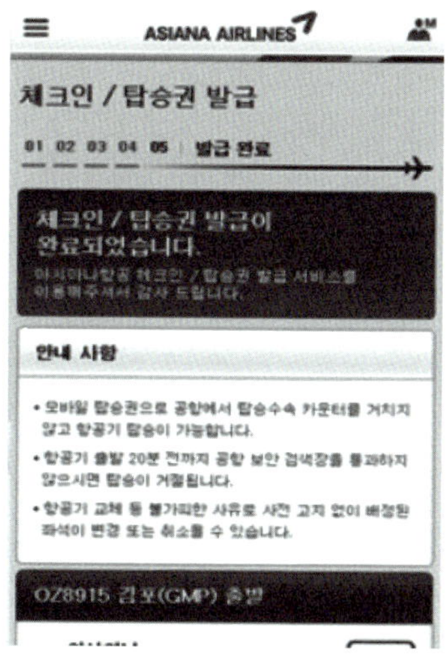

Aviation
Transportation
& Industry

항공객실서비스

Aviation
Transportation
& Industry

Aviation
Transportation
& Industry

01 객실서비스의 개념

1) 기내서비스

항공운송업무에 있어 서비스의 초점은 기내에서의 서비스로 집중된다. 오늘날 기내서비스는 고객이 항공사를 선택하는데 우선적으로 고려하는 요인 중의 하나가 되고 있으며, 고객이 항공사를 이용하면서 가장 접하는 시간이 길다. 따라서 항공운송서비스를 마무리하는 단계로 고객의 만족·불만족에 대한 지각에 미치는 영향력이 가장 큰 서비스이다.

항공사 객실서비스란, 넓은 의미의 객실서비스 업무는 '승객들이 탑승하기 이전부터 기내 시설물이나 기내용품의 설치 및 탑재와 관련된 여러 준비과정 업무'를 포함한다. 또한 좁은 의미의 객실 업무는 '승객들이 항공기에 탑승하는 시점부터 시작하여 안전하게 도착하는 시점까지 객실승무원에 의해 이루어지는 제반 업무'로 한정한다.

또한 기내서비스는 크게 인적서비스와 물적서비스로 구분된다. 여기서 물적서비스 업무란, '승객이 객실 내에서 필요로 하는 각종 시설물과 서비스물품을 기내에 장착 또는 탑재하여 승객에게 편의를 제공하는 업무'를 말한다. 또한 인적서비스 업무란, '장착된 설비와 탑재된 물품을 사용하여 승객들이 보다 안전하고 편안하게 여행할 수 있도록 객실승무원들에 의해 수행되어지는 업무'를 말한다.

〈표 8.1〉 기내서비스 구성 내용

기내서비스	물적서비스	항공기, 좌석, 식음료, 독서물, 기내 엔터테인먼트, 화장실용품, 기내 면세품의 다양성, 베개, 담요, 유아를 위한 물품 등의 기내물품, 의료기구, 기내청결도 및 분위기 등
	인적서비스	승무원의 기내서비스 태도, 업무수행 능력, 언어구사 능력, 전문지식 보유, 개인용품 제공서비스, 유니폼과 전체적인 이미지의 청결성, 외국인 고객을 위한 외국인 승무원 탑승 등
	부가서비스	마일리지 관리, 고객 불만의 처리절차 및 신속성과 정확성, 도심공항 터미널 이용자 전용 탑승수속, 상용고객 라운지 탑승수속서비스, 인터넷 예약 발권시스템, 어린이와 노약자를 위한 서비스, 사전 입국심사서비스, 에어텔서비스, 각종 이벤트 등의 다양한 서비스 등

02 객실서비스의 절차(국제선)

국제선 일반석 기준 업무를 순서대로 살펴보면 [그림 8.1]과 같다.

• 비행준비

휴대품 준비물

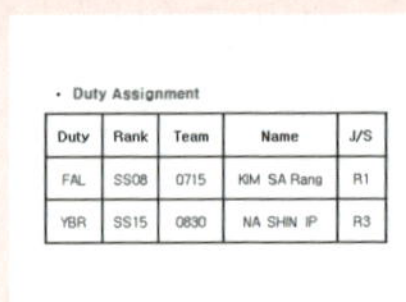
• Duty Assignment

Duty	Rank	Team	Name	J/S
FAL	SS08	0715	KIM SA Rang	R1
YBR	SS15	0830	NA SHIN IP	R3

직무 확인

비행정보 사전학습

브리핑

• 승객탑승 전

비상 / 보안장비 점검

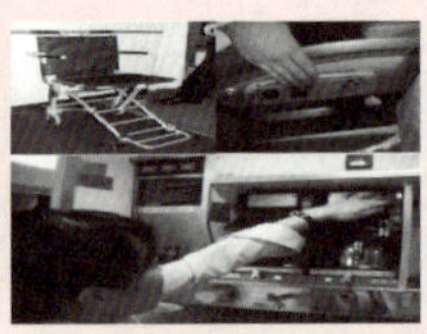
설비 점검

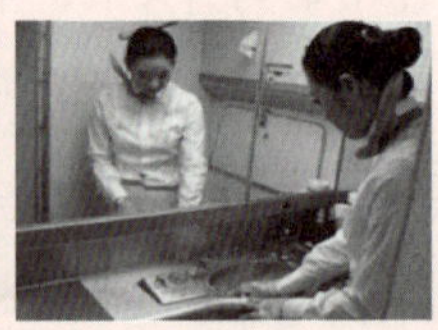
화장실 점검

청소상태 점검

신문 / 잡지 준비

서비스물품 확인

기내판매 인계인수

서비스 준비

[그림 8.1] 국제선 Procedure별 일반석 업무 가이드(계속)

• 승객탑승 시

탑승인사

좌석안내

승객가방 보관

기타사항

• 이륙 전

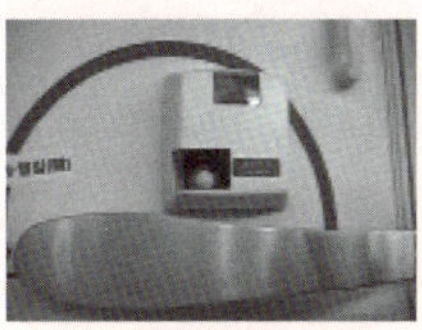

안전점검

환영방송

Safety Demo

안전업무

• 이륙 후~서비스 전

객실점검

Amenity Kit

갤리브리핑

기내방송

• 비행 중

어린이 선물서비스

음료제공

식사제공

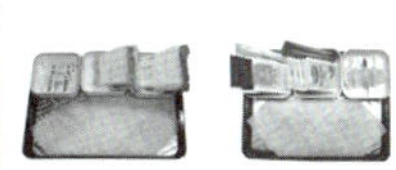

차 & 커피

[그림 8.1] 국제선 Procedure별 일반석 업무 가이드(계속)

[그림 8.1] 국제선 Procedure별 일반석 업무 가이드

1) 비행 전 준비업무

항공기의 객실승무원은 할당된 스케줄을 미리 확인하여 비행에 임하기 전 모든 기본적인 준비를 마쳐야 한다. 개인물품에서부터 비행근무에 필요한 서류와 승객들에게 제공될 해당편의 비행에 대한 전반적인 정보를 숙지하여 비행에 임해야 한다.

(1) 객실승무원의 필수 휴대품

- 직원 출입증ID Card, 승무원 등록증
- 여권과 비자
- 승무원 업무 교범Cabin Operations Manual
- 기내 방송문
- 국제선 및 국내선의 시간표Time Table
- 메모장Memo Pad, 기내화, 손전등, 메디컬백Medical Bag 등

(2) Show-up

당일 비행편의 승무원 명단과 함께 기종이 적혀있는 서류에 서명을 하는 것을 Show-up이라고 한다. 항공사에 따라 서명 없이 객실 브리핑실에서 인원점검으로 하기도 한다. Show-up 리스트에는 승무원 명단 이외에도 방송자격, 교육이수 코드, 비행구간 등이 명시되어 있다.

(3) 용모복장 점검Appearance Check

회사의 이미지를 대표하는 승무원으로써 각자 비행에 임하기 전 유니폼의 청결 및 착용상태, 머리모양, 부착물 등이 잘 갖추어져 있는지 확인해야 한다. 또한 해당 비행편의 최상위 여승무원이 점검지도하기도 한다.

(4) 업무지시 및 공지사항 숙지

최근 업무지시 및 공지사항 그리고 도착지의 정보 등을 CPSCrew Portal System을 통하

여 미리 확인한다.

2) 브리핑

객실 브리핑은 항공기의 출발시간을 기점으로 하여 정해진 장소와 시간에 해당편 승무원들이 함께 모여 진행된다. 항공사마다 다를 수는 있으나, 일반적으로 장거리 국제선의 경우에 항공기 출발시간 1시간 45분 전에 이루어진다.

(1) 객실 브리핑

객실 브리핑은 지정된 장소에서 공지된 시간에 맞춰 실시된다. 팀 사무장의 주관 하에 전 승무원의 참석을 확인한 후 당일비행에 대한 정보를 공유한다.

- 승무원 소개 및 담당구역 확인
- 비행정보 안내, 해당편 항공기의 출·도착 및 시차, 승객예약 현황
- 각 클래스Class별 특이사항 공유VIP, Special Meal 등
- 서비스 변경사항 및 공지사항 확인

[그림 8.2] 객실 브리핑

- 비상장비의 종류와 비상사태 발생 시 행동절차
- 보안에 관한 강조사항 및 특이사항

(2) 합동 브리핑

객실 브리핑이 끝나면 해당 항공편 기장의 주관 하에 전 승무원이 참석한 가운데 항공기 객실 전방에서 합동 브리핑을 한다. 그 내용을 살펴보면 다음과 같다.

- 인원 확인 및 운항 승무원 소개
- 비행시간 및 운항 고도
- 항로상의 기상상태와 도착지의 기상상태
- 조종실 출입절차
- Sterile Cockpit(비행안전 취약단계, 10,000피트 이하)절차
- 표준 신호방법 확인Approaching과 Landing Signal
- 비정상 운항 발생 시 방송시점 및 방송담당자 결정

[그림 8.3] 합동 브리핑

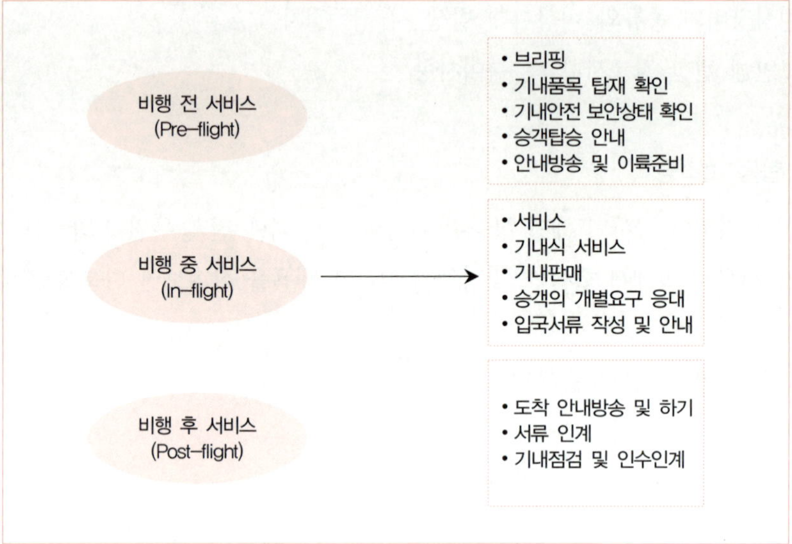

자료 : 허희영 · 유용재(2005), 항공관광업무론, 명경사, p. 326.

[그림 8.4] 비행 절차

3) 승객탑승 전 업무

(1) 승무원의 물품정리

항공기에 탑승한 승무원은 담당구역별 소지품 보관장소에 비행 시 필요한 개인물품 및 앞치마를 보관한다.

(2) PRE-FLT 체크Check

① 비상 / 보안장비 체크

개인소지품의 정리가 끝나면 담당 모든 승무원은 팀장의 PA에 따라 각자의 담당구역 내의 비상장비, 보안장비를 체크한다. 먼저 Jump 하단의 손전등 충전유무, 소화기의 밀봉Sealing상태, 산소통의 게이지Gauge를 확인하고 각 Station에 있는 특이한 장비, 즉 메가폰 EMK, AED, ON-board Wheelchair 등을 체크한다. 만약의 경우를 대비하여 데모장비의 유무도 확인한다.

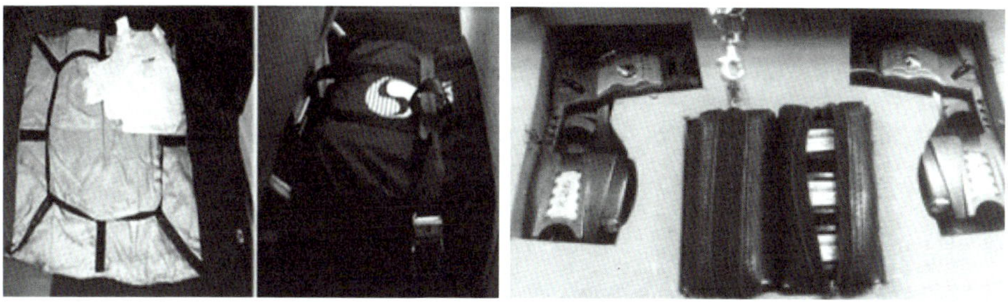

[그림 8.5] 방폭 담요와 테이저 건

② 객실점검

화장실 내부와 선반Over Head Bin, 승객의 좌석 하단 잡지꽂이를 확인하고, 임의Random로 승객 좌석의 독서등, 청소의 청결상태, 호출버튼 등을 점검한다.

③ Galley점검

Galley 내의 선반과 바닥의 청결상태를 확인하고, 쓰레기통의 오물이 제거되었는지 점검한다. 비행 중 발생하는 압력차로 인해 발생할 수 있는 화상을 방지하기 위해 Water Boiler의 물을 일정한 양만큼 빼내주는 Air Bleeding 작업을 반드시 실시한다.

[그림 8.6] Water Boiler 사용법 및 Air Bleeding

④ 기내용품의 탑재 및 수량 확인

기내식의 탑재량을 확인하고 서비스되는 용품과 기물, 기내음료의 탑재를 점검한다. 만약 부족할 경우에는 Catering Manager를 통해 빠른 조치를 한다.

(3) 서비스 준비

① 신문, 잡지 준비

신문서비스는 항공사마다 다르며 장거리 노선과 단거리 노선에 따라 구분되어 서비스된다. 항공기 입구에서 카트 차림으로 서비스되기도 하며, 항공기의 Galley 선반에 신문의 제호가 보이도록 준비한다. 잡지는 잡지꽂이에 잡지명이 보이도록 세팅한다.

[그림 8.7] 신문 및 잡지 준비

② 화장실용품 준비

화장실용품을 비치하고 비행 중 사용할 롤 페이퍼Roll Paper의 끝은 삼각형으로 접어두고, 여분의 화장실용품들이 있는지 확인한다.

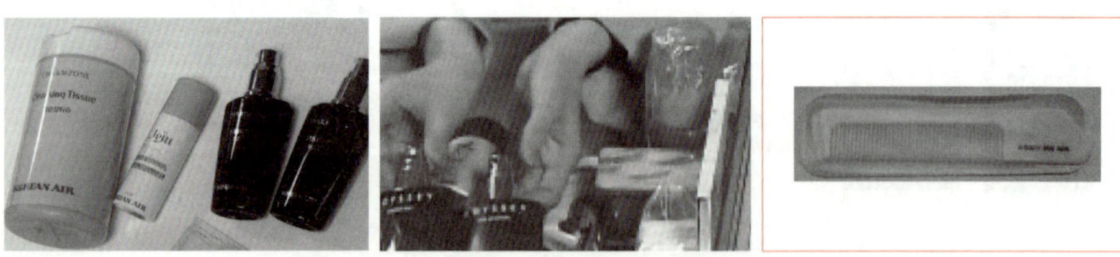

[그림 8.8] 화장실용품 세팅

(4) 기내서비스 준비

담당구역의 승무원은 기물과 용품을 정리하여 정해진 장소에 옮겨둔다. 그리고 맥주, 생수, 화이트와인 등은 드라이아이스나 얼음을 이용하여 시원하게 보관해 둔다. 공기냉각장치Air Chiller가 있거나 냉장고가 있는 기종에서는 그곳에 보관한다. 또한 기내판매 담당자는 기내판매 물품과 부속장비, 쇼핑백의 탑재를 확인한다.

[그림 8.9] 서비스물품 탑재 확인

4) 승객 탑승 시 업무

(1) 환영인사

승객의 탑승은 국제선의 경우 출발 30분 전에 시작된다. 승무원은 용모복장을 한 번 더 확인하고 방향제를 이용하여 객실에 스프레이Spray한 후 각자의 담당구역으로 가서 대기Stand-by한다. 승객들과 첫 대면을 하는 순간이므로, 좋은 인상을 남길 수 있도록 밝은 목소리와 표정으로 승객을 맞이한다.

상위 클래스 승객들은 전용 탑승구를 이용하여 언제든 탑승이 가능하며, 일반석은 객실 후방에 배정을 받은 승객과 노약자, 어린이 동반승객이 먼저 탑승하도록 안내방송을 실시한다. 그러나 탑승에 제한을 받는 환자나 장애인, 비동반 소아UM, 범죄 호송자들은 사무장과의 협의 하에 다른 승객보다 먼저 탑승을 실시한다.

[그림 8.10] 승객탑승 안내

탑승 시 유의승객 케어Care

이송용침대(Stretcher) 승객

수술환자나 부상으로 인해 혼자 여행이 불가한 승객으로, 항공기의 좌석을 Block하여 항공침대를 만든 다음, 승객을 누운 상태로 목적지까지 운송하게 된다. 반드시 의사나 보호자가 동반하여야 하며, 성인 6명의 요금을 지불해야 한다. 국내선의 경우에는 동반자 1인은 무료이나 국제선에서는 운임이 정해져 있다. 승무원은 주변 승객들이 불쾌감을 느끼지 않도록 세심한 배려를 해야 한다.

시각장애인(Blind)

시각장애인은 동반자가 있거나 인도견이 있을 경우에는 정상승객과 동일하고, 동반자가 없을 경우에는 탑승안내와 하기 시까지 담당승무원의 도움을 필요로 하는 승객이다.

UM(비동반 소아)

만 5세 이상, 만 12세 미만의 어린이가 보호자 없이 여행하는 경우를 지칭하며, 승무원은 기내 설비를 설명해주고 서류작성을 도와주어야 한다. 또한 하기 시 UM의 수하물과 소지품을 확인한다.

휠체어 승객

타인의 도움 없이는 기내이동이 불가한 승객이라면, 기내에 탑재되어 있는 On-board 휠체어에 대한 정보를 미리 제공해 주며 필요시 담당승무원에게 요청할 수 있도록 한다. 착륙 후 사용이 가능하도록 휠체어 사전 대기요청을 하고, 지상직원과 함께 승객의 하기를 돕는다.

(2) 탑승 및 수하물 안내

객실승무원은 각자의 담당구역에서 좌석을 안내함과 동시에 수하물 보관을 도와준다. 중복된 좌석이 발생하였을 경우에는 우선적으로 승객에게 사과하며, 승객의 탑승권 날짜, 편명이 맞는지 확인한 후 사무장에게 보고하여 재배정을 받는다. 그리고 비상사태를 대비하여 비상구의 좌석이나 통로에는 짐을 놓을 수 없다.

규정에 어긋나는 휴대 수하물이 발견되면 즉시 운송직원에게 연락하여 위탁 수하물로 처리한다. 수하물은 좌석이나 선반에 보관하는 것을 원칙으로 하되, 수하물은 승객이 직접 관리하며 파손이나 기타사항에 대해서는 책임을 지지 않는다.

5) 항공기 출항서류 인수

승객의 탑승이 완료되면 지상직원으로부터 여객화물운송에 관한 서류, Flight Coupon 및 T.W.O.V 승객의 관련서류 및 탑승객에 대한 정보가 담긴 S.H.R Special Handing Request과 함께 도착지의 출입국카드를 인계받는다.

S.H.R 정보

- 해당편수 날짜, 출발지 탑승객의 수
- 승객의 인적사항
- 개인별 인적사항
- VIP, CIP, UM 및 Special Meal 주문 승객, 기내판매 사전주문 승객의 이름 및 좌석번호
- 남아있는 좌석번호

6) Door Close

운송직원으로부터 승객의 탑승완료 보고를 받으면, 사무장은 기장에게 탑승 승객 수와 특이사항을 보고한 후 기장에게 최종 탑승인원을 보고한 후 기장의 동의하에 항공기의 출입문을 닫는다. Door Close 하기 전에 반드시 아래사항을 체크한다.

- 승무원 및 승객의 숫자 확인
- 출항에 필요한 서류 확인
- 일반직원들의 잔류 확인(정비사, 운송, 청소용역 직원 등)

- 추가 주문한 서비스용품의 탑재여부 확인
- Weight & Balance의 조종실 전달여부 확인

(1) 안전점검Safety Check

문이 닫히고 항공기와 연결통로가 분리되면, 사무장은 방송을 통해 안전점검을 지시한다. 이때 승무원은 각자 점프시트Jump Seat에 가서 슬라이드 모드Slide Mode를 변경하고, 객실 후방에서부터 인터폰을 통해 사무장에게 안전점검의 이상 없음을 알린다. 이에 보고를 받은 사무장은 기장에게 Push-back 준비가 완료되었음을 보고한다.

(2) 환영인사Welcome 방송

안전점검Safety Check이 완료되면, 방송담당자는 방송을 실시한다. 이때 승무원들은 각자 담당구역의 전방에서 승객들에게 탑승을 반기는 환영의 인사를 한다.

(3) 안전시범Safety Demonstration

항공기가 지상이동을 시작하면 항공 규정에 따라 항공기 안전에 관한 비디오가 상영된다. 내용을 살펴보면, 비상구의 위치, 비상사태 시 비상탈출 슬라이드와 구명조끼의 사용법 등이 설명되며, 기내에서 사용불가 한 전자제품에 관한 내용도 포함되어 있다.

(4) 이륙 전 안전검점

Demo 상영이 종료되면, 승무원은 담당구역으로 나가 이륙 전 최종점검을 한다.

- 유동물질의 고정Overhead Bin의 닫힘상태, Meal Cart 고정
- 화장실 내의 시설물점검 및 고정
- 객실조명 조절은 비상탈출 시 외부환경에 즉각적인 대응을 위한 안전성을 고려한 부분이며, 사무장의 주관 하에 조절이 이루어짐

(5) 승무원 착석

① 최종적인 점검이 완료되면 승무원의 담당구역의 점프시트Jump Seat에 착석하여

허리벨트와 어깨벨트Should Harness를 반드시 착용하고 30 Second 리뷰Review를 실시한다.

② 항공기의 사고시간대를 분석해 보면, 이륙 후 3분과 착륙 8분 사이에 발생하는 경우가 78%에 해당하며, 이런 결정적 순간을 Critical 11이라고 한다.

③ 30 Second 리뷰Review는 Critical 11에 대비하여 비상사태가 발생했을 경우, 자신과 승객들을 위해 취해야 하는 일련의 행동들을 30초 동안 머릿속으로 그려보는 것을 말한다.

30 Second 리뷰

- 충격방지 자세 명령어 리뷰
- 비상장비의 위치와 작동법
- 비상구 위치와 작동법
- 비상탈출 순서
- 비상탈출 시 도움을 줄 수 있는 승객
- 비상 시 도움을 필요로 하는 승객

Jump Seat 착석 시 승무원의 준비자세

- 좌석벨트를 허리 아래쪽으로 고정시킨다.
- Should Harness를 착용한다.
- 발바닥을 바닥에 붙인다.
- 양손의 손바닥을 위로 향하게 하여 다리 밑에 깔고 앉는다.
- 30 Second 리뷰를 실시한다.

7) 이륙 후 업무

좌석벨트 표시등이 꺼지게 되면 이륙 후 업무 절차가 시작된다. 승무원들은 원활한 서비스 진행을 위해 각 담당구역별 Galley에서 브리핑을 실시하게 된다. 서비스할 기내식 메뉴의 재확인, 서비스 시 유의사항, 특별식Special Meal의 내용, 담당구역의 승객수 등을 종합하여 서비스 계획을 수립한다. 서비스는 노선별 · 시간대별로 미리 계획된 절차를 기준으로 하여 진행된다.

(1) 헤드폰과 선물 서비스

담당구역의 승객수를 파악한 후 서빙카트Serving Cart를 이용하여 서비스한다. 카트의 상단에는 헤드폰Headphone, 중단에는 안대, 슬리퍼, 칫솔이 들어있는 어메니티 킷Amenity Kit과, 하단에는 어린이용 선물Giveaway을 준비하여 서비스한다.

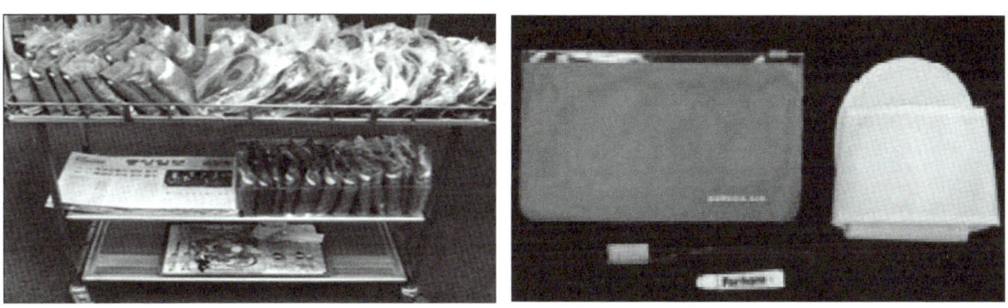

[그림 8.11] 서빙카트 이용 편의용품 제공

(2) 타월 서비스

1회용 타월과 면Cotton 타월이 있다. 일회용 타월은 첫 번째 식사 시 사용되는 것으로 바스켓에 담아 서비스하며, 회수 시에는 승객이 직접 담도록 유도한다. 면 타월은 두 번째 식사 시 사용한다. 서비스 전 반드시 습도, 냄새, 청결상태, 온도 등을 확인하며, 타월통을 이용하여 회수한다. 제공 전 오드트왈렛Eau De Toilette 향수를 뿌린다.

[그림 8.12] 타월 서비스

[그림 8.13] 장거리 비행의 서비스 순서

(3) 음료 서비스

식사 전에 제공되는 식전 음료는 출발시간대와 비행시간대를 고려하여 쟁반Tray 혹은 음료 카트Cart를 이용하여 서비스한다.

① 음료의 종류

- 생수
- 커피와 차
- 주스류
- 와인

② 음료 서비스 시 주의사항

맥주Beer와 화이트와인White Wine, 생수는 차가운 상태로 서비스하며, 탄산음료는 얼음과 함께 제공한다. 승객에게 음료의 종류를 설명한 후 주문을 받는다. 이때 창가의 승객에게 먼저 제공한다. Meal Tray를 편 후에 Cocktail Napkin을 놓은 후 서비스하고 땅콩도 함께 서비스한다. 단, 음료는 승객의 오른쪽에, 땅콩은 음료 왼쪽에 위치하도록 한다. Galley 담당승무원은 부족한 물품이 없는지 확인하여 리필을 해주어야 하며, 2회 이상 충분히 해야 한다.

(4) 식사 서비스

기내식은 예약상황을 바탕으로 하여 탑재량을 결정하게 된다. 캐이터링Catering에 의해 탑재가 된 식사Meal를 오븐에 넣어 가열한 후 승객에게 제공한다. 장시간 보관 시에는 시원한 곳에 보관하여 상하는 일이 없도록 주의한다. 식사서비스 시 취침중인 승객은 깨우지 말고 서비스태그Service Tag를 이용하며, 식사를 제공하지 못하였으나 차후에 취식 가능함을 알려준다.

스페셜 식사Special Meal는 일반 식사보다 먼저 제공하며, 서비스와 동시에 음료를 주문받아 제공한다. 기내식 제공 전 앙트레Entree가 식지 않도록 적절한 시점에 가열Heating을 시작하며, 제공될 식사의 메뉴와 조리법을 미리 숙지해 둔다.

서비스 시 Meal Tray를 승객의 머리 위로 전달하거나 2개 이상 취급하는 행동은 지양해야 하며, 승객에게 식사제공 시 일사일언을 실시하며 준비된 와인을 권유한다. 와인Wine서비스 시 잔의 2분의 1만 따른 후 Stop & Twist를 하며 린넨으로 와인병 입구를 닦아준다. 물과 와인은 Meal Tray 제공 후 계속해서 리필을 한다.

(5) 차와 커피 서비스

볶은 커피Roasted Coffee는 신선한 향을 유지하기 위해 서비스 직전에 내린다. Small Tray에 설탕과 크림을 준비하며 차Tea서비스를 위한 레몬조각도 함께 준비한다. 커피를 제공할 때는 반드시 Small Tray를 이용하며, 승객이나 승무원이 화상을 입지 않도록 주의한다. 잔Pot은 항상 청결한 상태를 유지하며 뜨거운 물로 데워서 준비해 둔다.

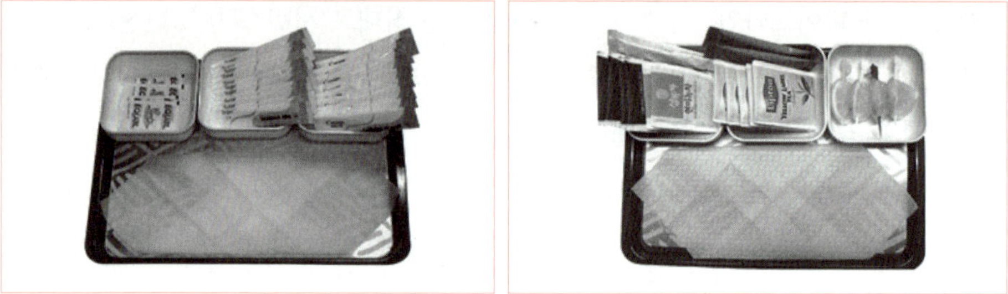

[그림 8.14] 차 & 커피 서비스

(6) Meal Tray 회수

Meal Cart 상단에 투명 Drawer를 준비하여 생수, 냅킨, 커피와 차, 종이타월을 놓는다. 회수시점은 승객의 취식이 90% 이상일 때 시작하며, 회수할 때는 반드시 승객에게 의향을 물어본다. Meal 서비스와 동일한 순서로 회수를 하며 카트의 상단부터 채워나간다. 회수 시에는 통로 측 승객부터 회수한다. 회수가 끝나면 유니폼으로 갈아입고 승객의 좌석 주변과 Seat Pocket, 통로정리 등을 하며 화장실의 청결상태도 확인한다.

(7) 입국서류 배포

Small Tray에 입국서류와 여분의 볼펜을 준비하여 배포한다. 승객의 목적지 국가 입국서류를 배포해 주며 작성을 적극적으로 도와준다. 특히 노약자나 어린이를 동반한 승객, 비동반 소아UM, 여행이 처음인 승객은 직접 작성해 준다.

(8) 기내판매 서비스

기내판매 전 기내판매 비디오를 상영하고, 사전주문제도를 이용한 승객에게는 먼저 물품을 전달한다. 야간에 판매가 이루어질 경우, 휴식을 취하는 승객에게 방해가 되지 않게 불빛을 적절히 조절하는 것이 바람직하며, 객실서비스의 공백이 생기지 않도록 주의를 요한다.

[그림 8.15] 기내판매용 카트와 캐리어 박스

(9) 영화상영 서비스

개인용 모니터가 장착된 AVOD시스템이 장착되어 있는 기종과 미장착 기종으로 나누어지므로, 기내 엔터테인먼트의 제공방법이 달라지게 된다. 그러므로 승무원은 AVOD의 사용법을 모르는 승객을 위해 사용법을 정확히 알려주어야 한다. 승객들이 휴식을 취하는 동안 화장실 객실 후방 등의 안전 취약지역을 수시로 점검해야 하며, 갤리Galley 작업으로 인한 소음이 발생하지 않도록 유의한다. 쾌적한 항공여행을 위해 객실의 적정온도인 24℃가 유지될 수 있도록 수시로 확인한다. 그리고 영화가 상영될 시점에 승무원들의 휴식도 함께 시작된다.

Crew Rest의 규정

• 비행시간 10시간 이상인 경우는 2개조로 나누어 휴식을 취하게 된다.
• 근무조 승무원은 결원으로 인한 객실의 공백이 발생하지 않도록 서비스와 안전에 특히 신경을 써야 하며, Crew Rest 후에는 용모복장을 점검한다.

8) 착륙 전 업무

(1) 착륙 안내방송

항공기 도착 40분 전 기장의 안내방송이 나오면 승무원이 착륙을 위한 업무를 준비해야 한다. 착륙 20분 전 Approaching Sign의 신호가 울리면 방송담당자는 착륙방송을 실시한다.

(2) 서비스용품 수거 및 Galley 정리

- 방송담당자의 헤드폰 회수방송이 나오면 카트Cart를 이용하여 사용한 헤드폰을 회수한다.
- 회수한 헤드폰은 엉키지 않게 정리한 후 지정된 장소에 보관한다.
- 승객좌석 주변과 담요, 신문 · 잡지 등을 정리한다.
- 보관을 맡은 물품은 승객에게 돌려준다.
- 담당 승무원은 입국서류를 재확인하고, 미작성자나 서류가 없는 승객들의 작성을 도와준다.
- 각 Galley의 서비스 아이템을 정리하고, Dry Item Inventory List, Liquor Inventory List 및 판매서류를 재확인한다.
- 기내 면세품은 밀봉Sealing한 후 잠가Locking 놓는다.
- 안전한 착륙을 위해 이륙 때와 마찬가지로 유동물질을 고정시킨다.

(3) 착륙 전 기내 안전점검

- 승객의 좌석벨트와 좌석 등받이, Tray Table, Arm Rest, Foot Rest를 원위치로 한다.
- 짐선반Overhead Bin의 닫힘 상태를 재확인한다.
- 화장실 내의 컴파트먼트의 잠금 상태와 변기덮개가 닫혀있는지 확인한다.
- 비상구 근처와 통로의 정리 상태를 점검한다.
- 모든 점검이 끝나면 착석하여 30 Second 리뷰를 한다.

9) 착륙 후 업무

(1) 착륙Landing 후 업무

방송담당자는 도착 안내방송을 실시하며, 항공기가 완전히 멈출 때까지 승객의 착석을 유도한다. Boarding Music을 On한다.

(2) 안전점검 및 도어 오픈

항공기가 정지하면 사무장의 PA에 따라 Slide Mode를 정상위치로 변경하고 ALL Attendant Call에 응하여 안전점검Safety Check을 확인한다. 안전벨트신호등Seat Belt Sign이 꺼지면, 운송직원에게 Door Open 신호를 주어 항공기 외부에서 문을 열게 한 후, 기내서류를 인계함과 동시에 스페셜케어Special Care가 필요한 승객에 대한 정보를 전달한다. 그리고 도착지 국가의 C.I.Q. 허가를 받은 후 하기 안내방송을 실시한다.

(3) 승객 하기

승객 하기 시에 객실승무원은 담당구역에서 승객에게 감사의 인사를 하며, 하기 시 도움이 필요한 승객이 있을 경우에는 적극적으로 도움을 준다. 승객 하기 순서는 다음과 같다.

응급환자 → VIP, CIP → 일등석 승객 → 이등석 승객 → UM → 일반석 승객 → Stretcher 승객

(4) 객실 점검

기내에 잔류승객이 있는지를 확인한 후 유실물이 있는지 좌석 주변 코트룸Coatroom, 짐칸Overhead Bin 등을 점검한다. 그리고 화장실용품 및 잡지, 헤드폰 등 서비스용품의 잔량들을 회수한다. 담당 구역별로 기내 보안점검 및 유실물 확인을 한 후 PA를 통해 이상 없음을 보고한다.

(5) 인수인계 업무

상위클래스의 증정품은 케이터링 직원과 함께 수량을 확인한 후 인계서에 서명한다. 그리고 세척이 필요한 기물을 Galley 선반에 올려둔다. 기내비치용 물품이라 하더라도 훼손된 물품은 교체할 수 있도록 보수 Tag을 부착하여 하기하며, 고가품목이 탑재된 박스만 수량을 확인하고, 나머지 기내 판매품은 밀봉한 후 인수인계한다.

(6) 디브리핑Debriefing

비행근무 중 발생한 특이사항을 중심으로 이루어지며, 비행 전반에 대한 팀장의 평가와 개선할 사항에 대한 지적을 통하여 더 나은 서비스를 지향하기 위해 실시된다. 주로 비행 종료 후 객실 앞쪽이나 항공기 연결통로에서 이루어진다. 비행 중 불만승객에 대한 사항이나 기내서비스 시 발생한 문제점은 리포트를 통해 보고한다.

03 객실서비스의 업무(국내선)

1) 비행 전 준비업무

(1) Show-up 및 Appearance Check

국내선 비행은 주로 김포공항에서 이루어진다. 승무원은 출 · 퇴근 시 회사의 이미지를 훼손하지 않도록 공항 이동시 행동과 용모복장에 신경을 써야 한다. 비행에 필요한 신분증과ID Card, 승무원 등록증, 방송문, 국내선 Time Table, 앞치마, 기내화, 향수 등을 소지하고, 국내선 비행일지라도 변경 가능한 스케줄에 대비하여 여권을 반드시 지참한다. 앞치마와 구두는 다림질상태와 청결상태의 확인 등 비행에 필요한 외모Appearance를 갖춘다.

(2) 업무지시 확인

새로운 업무지시와 승객의 칭송 불만사항의 내용을 중심으로 서비스에 대한 정보를 교환하며 객실브리핑 준비를 한다. 그리고 CPSCrew Portal System을 통해 각자의 업무Duty, 담당구역을 확인하고 브리핑에 참석한다.

(3) 객실 브리핑

국내선의 객실 브리핑 시간은 출발 시간을 기준으로 하여 1시간 20분 전이나, 대형 기종의 경우에는 1시간 30분 전에 실시한다. 국내선의 경우에는 김포 출발과 인천 출발의 국내선으로 구분되어 있으며, 브리핑 시간도 다소 상이하므로 비행 전 확인을 해야 한다.

- 기종별 최소 탑승인원 확인 및 승무원 명단 확인
- 비행 필요 휴대품 소지 확인(여권, 유효한 객실승무원 업무교범 또는 필수 휴대페이지, 여권, 비자, ID Card)
- 항공기의 기종과 승객예약 상황
- 안전, 보안, 근무 규정, 서비스 규정에 대한 최근 지시사항 리뷰Review
- 비행안전 및 보안에 관한 사항(비상사태 대비 시 대처요령)
- 테이저Taser 수령인 지정(기내 보안장비)

객실 브리핑 시간 및 장소(예시 : K항공)

구분	국내선				국제선			
	ICN		GMP/PUS	기타지역	ICN		GMP/PUS	기타지역
	00:00 ~ 11:00	11:01 ~ 23:59			00:00 ~ 11:00	11:01 ~ 23:59		
시간	1시간 10분 전	1시간 30분 전	1시간 20분 전	1시간 전	1시간 10분 전	2시간 전	1시간 50분 전	1시간 10분 전
장소	객실 전방	객실 브리핑실	객실 브리핑실	객실 전방	객실 전방	객실 브리핑실	객실 브리핑실	객실 전방

(4) 합동 브리핑

항공기 출발 40분 전에 객실 전면에서 당일 항공기의 운항 승무원과 객실 승무원의 합동 브리핑이 실시된다. 이때 승객의 예약상태와 목적지, 항로상의 기상상태에 대한 정보를 알려주고, 목적지의 기상이 좋지 않을 경우 착륙하게 될 대체공항도 알려준다.

합동 브리핑은 항공기가 지연되거나 주기장에 주기하고 있지 않을 경우에는, 기내가 아닌 승객과 분리된 장소(객실 전방, 게이트Gate 입구 등)에서 실시할 수 있다.

합동 브리핑 시간 및 장소(예시 : K항공)

구분	국내선			국제선		
	GMP	ICN	Layover Station	GMP	ICN	Layover Station
시간	40분 전 (B747 : 50분 전)	40분 전 (전기종)	40분 전 (B747 : 50분 전)	55분 전 (전기종)	55분 전 (전기종)	55분 전 (전기종)

(5) 공항 이동

정해진 시간에 버스에 탑승한 후 공항으로 이동하며, 테이저Taser 수령 담당자는 반드시 2인 1조로 국내선 2층에서 수령한 후 항공기에 탑승한다.

2) 이륙 전 준비업무

(1) 승무원 물품정리

국내선을 운항하는 항공기는 소형기종이 주류를 이루고 있어 효율적인 공간 활용을 위해 승무원의 개인소지품을 지정된 장소에 보관한다.Over Head Bin, Coatroom, 고정 장치가 있는 좌석 하단

(2) Pre-fight Check

사무장의 방송을 통해 각 담당구역별로 비상 보안장비를 점검하고, 이상이 발견되면 즉각 보고한다. 화장실과 객실점검도 함께 이루어지며, 승객 좌석 앞주머니에 데모Demo 안내책자가 있는지도 반드시 확인한다.

국내선의 경우에는 설명Demonstration이 승무원의 실연으로 이루어지기도 하며 비디오로 상영되기도 한다. 이에 승무원은 데모장비를 확인하고 준비를 하며, 사무장은 비디오장비의 작동여부를 확인한다. Galley에 장착되어 있는 기내설비Coffee Maker, Water Boiler 등의 작동이상 유무와 화장실 장비의 작동Smoke Detector, Flushing 상태 확인을 확인한다. 기내조명과 독서등의 작동상태와 기내방송을 위한 PA의 상태를 점검한다. 이때 방송의 볼륨을 모니터링 하여 최적의 기내방송을 할 수 있도록 준비한다.

(3) 서비스 준비

국내선의 물적서비스는 신문서비스와 음료서비스로 나누어진다. 신문은 탑승교가 연결되어 있을 경우에는 탑승교에 준비하며, 탑승교가 없는 경우에는 항공기 앞쪽에 준비한다. 또한 모든 음료는 칠링Chilling이 된 상태로 탑재가 되므로, 최적의 온도를 유지하도록 노력해야 한다.

(4) 승객탑승 준비

객실의 청소상태를 최종 점검한다. 객실의 선반Overhead Bin은 승객탑승 시 짐 보관이 용이하게 열어둔다. 객실의 모든 준비가 완료되면, 기장에게 탑승완료 준비를 보고한 후 탑승 승인을 얻는다. 지상직원에게 탑승시작을 알려주고, 전 승무원은 담당구역에서 대기한다.

승객탑승 전 / 탑승 시 업무정리

국내선 승무 절차(승객탑승 전 업무)

- Crew Baggage 보관
- 비상, 보안장비 점검
- 기타장비 및 시스템 점검
- Cabin Cleaning 점검
- Catering Item 점검
- 신문서비스 준비

국내선 승무 절차(승객탑승 시 업무)

- 보딩 뮤직(Boarding Music)
- 고객탑승
- 환영인사 및 좌석 안내
- 신문서비스
- Door Close
- 데모(Demo) 시연
- 이륙 전 안전업무 수행 및 이륙 준비

3) 승객탑승 시 업무

(1) 환영인사 및 좌석안내

전방에서 환영Welcome인사를 하는 승무원은 항공권 소지 여부와 좌석번호 등을 즉

각적으로 확인하여 원활한 탑승이 이루어질 수 있도록 한다. 특히, 어린이나 노약자, 거동이 불편한 승객에게는 적극적으로 도움을 준다. 비상구 좌석에 앉은 승객에게는 비상구 좌석에 대한 브리핑을 하고, 이상이 있을 경우 사무장에게 보고하여 조치하도록 한다.

비상구 착석 불가승객

- 15세 미만이거나 동반자의 도움 없이 탈출구를 여는 동작을 할 수 없는 승객
- 글 혹은 그림의 형태로 제공된 비상탈출에 대한 지시를 읽고 이해하지 못하거나, 승무원의 구두지시를 이해하지 못하는 승객
- 다른 승객들에게 정보를 적절하게 전달할 수 있는 능력이 부족한 승객
- 일반적 보청기를 제외한 다른 청력 보조장비 없이는 승무원의 탈출 지시를 듣고 이해할 수 없는 승객
- 비상구를 열 좌석 규정을 준수할 의사가 없는 승객

(2) 신문서비스

신문은 서빙카트Serving Cart에 제호가 보이도록 준비하며, 탑승 시 승객이 직접 가져가도록 유도한다. 탑승 후 추가로 신문을 원하는 승객을 위해 소량의 신문을 Galley 안에 보관해 둔다. 신문의 양이 부족하거나 찾는 신문이 없을 경우에는, 승객의 의향을 물어 다른 승객이 본 신문을 수거하여 깨끗한 상태로 재서비스한다.

(3) 수하물 보관안내

방송담당 승무원은 수하물 낙하방지를 위한 안내방송을 한다. 만일의 경우에 대비하여 비상구 좌석에는 수하물이 방치되지 않도록 안내한다. 탑승이 완료되면 선반Overhead Bin을 닫는다. 승무원은 수하물이 적정장소에 보관될 수 있도록 안내하며, 노약자나 어린이를 동반한 승객이나 도움을 요청하는 승객에게는 적극적인 도움을 준다.

(4) 출입문 닫기Door Close

승객의 탑승이 완료되면, 수하물의 정위치 보관과 선반의 닫힘 상태, 좌석벨트 착용 여부를 확인한다. 운송직원으로부터 받은 항공기 탑승인원을 기장에게 보고하여 탑승이 완료되었음을 알린다. 기장의 동의하에 항공기 출입문의 닫음을 알리는 방송을 실시한 후 출입문을 닫는다.

① 안전점검Safety Check

출입문을 닫은 직후 항공기가 이동하기 전 사무장은 PA를 통해 항공기의 Slide Mode를 변경하기 위해 안전점검 방송을 한다. 안전점검을 한 후 사무장은 승객들에게 출발 준비가 완료되었음을 알리고, 좌석벨트 착용과 휴대폰 사용금지에 관한 방송을 실시한다. 객실 All Attendant Call을 통해 안전점검을 확인한 후 기장에게 'Push Back' 준비가 완료되었음을 보고한다.

Push Back 준비완료 확인

- 비상구 좌석 착석상태
- 비상장비 점검상태
- 휴대 수하물의 정위치 보관과 선반의 닫힘상태
- 서빙카트의 정위치 보관
- 승객의 착석 및 좌석벨트 착용상태
- 좌석 등받이, 개인용 모니터, Tray Table, Foot Rest의 원위치 여부
- 모든 문의 닫힘상태 및 슬라이드 변경

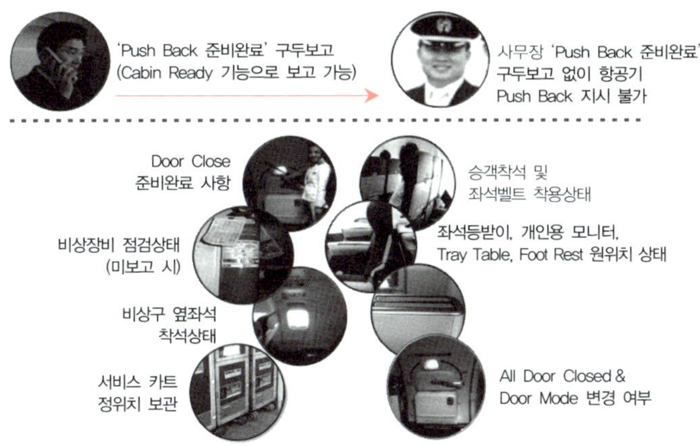

[그림 8.16] Push Back 준비완료 확인사항

② **환영인사**Welcome

안전점검Safety Check 완료 후 방송담당자는 방송을 실시하고, 승무원은 담당구역에서 인사를 한다.

③ **안전시범**Safety Demonstration

승무원의 실연 혹은 비디오로 상영된다.

④ **승무원 착석**

Galley 내의 유동물질 고정 및 모든 칸Compartment의 닫힘 상태와 잠김 상태를 확인하고, 화장실의 승객 유무를 확인한 후 착석하여 30 Second 리뷰를 실시한다.

4) 이륙 후 업무

(1) 음료서비스 및 리필서비스

- 서비스 진행은 '기종별 서비스 흐름'에 따른다.

- 좌석벨트 표시등이 꺼지면 서비스 복장을 착용하고 음료 카트를 준비한다.
- 커피를 끓인 후 온도와 농도를 체크한다.
- 주스와 탄산음료, 생수는 차가운 상태로 서비스가 되도록 지상에서부터 준비해 둔다.
- Muddler Box에 설탕, 크림, 서비스 Tag, Cup Lid, 일회용 물수건, 빨대 등을 준비하고, 서빙카트에는 Blue Mat를 깔고 서비스용품을 준비한다.
- 창측 손님에게 제공할 때는 통로측 손님에게 먼저 양해를 구하고 제공하며, 음료를 주문받아 Cocktail Napkin을 깔고 고객 테이블에 놓아드린다.
- 커피를 주문한 경우, 크림과 설탕을 함께 주문받아 서비스한다.
- 뜨거운 녹차를 주문한 경우, Tea Bag과 Cocktail Napkin을 먼저 서비스하고, 뜨거운 물을 준비하여 Cocktail Napkin을 한 장 더 깔고 고객 테이블에 놓아드린다.
- 휴식 중인 승객에게는 서비스 Tag을 활용하며, Approaching Sign이 나오면 Tag을 제거한다.
- 빈 컵은 회수하고, 가능한 리필을 한다.
- 카트를 뒤 쪽에서 잡고 있는 승무원도 반드시 몸의 방향을 돌려 고객을 정면으로 응대하도록 한다. 서비스 Flow와 반대방향으로 리필하면서 Used Cup을 회수한다.
- 어린이 고객에게 음료를 서비스하는 경우, 음료컵에 Cup Lid를 덮고 빨대Straw를 꽂아 서비스한다.

5) 착륙 전 업무

(1) 착륙 준비 및 안전점검

회수용 트레이Tray를 이용하여 빈 컵을 회수한다. 이때 여분의 음료를 준비하여 추가로 원하는 승객에게 제공한다. 그리고 서비스용품을 회수하고 안전점검을 한다. 승객의 휴대 수하물 정위치 보관을 확인하며 보관의뢰 물품을 반환한다. 또한 착륙 시 시야 확보를 위해 객실 조명을 조절하고, 각 유동물질의 고정 및 잠금Locking을 최종 점검 후 점프시트에 착석하여 30 Second 리뷰를 실시한다.

6) 착륙 후 업무

(1) 착륙Landing

항공기 엔진의 역회전이 끝난 시점에 방송 담당자는 작별인사Farewell 방송을 실시한다.

(2) 안전점검Safety Check

항공기가 완전히 멈춘 후 좌석벨트 표시등이 꺼지면 사무장의 지시에 따라 안전점검Safety Check을 한다. All Attendant Call을 통하여 사무장은 Slide Mode 변경을 확인한 후, 외부 지상직원에게 항공기의 도어 오픈 허가 수신호를 준다.(도착 시 항공기의 문은 비상사태의 경우를 제외하고는 외부에서 열도록 규정되어 있다.)

도어Door를 열기 전 Slide Mode의 정상위치와 Seat Belt Sign Off를 한 번 더 확인한 후 도어를 오픈한다. 운송직원에게 서류를 인계하고 특별승객에 대한 정보를 알려준다. Step Car를 이용한 하기 시에는 안전사고 발생에 유의하는 방송문을 실시한다.

7) 승객 하기 및 객실점검

승객 하기 순서는 응급환자 → VIP, CIP → UM → Business Class 승객 → 휠체어 승객의 순이다. 승객 하기 완료 후 담당 구역별로 유실물 확인좌석 주변, Seat Pocket, Coatroom, 선반과 화장실 잔류 승객의 유무를 확인한 후 보고한다. 그리고 하기할 물품Item과 재사용할 물품Item을 구분하여 지정된 장소에 보관한다.

국내선 Prestige Class 서비스 방법

- 음료서비스는 EY/CL와 동일한 방식으로 진행되며, 기타 모든 서비스는 PR/CL부터 실시함을 원칙으로 한다.
- Prestige Class 추가서비스
  - Coat & Baggage 보관 협조
  - 환영인사, 눈높이서비스
  - 우선 탑승 / 우선 하기
- 무단점유 고객처리 지침
  - 사무장은 SHR 명단을 확인 후 좌석 무단점유 고객이 발견되면, 배정받은 원래의 좌석으로 돌아가도록 요청한다.
  - 업그레이드 요청 시 항공기 탑승수속 마감 이후에는 업그레이드 조치가 불가함을 안내한다.
  - 비즈니스 클래스 좌석 무단점유 고객일지라도 항공사의 고객임을 인식하여 고객이 수치심을 느끼지 않도록 안내하는 표정 / 태도 / 언어에 유의한다.

화물운송서비스

Aviation Transportation & Industry

01 화물운송서비스의 이해

1) 항공화물운송산업 현황

(1) 항공화물운송산업의 정의

항공화물운송이란, 다음과 같이 정의내릴 수 있다.

첫째, 항공화물운송은 항공기를 수단으로 하여 재화(財貨)를 장소적으로 이동시키는 것이다. 둘째, 항공화물운송은 운송의 한 방법으로써 생산행위이며, 그 생산물은 운송용역이라고 하는 즉시재로서 무형재이다. 셋째, 항공화물운송은 생산설비인 항공기의 이동에 따라 생산되고, 그 운송용역을 소비함에 따라 재화의 장소적 이동이 이루어져 새로운 장소적 효용이 창출되는 것이다.

자료 : 대한항공 카고

[그림 9.1] 항공화물운송

(2) 항공화물운송산업의 발달

항공화물운송산업은 〈표 9.1〉과 같이 초기, 성장, 경쟁시대로 구분하여 발달해 왔다.

〈표 9.1〉 항공화물운송산업의 발달

구 분	시 대	특 성
초기	제2차 세계대전 이전	• 1910년 필립 팔메리, 최초 항공화물 수송 • 1935년 근대 항공기 출현(DC-3형) : 우편소송 및 응급수송에 한정
	제2차 세계대전	• 1939~1945년 • 군사적 필요에 의한 항공기 및 항공수송 급속한 발전 • 군용항공기에서 민수전환 • 항공기발달 및 수요증가 • 운항 네트워크 확장으로 인해 경제적 운항개시
	1950년대	• 1958년 제트기시대 개막(B707, DC-8) • 화물 : 여객수송의 부수적인 영역
성장	1960년대	• 1960년 최초 Freighter 등장(DC-7F, 탑재력 12톤) • 1965년 DC-8F, B707F(탑재력 30~35톤)
	1970년대	• B747, DC-10, A300 등 • B747F(컨테이너 전용기) 화물수송기반 구축(탑재력 100톤)
	1980년대 초반	• 연평균 8% 성장 지속
경쟁	1980년대 중반	• 수익률 둔화
	1990년대	• 항공수요 고성장 및 각 항공사들의 화물 전용기 확보 강화 • Alliance 적극추진(여객)
	2000년대	• Alliance Cargo 결성

항공화물운송사업은 물류 규모가 작다는 이유로 큰 관심을 끌지 못하였으나, 미국의 경우 항공화물 산업발전의 필요성을 인식하여 1960년 SIE, 항공화물 장비, 지상조업 및 항공화물 취급절차 등에 관한 업무표준을 개발하고, 1994년 SAE를 TIACA로 명칭을 변경하여 세계적 조직의 항공화물산업을 형성하였다.

항공화물시장 규모가 전체 물류수송 중 3% 미만이지만, 항공화물운송이 중요한 이유는 금액기준으로는 2010년 세계무역액 12조 달러 중 35%에 해당하는 4조2,000억 달러 어치를 항공기가 수송하였다. 그 중 아시아-태평양 지역이 32.9%를 차지하는 등 세계 항공화물시장을 주도하고 있다. 또한 [그림 9.2]와 같이 항공화물운송은 '제3의 이윤원'이자 기업에게는 '비용절감의 보고'이다. 즉 운송, 보관재고 등의 분야를 관리함으로써 비용을 절감할 수 있으며, 고용측면에서 약 120만 명이며 포워딩 업체는 전 세계적으로 150개 회원국 4만개 업체, 1억 명을 고용하고 있다.

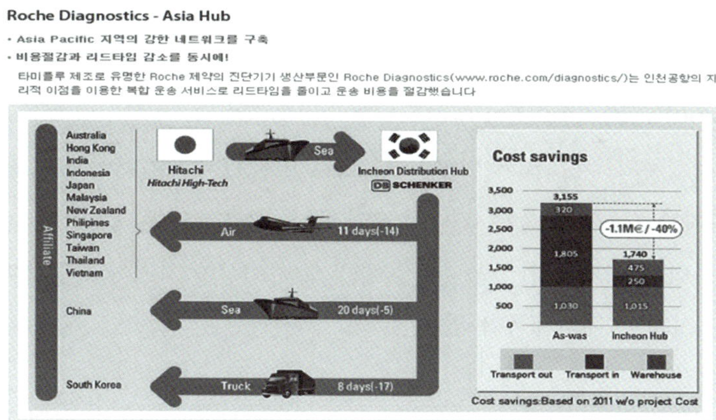

자료 : 인천국제공항 화물운송

[그림 9.2] 제3의 이윤, 항공화물운송의 예

성공적인 물류를 위한 필수 요건사항3S1L은 '신속하고Speedy', '안전하게Safety', '확실하고Surety', '저렴하게Low cost' 거래선 혹은 소비자에게 배송함으로써 물품 수요처의 니즈를 충족시켜야 한다는 점이다.

[그림 9.3] 톰 행크스 주연의 영화 'Cast Away' 중

2) 화물상품 및 운임 특징

(1) 항공화물상품

항공 화물상품의 주요 품목은 산업고도화로 인한 고부가가치의 공업제품과 장기 수송 시 가치가 저하되는 품목, 긴급품 및 시한성 화물, 우편물 등이 있다. 한국무역협회에 따르면, 전자제품이 항공수출 물량의 50% 이상을 차지하고 있으며, 그 뒤를 이어 의류, 기계류, 기타제품이 있다.

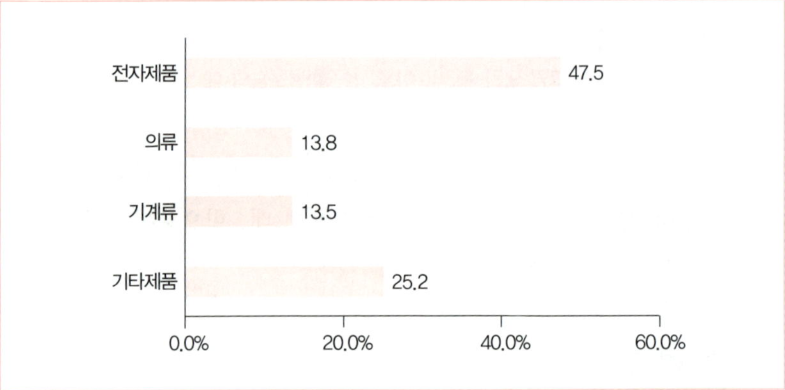

[그림 9.4] 주요 항공운송 품목

항공화물의 가장 큰 특성은 신속 · 정시성, 안정성, 고운임성, 야행성을 들 수 있다. 항공화물운송이 해상운송과의 차이점을 살펴보면, 다음과 같다.

〈표 9.2〉 항공화물운송과 해상운송의 차이점

속 성	항공화물운송	해상운송
속도(수송기간)	빠름	느림
정시성(적기 도착성)	높음	낮음
편리함(이용 편리성)	높음	낮음
용량(수송량)	제한적	비제한적
요금(운임)	높음	낮음
화물시장 규모	3% 미만	97% 이상

해상운송은 장기간 운송됨에 따라 다양한 돌발적 상황에 맞닥뜨릴 수 있다. 예를 들면, 태풍이나 바다의 염분성분으로 인한 부식 등이 있다.

[그림 9.5] 해상운송의 위험성

한편, 화물을 운송할 때 발행하는 것이 수취증으로써, 항공화물을 운송할 때는 항공화물운송장을 발행하며, 해상으로 화물을 운송할 때는 선하증권을 발행한다. 각각의 차이점과 공통점은 다음과 같다.

〈표 9.3〉 항공화물운송장과 해상 선하증권의 차이점과 공통점

구 분	항공화물운송장(Air Waybill)	해상 선하증권(B/L)
차이점	비유통성(양도성 없다)	유통성(양도성 있다)
	기명식	무기명식
	창고반입 후 발행되는 수취식	선적 후 발행되는 선적식
	송하인이 작성함이 원칙	선박회사가 작성
공통점	화물의 수취증, 운송계약의 증거서류	

항공화물운송장은 접수영수증, 세관신고서, 운송계약체결 계약서, 보험가입증명서, 운임계산서, 화물운송의 지침서 역할을 한다. 항공화물서비스를 이용하는 고객요구의 다양성과 세분화에 따라서 다양한 형태의 항공화물운송 상품을 개발하였다. 항공사는 이러한 다양한 상품개발로 부가가치를 증대시켜 수익성 개선과 고객만족을 통한 시장경쟁력 제고의 효과를 누릴 수 있다.

〈표 9.4〉 국내항공사의 항공화물 상품의 예

상 품	대상화물	주요운송 특징
Equation	• 긴급화물	• 고운임 운송상품 • 긴급수송을 대상으로 하는 상품
Cohesion	• 맞춤서비스	• 일정 운항편의 Space 제공으로 정시성 및 안정적인 편의 제공
Variation	• 특수화물(귀중예술품, 대형화물, 위험물, 고급의류, 음식 · 꽃 등 부패성 화물)	• 다양한 상품 특성에 따른 특별한 취급서비스 제공
Dimension	• 일반화물	• 표준화된 절차에 따른 운송서비스 제공

(2) 항공화물 운임 특징

각 항공사가 적용하는 항공화물 운임은 IATA가 제정한 Rules & Rates 또는 개별 항공사가 설정한 운임에 기초한다. IATA 운임조정회의는 운항 원가를 분석하여 운임과 요금 이외에 화물판매나 처리를 이행하는 자의 수수료 수준을 설정하는 한편, 국제항공화물운송과 관련된 규칙의 제정 및 개정 업무를 한다. 이렇게 정해진 운임이나 규칙 등은 당해 정부의 승인 또는 신고를 조건으로 효력을 가진다.

우리나라 「항공법」에도 정기항공운송사업자는 국제항공노선 관련 국가 간의 항공협정이 정하는 바에 따라 운임 및 요금을 정하여 국토교통부 장관의 인가를 받거나 또는 신고하도록 규정하고 있다. 항공기라는 제한된 자원이 이용되는 항공화물의 특성상 실제 중량과 용적 중량을 산출하여 더 높은 쪽을 운임적용 중량으로 이용한다.

① 실제 중량에 의한 방법

- kg의 경우
  - 0.001kg~0.5kg 미만 : 0.5kg로 절상
  - 0.501kg~1.0kg 미만 : 1.0kg로 절상
- LB의 경우
  - 1.0LB 미만 : 1.0LB로 절상

② 용적 중량에 의한 방법

- 용적산출 : 화물의 최대 가로, 최대 세로, 최대 높이를 구한다.

- 측정된 지수Dimension를 소수점 첫째 자리에서 사사오입
- 가로×세로×높이로 용적 산출

○ 용적중량 산출

- 환산단위(6,000CUCM = 1.0kg, 366CUIN = 1.0kg & 166CUIN = 1.0LB)

③ 소수점 정리

○ 실제중량의 소수점 정리방법과 동일

운임은 출발지에서 화물의 운임적용중량에 kg 혹은 LB 당 적용요율을 곱하여 산출한다. 화물의 실제 운송경로와 운임산출 시 근거로 한 경로는 반드시 일치할 필요는 없다. 항공화물요율은 일반적으로 다음과 같이 구분한다.

〈표 9.5〉 항공화물요율

요율의 종류	내 용
일반화물요율 (GCR : General Cargo Rate)	특별한 예외규정이 없는 모든 일반화물의 운송 시에 적용되는 요율이다.
특정품목할인요율 (SCR : Specific Commodity Rates)	항공운송이용촉진, 확대를 목적으로 특정구간에서 지속적으로 운송되는 특정품목에 대해 할인을 적용하는 요율이다.
품목분류요율 (CCR : Class Rate)	Special Handling이 요구되는 품목에 대해 할증, 수송 빈도가 잦은 품목에 대해 할인을 적용하는 요율이다.
단위탑재용기운임 (BUC : Bulk Unitization Charge)	화주나 Forwarder가 항공사로부터 ULD를 대여한 후 자신의 화물을 작업하여 항공사에 운송의뢰 시 적용되는 요율이다.

3) 화물항공기와 ULD 특징

(1) 화물항공기 분류

화물기에는 Nose Door, Side Door, FWD Door, AFT Door, Bulk Door를 통해 화물을 탑재하고 있으며, B747-400의 ULD 탑재능력은 Main Deck에 30개, Lower Deck에 32개이

[그림 9.6] Nose Door로 화물을 탑재

다. 화물탑재가 가능한 항공기는 다음과 같이 구분할 수 있다.

① 화물실의 구조에 따른 분류

항공기 Lower Deck에 ULD 탑재 가능여부에 따라 Wide Body B747, B777, A300, A330, A380 등와 Narrow Body 항공기로 구분한다. 또한 Cabin 내의 Aisle 개수에 따라 구분할 수 있으며 Wide Body 항공기의 경우 2개의 Aisle이, Narrow Body 항공기에는 1개의 Aisle이 있다.

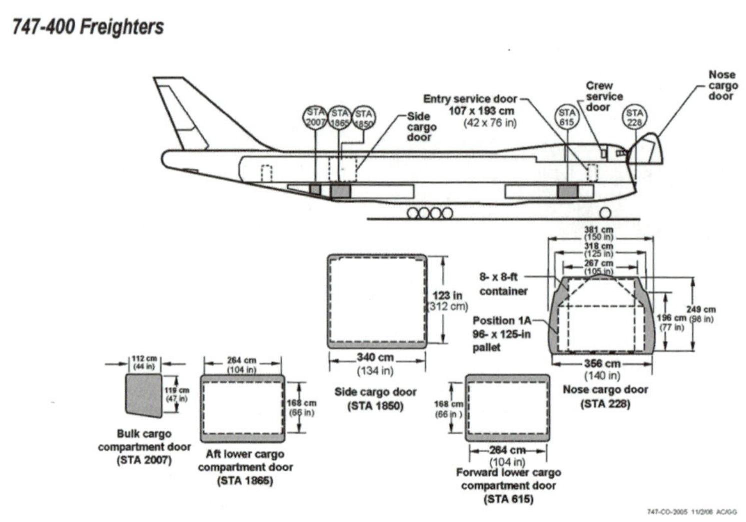

[그림 9.7] 화물기 도어

② Cabin Configuration에 의한 분류

- 화물 전용기 All Cargo Aircraft : 승객 이외에 화물만이 탑재되는 항공기
- 여객기 Passenger Aircraft : 승객 및 이에 동반되는 수하물과 화물이 탑재되는 항공기
- 화물 혼용기 Combination Aircraft : 승객이 탑승하는 Main Deck 일정부분에 화물이 탑재되는 항공기

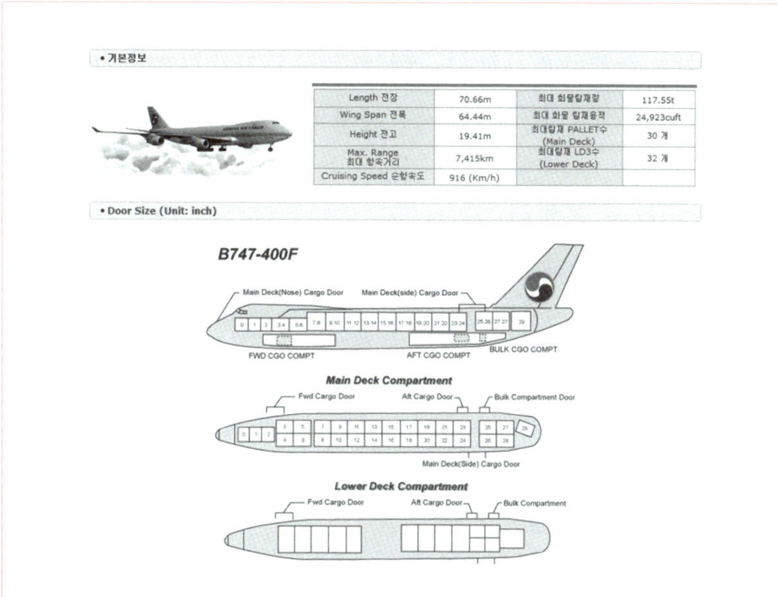

자료: 대한항공 카고

[그림 9.8] B747-400F 제원

(2) ULD 특징

한편 ULDUnit Lad Device: 단위탑재용기란, 항공화물을 단위화 하기 위해 제작된 용기를 말한다. 영화나 TV 등에서 공항 내 항공기 계류장을 보면 항공기 주위에 수하물이나 화물을 적재한 사각형 모양의 탑재용기들을 보게 된다. 소형기를 제외한 모든 항공기는 항공안전과 내용물의 보호, 그리고 작업의 용이함과 신속함을 위해 이러한 단위탑재용기ULD에 화물을 실어 이를 탑재한다.

ULD는 대부분 알루미늄 합금으로 제작되며 그 재질과 규격, 그리고 제작기술 등은 항공기의 안전에 직결되기 때문에 국제민간항공기구 및 국제항공운송협회에서 엄격하게 기준을 정하여 검증을 거쳐 제작 및 운영되고 있다. 이러한 ULD는 그 모양에 따라 팔레트류와 컨테이너류로 나누어지는데, 팔레트는 일정한 바닥면적을 가진 사각형의 판으로써 그 위에 일정 높이의 화물을 작업한 후 그물을 쳐서 마무리를 하는 형식이다. 컨테이너는 아예 일정한 바닥면적에 일정한 높이와 각도를 가진 사각형의

집 모양으로 내부에 화물을 작업 후 문짝을 닫는 형식이다.

ULD는 항공기 기종에 따라 탑재되는 종류와 수량이 각기 다르며, 그날그날 화물의 성격과 물량 등에 따라 탑재관리사가 사용 종류와 개수를 결정하여 운영한다. 팔레트의 대당 수입가격은 120여만 원이며 컨테이너는 160여만 원이다. 아시아나항공의 경우에는 현재 9,000여 개의 ULD를 보유하고 있다.

대량의 낱개화물의 운송에 ULD를 사용함으로써 화물의 멸실 또는 훼손을 방지하는 효율성 외에 화물의 조업시간을 현저히 단축할 수 있어 항공기의 가동률을 높이는 기능을 한다. 이러한 ULD 사용에 따른 장·단점은 아래의 표와 같다.

〈표 9.6〉 ULD 사용에 따른 장·단점

장 점	단 점
지상조업시간 단축에 따른 항공기 가동률 제고	고가의 투자비용
악천 후 도난, 파손으로부터 화물보호	ULD 자체중량으로 인해 Payload 탑재량 제한(대형 항공기의 경우, 약 100톤의 화물중량 탑재 / 이 중 30여 개의 ULD 무게가 5톤)
대형 및 특수화물 수송가능	사용 후 회수상의 문제(타 항공사에 빌려주기도 하고, 대리점에 빌리기도 함으로 인한 관리의 어려움)
신속한 화물작업 가능(시간이 생명인 화물 : 생상품, 신문)	불완전한 기종 간 호환성(모든 Wide Body에 탑재되는 것이 아님)

화물의 종류가 다양하므로 여러 종류의 ULD가 활용된다. ULD는 IATA 기준으로 영문과 숫자를 혼용하여 9 Digit Code를 부여한다.(예 : AKE20072KE)

① 팰릿Pallet(PLT)

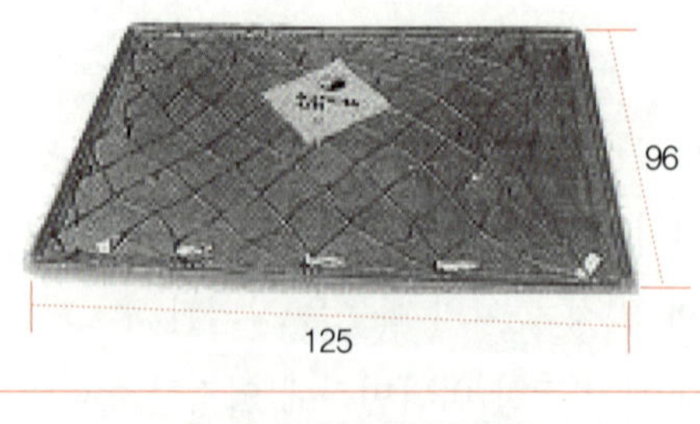

[그림 9.9] 96인치 팰릿

금속으로 된 평판으로서 그 위에 화물을 작업한 후 Net 또는 Igloo를 사용하여 작업된 화물을 고정시킨다. 이렇게 작업된 PLT를 항공기에 탑재하여 화물실 바닥에 장치된 Restraint시스템을 사용하여 항공기에 고정시킨다.

자료 : www.ctisystems.com

[그림 9.10] PLT에 화물을 적재

② 컨테이너Container(CTNR)

ULD Type (IATA Code)	Max Capacity (Tare Weight)	Dimension (Inch)	Utility
LD3 Garment Container(AKE) 	1,588kg (114kg)	60.4×61.5×64	General Cargo Garment

[그림 9.11] 컨테이너의 예

항공기 화물실 Contour에 맞게 제작되어 화물실 공간을 최대한 활용할 수 있도록 제작된 단위탑재용기이다. 주로 Aluminum이나 Glass Fiber로 만들어지며, 용도에 따라 Main Deck CTNR와 Lower Deck CTNR로 나눌 수 있다.

③ 특수 ULD

화물의 특성에 따라 특별히 취급하여야 할 필요가 있는 경우에 사용되는 ULD이다.

Car Transporter

Horse Stall / 말 수송전문 컨테이너, 최대 3마리

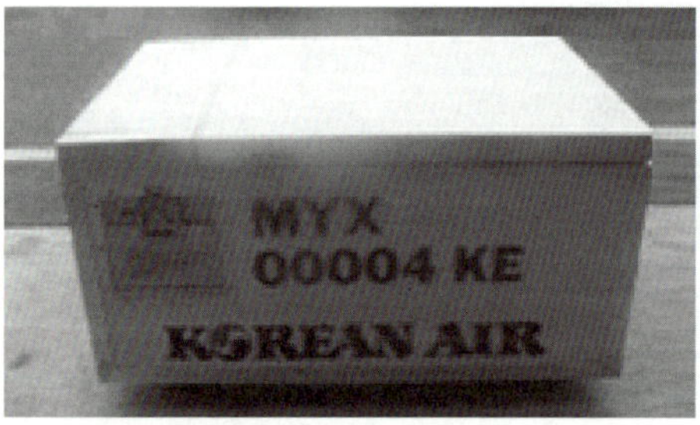

Kooltainer / 온도조절 가능 ULD(섭씨 -20, +15도)

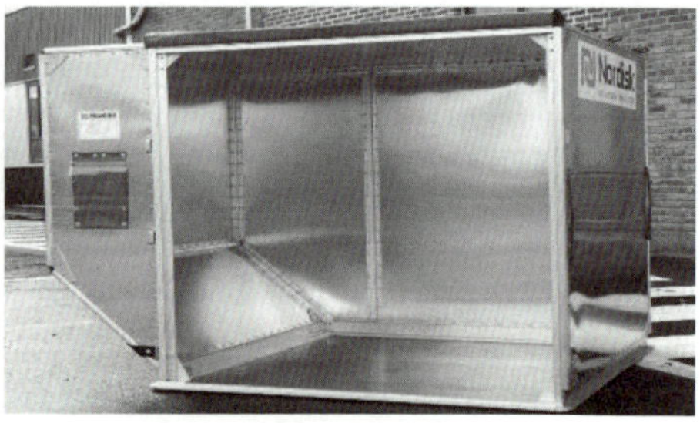

GOH(Garment On Hanger)

[그림 9.12] 특수 ULD의 예

4) 특수화물 취급

(1) 특수화물 종류

특수화물이란 접수, 보관, 탑재 시 특별한 주의를 필요로 하는 화물을 의미하며 각 품목의 특성에 따로 취급하고 있다. 특수화물의 종류는 〈표 9.7〉과 같다.

〈표 9.7〉 특수화물의 종류

종 류	Code	예
위험물	DGR	페인트, 황산, 방사능물질 등
생동물	AVI	말, 개, 돌고래, 벌 등
중량 / 대형화물	HEA/BIG	발전소용 터빈, 항공기 엔진 등
부패성화물	PER	꽃, 고기, 우유, 치즈 등
유해	HUM	유해, 유골 등
귀중화물	VAL	금, 현금, 주식, 보석 등
외교행낭	DIP	해외 주재 대사관으로 보내는 외교문서 등

위험물은 항공운송 시 인체 및 항공기의 안전 혹은 타 물품에 위험을 초래할 수 있는 품목이나 물질로, 규정에 따라 9가지 등급으로 분류된다.

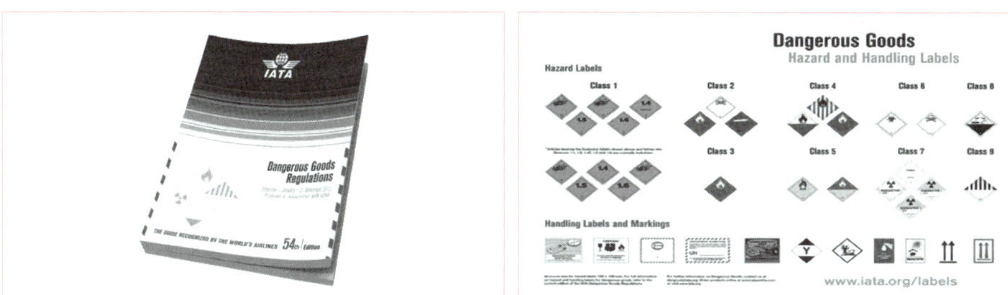

[그림 9.13] 위험물 분류(IATA)

생동물의 운송은 생명과 관련되어 있으므로, 운송준비 단계에서부터 배달Delivery까지 많은 관심과 주의를 필요로 한다.

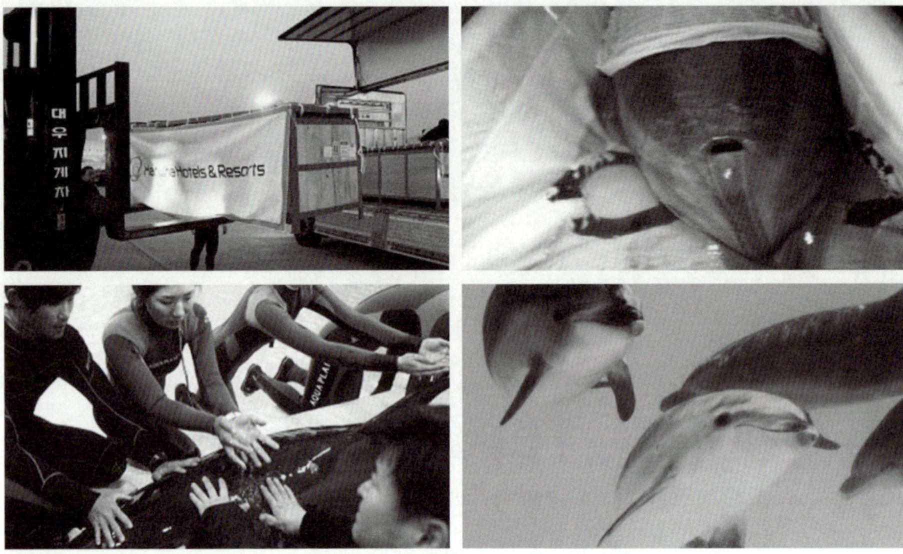

자료 : Sports world

[그림 9.14] 생동물 운송(돌고래 : 일본, 제주)

[그림 9.15] 악어 운송

중량/대형 화물은 크기, 형태와 중량으로 인해 접수에서 인도 시까지 특별한 취급을 요하는 화물이다.

자료 : 에미레이트항공

[그림 9.16] 중량/대형화물 탑재

코일 등과 같이 매우 무거운 화물을 하나의 팔레트 위에 놓으면 휘어지므로, 버팀목을 통해 무게를 분산시키는 방법으로 탑재한다.

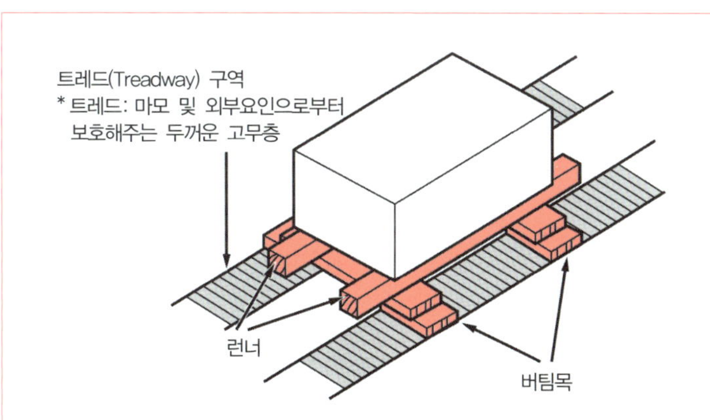

[그림 9.17] 무게 분산(Shoring)

부패성 화물은 운송 중 부패변질 등으로 가치가 손상되기 쉬운 화물이므로, 전 구간 예약 확인 및 관련지점의 시설여부 확인이 중요하다.

[그림 9.18] 부패성 화물

물기를 발생할 수 있는 화물은 흡수제를 사용하며 두리안Durian은 악취로 인해 여객기 화물에 탑재가 금지된다.

[그림 9.19] 두리안 탑재금지

유해를 운송할 때는 경건한 마음으로 취급하고, 사전정보 교환으로 도착지에서 신속한 인도가 이루어지도록 조치한다. 유해수송 시에는 사망확인서, 영사 발급사망확인서(한국 착 유해의 경우는 필요 없음), 장의확인서, 관련국가에서 요구하는 서류를 필요로 한다. 기타화물과 혼재가 금지되며 전구간 예약을 확인해야 한다. 여객기에 탑재 시 승객 탑승 전, 승객 하기 후에 취급한다.

귀중화물은 운송신고 가격이 kg당 USD1,000을 초과하는 화물로, 각종 형태의 금이나 백금, 화폐, 여행자수표, 주식, 채권, 유가증권, 보석류 등이다. 수송 시 사전 승인이 필요한지 반드시 확인해야 한다.

[그림 9.20] 귀중화물

외교행낭은 정부기관 및 공관 또는 공관 간에 수발되는 각종 행낭으로써 분실, 지연 등의 사고발생 시 신속한 보고 및 처리를 요한다.

항공우편물이란, 항공으로 발송되는 서신, 엽서, 소포 및 공행낭 등이며, 만국우편연합의 규정에 따라 위험물의 운송은 불가하다.

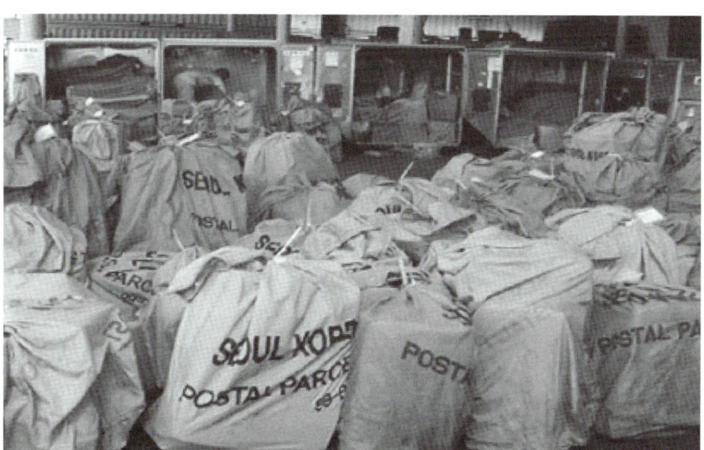

[그림 9.21] 항공우편물

(2) 운송제한 품목

운송제한 품목은 아래의 표와 같다.

〈표 9.8〉 운송제한 품목

품 목	운송제한
• Pig, Goat, Sheep • Snake	여객기 수송금지
• Native Birds Caught in the Wild	CITES 허가서 첨부 시 운송(생동물 중에서 멸종위기 동물에 대해 해당국가의 승인허가 반드시 필요)
• Baby Chicks/Tropical Fish	Winter Season의 경우 ICNKF Capacity에 따름
• Research Purpose Primates • Monkey, Scientific Name • Rodent	운송금지(설치류 : 운송금지)

아래의 사례를 통해 특수화물에 대해 알아보고자 한다.

일등석 대접받는 항공사 귀빈 '특수화물'
고가 미술품엔 블랙박스 … 악기는 운반직원의 키도 맞춰!

호송관이 따라붙는 것은 물론 담당자의 신장까지 서로 비슷해야 하는 항공기의 '특별손님'이 있다. 사람은 아니지만 사람 못지않게 항공사에서 신경 쓰는 '귀빈'인 이들은 바로 고가 미술품과 악기, 동물 등 특수화물이다.

인천공항공사는 28일 첨단과학기법을 동원한 특수화물운송기법을 소개하였다. 미술품은 충격에 약하고 온도·습도에 민감하여 세심한 주의가 필요한 만큼 항공운송에 앞서 작품 크기에 딱 맞는 운송용 상자(크레이트)를 사전 제작해야 한다. 크레이트(Crate)는 작품과 밀착 포장되어 흔들림을 막아주고 내부온도와 습도를 일정수준으로 유지해 주며, 질소가 투입되어 산화반응을 막는다.

고가의 작품일 경우, 항공기 폭발에도 견디도록 설계되고 블랙박스까지 장착된 특수 크레이트가 쓰이기도 한다.

다수의 작품을 한꺼번에 운송할 때는 여러 대의 항공기에 분산시켜 사고피해를 최소화하며, 항공편마다 책임 큐레이터(Curator)가 호송관으로 함께 타 통관을 마칠 때까지 작품을 살피게 된다.

역시 손꼽히는 고가품인 악기를 운송할 때는 부드러운 쿠션과 강철로 만든 보호장치를 장착한다. 운송은 기체의 진동과 온도, 습도 등 영향을 최소화한 특수화물 전용기가 맡는다.
악기를 나르는 운반 담당직원들은 신장도 비슷해야 한다. 둘이 들었을 때 키 차이가 커서 자칫 균형이 맞지 않을 때에 생기는 파손을 예방하기 위해서이다.
살아있는 동물은 폐사 가능성이 커 더 세심한 주의가 필요하다. 유난히 민감하고 까다로운 동물인 돌고래는 폐로 숨을 쉬는데, 적합한 특수 컨테이너를 제작해 사용한다. 바닷물이 기체에 흐르면 부식 우려가 있어 방수조치 또한 필수적이다. 운송 중에는 전담 수의사가 수온과 기온, 호흡수, 피부, 눈빛 등을 꼼꼼히 조사하면서 돌고래가 스트레스를 받지 않도록 돌본다.
또 다른 특이한 사례는 '벌'이다. 운송 시 드라이아이스가 필요한데 쉴 새 없이 날갯짓을 하면서 발생하는 열을 식히기 위해서이다. 다른 곤충은 드라이아이스가 호흡에 방해를 줘 쓸 수 없다는 점과 비교하면 매우 희한한 사례이다.
인천국제공항공사 관계자는 "사람뿐만 아니라 말, 코끼리, 상어 등 대형동물, 고가화물이 항공편으로 운송되고 있다"며 "어떤 경우에도 안전하고 신속하게 수송되도록 최선을 다하고 있다"고 말했다.

– 연합뉴스

02 화물운송의 절차

1) 화물터미널

화물터미널이란, 화주 또는 대리점으로부터 접수한 화물을 해당 항공기 규격에 맞게 작업하여 탑재하거나, 도착화물을 항공기로부터 하역하여 분류하고 수하인에게 인도할 때까지 보관할 수 있는 설비를 갖춘 시설물의 총칭이다.

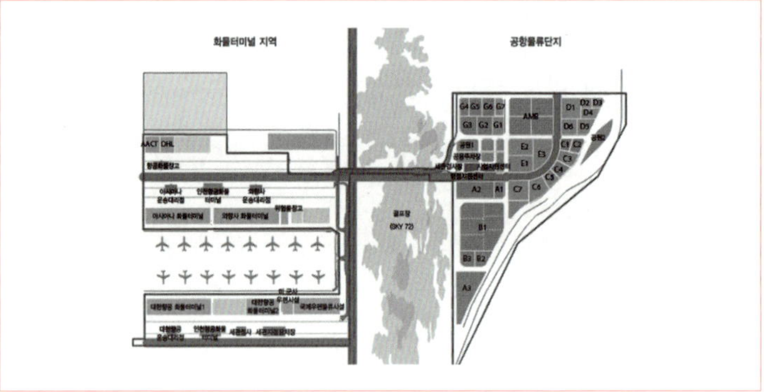

[그림 9.22] 인천국제공항 화물터미널 연결

인천국제공항의 화물운송을 위한 통관처리시스템으로 UNI-PASS를 구축하고 있으며, 아래 그림과 같이 빠르고 간편함을 자랑한다.

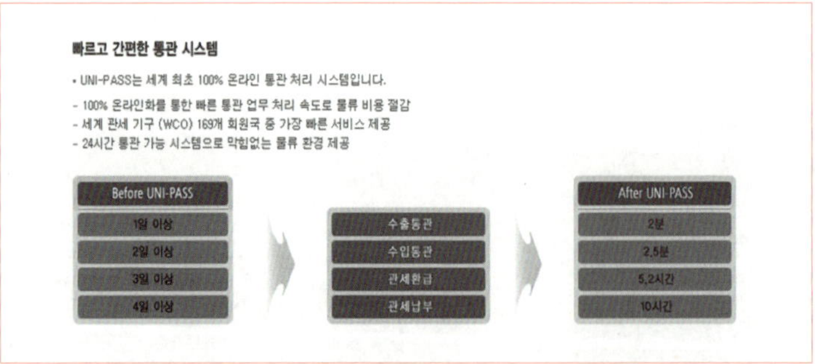

[그림 9.23] 인천국제공항 화물 물류체제

화물터미널에서 사용하는 장비는 아래와 같다.

〈표 9.9〉 화물터미널 장비

구 분	특 징	사 진
AS/RS & MSS	소형 / 경량 수입화물의 보관장비	
Work Station	접수된 화물을 항공기에 탑재하기 위해 ULD에 작업하는 장소	
TV (Transfer Vehicle)	ULD를 수평으로 이동시키는 장비	
ETV (Elevating Transfer Vehicle)	ULD를 수직 / 수평으로 이동시키는 장비	
By-pass Line	작업완료된 상태의 ULD가 반입될 경우, Landside에서 램프로 바로 반출하는 장비	

사진자료 : airportlogistics.lodige.com/cargo.koreanair.com

2) 국내화물운송

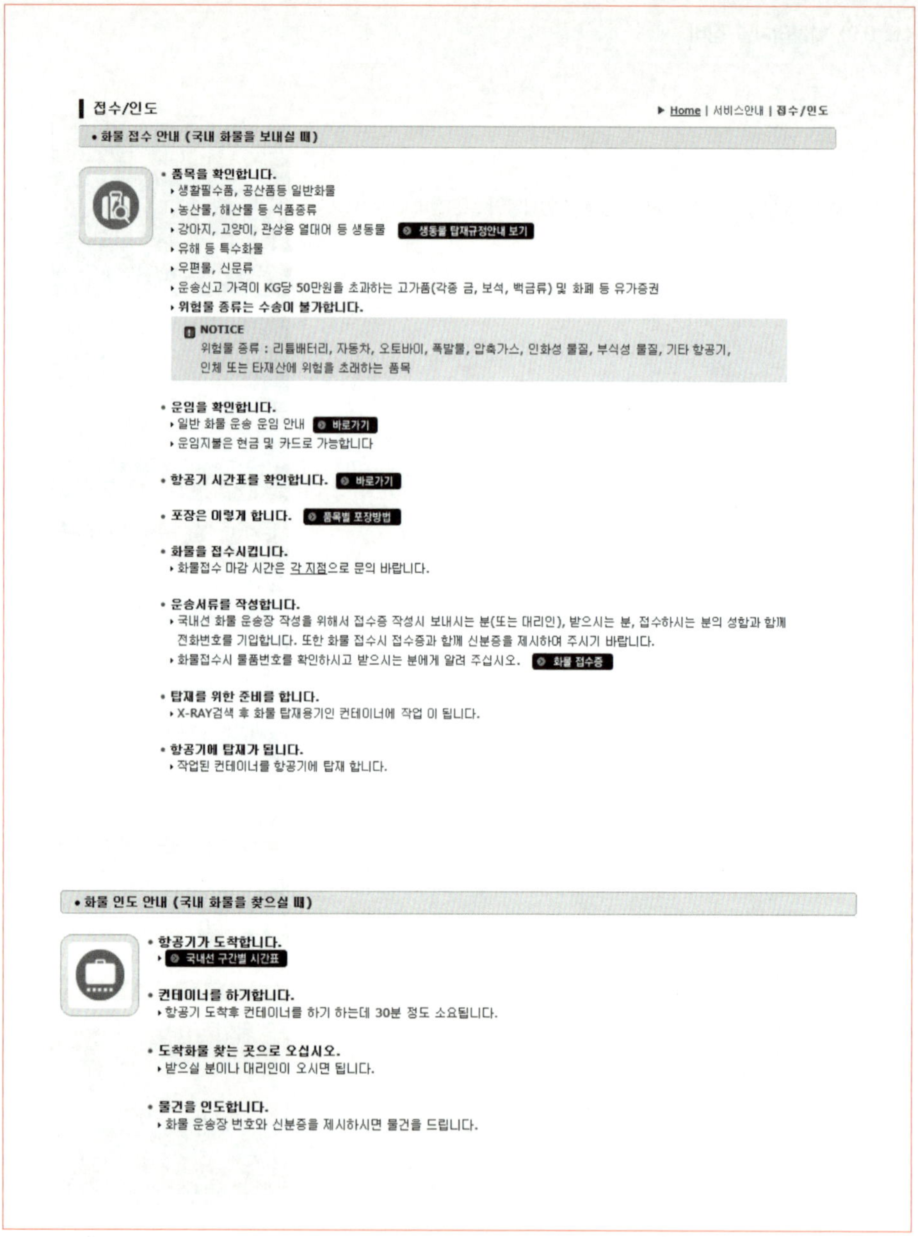
접수/인도

▶ Home | 서비스안내 | 접수/인도

• 화물 접수 안내 (국내 화물을 보내실 때)

• 품목을 확인합니다.
- 생활필수품, 공산품등 일반화물
- 농산물, 해산물 등 식품종류
- 강아지, 고양이, 관상용 열대어 등 생동물 [생동물 탑재규정안내 보기]
- 유해 등 특수화물
- 우편물, 신문류
- 운송신고 가격이 KG당 50만원을 초과하는 고가품(각종 금, 보석, 백금류) 및 화폐 등 유가증권
- **위험물 종류는 수송이 불가합니다.**

NOTICE
위험물 종류 : 리튬배터리, 자동차, 오토바이, 폭발물, 압축가스, 인화성 물질, 부식성 물질, 기타 항공기, 인체 또는 타재산에 위험을 초래하는 품목

• 운임을 확인합니다.
- 일반 화물 운송 운임 안내 [바로가기]
- 운임지불은 현금 및 카드로 가능합니다

• 항공기 시간표를 확인합니다. [바로가기]

• 포장은 이렇게 합니다. [품목별 포장방법]

• 화물을 접수시킵니다.
- 화물접수 마감 시간은 각 지점으로 문의 바랍니다.

• 운송서류를 작성합니다.
- 국내선 화물 운송장 작성을 위해서 접수증 작성시 보내시는 분(또는 대리인), 받으시는 분, 접수하시는 분의 성함과 함께 전화번호를 기입합니다. 또한 화물 접수시 접수증과 함께 신분증을 제시하여 주시기 바랍니다.
- 화물접수시 물품번호를 확인하시고 받으시는 분에게 알려 주십시오. [화물 접수증]

• 탑재를 위한 준비를 합니다.
- X-RAY검색 후 화물 탑재용기인 컨테이너에 작업 이 됩니다.

• 항공기에 탑재가 됩니다.
- 작업된 컨테이너를 항공기에 탑재 합니다.

• 화물 인도 안내 (국내 화물을 찾으실 때)

• 항공기가 도착합니다.
- [국내선 구간별 시간표]

• 컨테이너를 하기합니다.
- 항공기 도착후 컨테이너를 하기 하는데 30분 정도 소요됩니다.

• 도착화물 찾는 곳으로 오십시오.
- 받으실 분이나 대리인이 오시면 됩니다.

• 물건을 인도합니다.
- 화물 운송장 번호와 신분증을 제시하시면 물건을 드립니다.

[그림 9.24] 국내화물 운송절차

3) 수출화물 처리절차

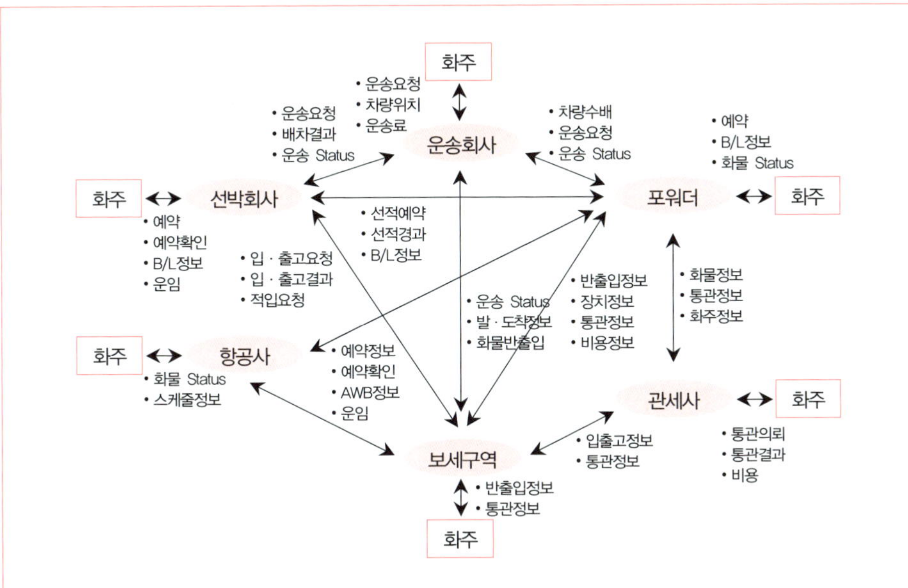

[그림 9.25] 수출 · 입 화물 프로세스

(1) 출발지에서 화물의 흐름

화주가 항공화물운송을 선택하여 수출 운송할 경우, 아래와 같은 절차를 거친다.

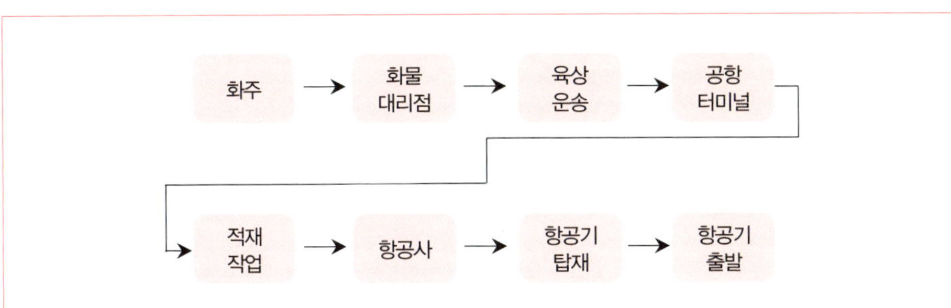

[그림 9.26] 출발지 화물 흐름

(2) ICNKF 수출화물 처리절차

① 수출업무 준비사항

② 적재작업 관리

③ 적하목록AM 작성

④ 탑재관리

⑤ 출항수속

⑥ 사후조치

(3) 도착지에서의 화물처리 절차(인천 화물운송지점)

① 항공기 도착 전 업무

- 각종 MSG 접수 및 SKD 확인
- 입항신고(G/D 신고)
  - 편명, 승무원 명단, 루트Route, 물량, 도착시간 등
- SPCL CGO 사전조업 지시
  - 생동물, 대형 / 중량화물, 귀중화물, 유해, 부패성화물 등
  - 출발지로부터 Pre-info 받은 특수화물의 입항내역을 관련기관에 통보

〈표 9.10〉 특수화물 종류

특수화물 종류	Notice 대상
Live Animal	동물검역소, 수하인
Human Remain	보건복지부 검역소, 수하인
Bank Note	세관, 수하인
총포류	세관, 국정원, 경찰청 외사과

(4) 적하목록Arrival Manifest 출력 및 도착시간

① 항공기 도착 후 업무

- 입항수속
  - 관련기관(세관 승기실, 국토교통부 운항실 및 법무부 출입국 관리소)에 G/D 제출

- 화물 하기 및 분류작업 감독
  - 화물상태 파악 : Damage 발견 시 Cargo Inspection Report 작성
  - 특수화물 도착 및 보관상태 점검
  - 화물분류(인천이 목적지인 화물, 통과화물)
- AWB 분류
  - 인천이 목적지인 화물 : AWB 확인 후 인도담당자에게 인계확인사항 AWB NBR, PC/WT, DEST, 특수화물 여부, 안보 위해물품 여부, 기타 허가서 등 서류완비 여부
  - 통과화물T/S CGO : HUB 운영팀으로 인계
- 창고배정
  - 수하인이 화물인수를 위한 보세창고를 지정하는 것을 '창고배정'이라 하며, 창고배정은 적하목록 제출 시 최종적으로 세관의 승인을 받아 이루어진다.
- 창고배정 권한
  - 항공사는 화주 또는 그 위임을 받은 자가 운영인과 협의하여 정하는 장소에 보세화물을 장치하는 것을 원칙으로 한다.
  - 화주 또는 그 위임을 받은 자가 장치장소에 대한 별도의 의사표시가 없는 경우, 항공사가 선량한 관리자로서 장치장소를 결정하는 경우Master AWB와, 화물운송주선업자가 선량한 관리자로서 항공사 및 보세구역 운영인과 협의하여 장치장소를 결정하는 House AWB로 나눌 수 있다.

4) 수입화물 처리절차

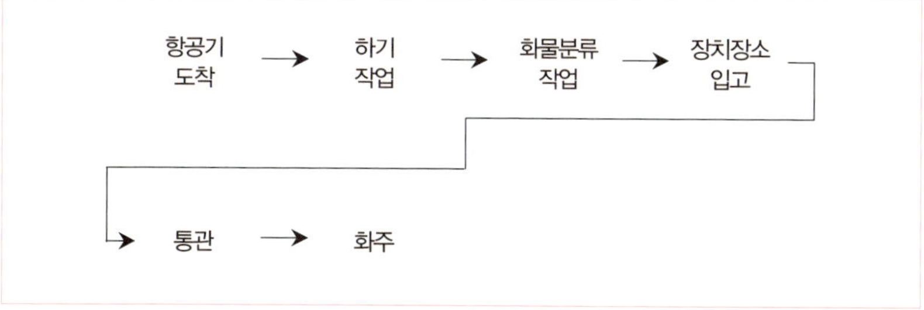

[그림 9.27] 수입화물 흐름

Aviation
Transportation
& Industry

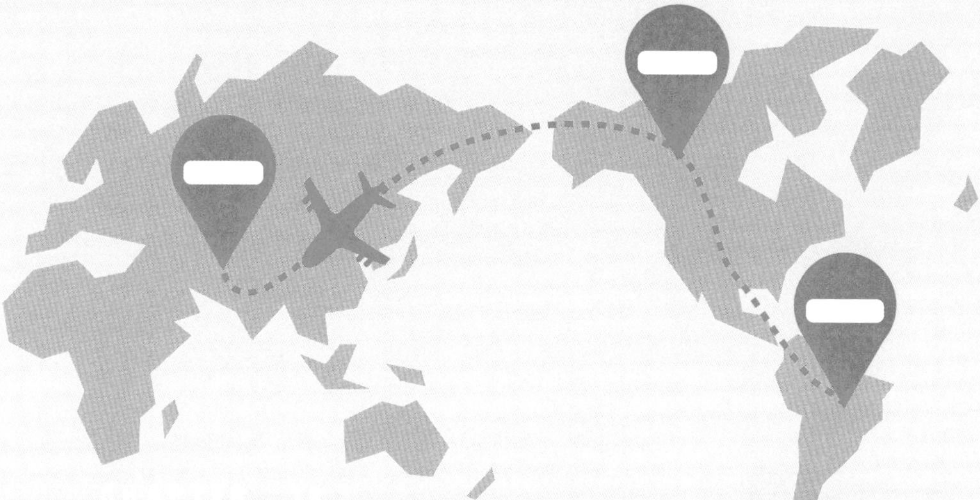

항공기 안전 및 보안

Aviation
Transportation
& Industry

Aviation
Transportation
& Industry

01 항공보안 법규

1) 항공보안

(1) 항공보안의 개념

(ICAO Annex 17)
"불법방해 행위로부터 민간항공의 안전을 보호하기 위한 수단, 인력 및 물자자원의 조합을 말한다."
"A combination of measures, human and material resources intended to safeguard civil aviation against acts of unlawful interference."

항공보안에서 정의하는 항공운항 불법방해 행위는 아래와 같다.

- 운항중인 항공기에 탑승한 승객 또는 승무원에 대한 폭력행위로써, 그러한 행동이 항공기의 안전을 위협할 가능성이 있는 행위
- 운항중인 항공기의 안전을 위협하거나 항공기의 운항을 불가능하게 하는 항공기의 손상 및 운항중인 항공기 파괴행위
- 항공기를 파괴할 가능성이 있는 물품 또는 물체로, 항공기에 영향을 미치는 행위 또는 항공기의 운항을 불가능하게 하거나 안전운항에 위협을 줄 정도의 손실을 가져올 수 있는 행위

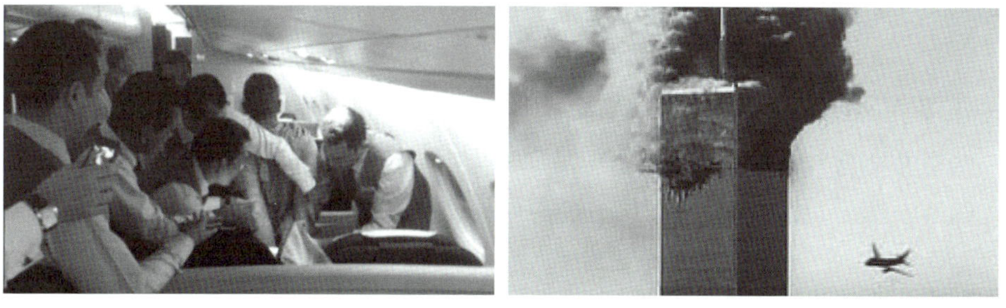

[그림 10.1] 항공운항 불법방해 행위

- 항행시설의 손실 및 파괴 또는 항행시설 운영방해 행위로써, 그러한 행위가 운항중인 항공기의 안전을 위협할 가능성이 있는 행위
- 운항중인 항공기의 안전을 위협하는 거짓 통신정보 제공행위
- 불법적 · 고의적으로 기구, 물체 또는 무기를 사용하여 아래의 사항과 같은 행위를 하는 경우
  - 공항근무 직원에 대한 중상 및 사망을 야기시킬 수 있는 폭력행위
  - 공항 또는 그 주기 항공기에 대한 파괴 또는 공항업무 방해 행위로써, 그 행위가 해당공항의 안전을 위협하거나 위협할 가능성이 있을 경우

(2) 항공보안 관련 국제법규

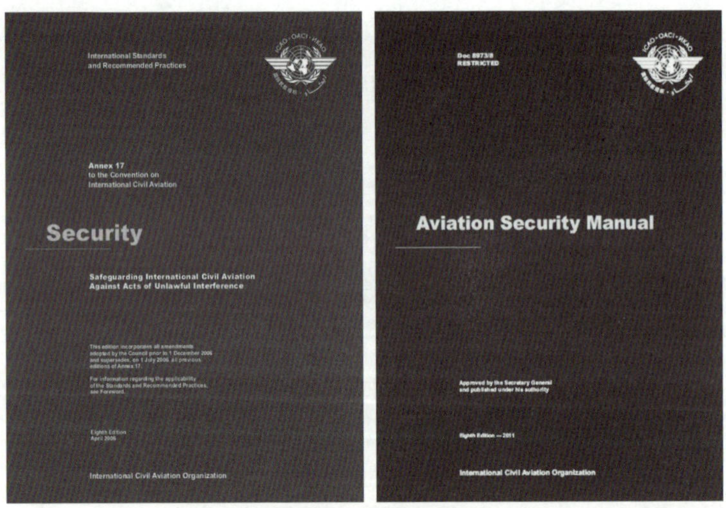

[그림 10.2] 항공보안 국제법규

① ICAO **협약부속서** Annex17 및 ICAO Security Manual

불법방해 행위로부터 민간항공을 보호하기 위한 부속서이다. 다음은 이에 대한 구성이다.

- 정의 : 국제표준의 항공보안 관련용어 정의

- 일반사항 : 보안의 목적 및 목표
- 조직 : 국가조직과 국제협력
- 사전보안 대책
  - 일반보안 목표
  - 승객 및 수하물 관련 대책
  - 수하물, 화물과 다른 제품 관련 대책
  - 접근통제 조치
  - 공항설계 관련 조치
- 불법방해 행위의 대응관리 : 불법방해 행위에 대한 운영적인 측면

ICAO 보안 매뉴얼에서 규정하는 내용은 다음과 같다.

- 항공보안 기초
- 항공보안 운영훈련
- 항공보안 교관
- 항공보안 위기관리
- 항공화물 및 우편물 보안
- 항공보안 감독자(검색)
- 항공사 보안(분야별 교육훈련)
- 항공보안 설비, 정비훈련
- 항공요원 훈련구상 및 개발훈련
- 공항요원 보안경보
- 공항요원 재교육자 훈련
- 공항요원 지속훈련
- 항공보안 고급과정

② 항공기 내에서 범한 범죄 및 기타 행위에 관한 협약(동경협약 1963, 제3장)

항공기 기장의 권한에 대한 규정은 항공기 내에서 어떤 자가 규정된 범죄나 행위

를 범하였거나 범하려고 한다는 것을 믿을만한 상당한 이유가 있는 경우, 다음을 위하여 요구되는 감금을 포함한 필요한 조치를 부과할 수 있다.

- 항공기와 기내의 인명 및 재산의 안전보호
- 기내의 질서와 규율의 유지
- 상기 행위를 한 자를 관계당국에 인도하거나 또는 항공기에서 하기조치를 취할 수 있는 기장의 권한 확보

③ 항공기의 불법납치 억제를 위한 협약(헤이그조약 1970, 제1조, 제3조)

폭력 또는 그 위협에 의해 또는 그 밖의 어떠한 다른 형태의 협박에 의해 불법적으로 항공기를 납치 · 점거하거나 또는 그와 같은 행위를 시도하는 경우에 대해 각 체약국은 범죄를 엄중한 형벌로 처벌할 수 있는 의무를 규정하고 있다.

④ 민간항공의 안전에 대한 불법적 행위 억제를 위한 협약(몬트리올협약 1971, 제1조, 제3조)

민간항공의 안전과 관련하여 비행 중 항공기에 탑승한 자에 의한 어떠한 형태의 위협(폭력, 항공기훼손, 파괴, 허위정보 등)에 대해서도 각 체약국이 엄중히 처벌해야 하는 의무를 규정하고 있다.

⑤ 탐지 목적의 플라스틱 폭발물 표시에 관한 협약(1991)

항공기, 기타 운송수단 및 기타 목표물에 대한 파괴를 목표로 하는 테러리스트에 대한 깊은 우려를 표명하며, 플라스틱 폭발물이 그러한 테러에 사용되어 왔다는 사실을 인지, 탐지 목적의 폭발물 표시로 불법방해 행위를 방지하는 데에 그 목적이 있다.

⑥ IATA 보안 매뉴얼

- 내용 : 민간 항공보안 관련 세부 운영절차 및 규칙 규정

○ 구성

- General Information
- Governments and Civil Aviation
- Airports and Aviation Security
- Airlines and Aviation Security
- Other Airline Security Responsibilities/Issues
- Crime and Aviation
- Risk and Threat to Aviation
- Organizations and Aviation Security
- IATA Resolutions and Recommended Practices Pertaining to Security

(3) 항공보안 관련 국내법규

① 항공법(제50조, 제61조)

○ 제50조 : 기장의 책임소명 규정

항공기의 비행에 대해 책임을 지는 자는 당해 항공기의 승무원을 지휘, 감독한다.

○ 제61조 : 폭발물 등의 운송 또는 휴대의 금지 관련 규정

폭발성 또는 연소성이 높은 물건, 기타 다른 사람에게 위해를 주거나 다른 물건을 손괴할 우려가 있는 물건으로서 건설교통부령이 정하는 것은 이를 항공기에 의해 운송하여서는 아니 된다.

② 국가보안업무 규정(대통령령 제35조, 제37조)

국정원에 의한 국가보안시설 관련 보안 측정을 규정한다.

③ 국가 대테러 활동지침(대통령훈령 제47호)

국가 대테러 관련 보안을 규정한다.

④ 사법경찰관리의 직무를 행할 자와 그 직무범위에 관한 법률(제7조)

항공기 내에서 발생하는 범죄에 관하여는 기장과 승무원이 사법경찰관 및 사법경

찰관리의 직무를 행한다.

⑤ 항공안전 및 보안에 관한 법률(2002.11.26 발효)

국가주도로 민간항공의 안전 및 보안에 관한 기준, 절차 및 의무사항 등을 세부적으로 정하여 운영함으로써 국민의 생명과 신체, 재산을 적극적으로 보호한다.

- 항공안전 및 보안에 관한 기본방침
- 항공안전 및 보안에 관한 중장기 추진방향
- 항공안전 및 보안에 관한 행정기관의 역할
- 공항운영자 등의 항공안전 및 보안에 관한 역할
- 항공안전 및 보안에 관한 비상계획
- 항공안전보안장비 개선계획
- 항공안전 및 보안에 관한 교육 훈련계획
- 항공안전 및 보안에 관한 국제협력 및 보안에 관한 세부 운영지침

⑥ 항공보안에 관한 법률 요약

〈표 10.1〉 항공보안에 관한 법률 요약

항 목		법안 주요 내용
1	항공안전조직 설치 운영	• 항공안전, 기술 등에 관한 업무를 전담하는 조직을 설치, 운영
2	항공안전협의회 및 공항안전운항협의회 신설 운영	• 국토교통부장관을 장으로 하는 항공안전협의회 신설 운영 • 지방항공청장 주관의 공항안전운영협의회 신설 운영
3	승객의 안전 및 항공기 보안	• 항공사는 승객이 탑승한 항공기에 '항공보안요원'을 탑승시켜야 함 ※ 항공보안요원은 사법경찰관리(승무원) 또는 항공운송업자가 지명하는 자 • 항공사는 청원경찰 또는 특수경비원으로 하여금 항공기의 경비를 담당하게 할 수 있음
4	승객, 수하물 등에 대한 검색 주체	• 공항운영자(공항공사) : 승객, 휴대품, 위탁 수하물에 대한 보안검색 실시 • 항공사 : 화물 보안검색 실시 • 공항운영자(공항공사)는 보안검색에 소요되는 비용을 충당하기 위하여 「항공법」 제86조 규정에 의한 사용료의 일부를 사용할 수 있음 ※ 「항공법」 제86조 사용료 : 공항시설사용료, 임대료, 여객이용료 등. 징수방식은 시행령 및 시행세칙에 포함 예정

	항 목	법안 주요 내용
5	통과 및 환승승객 검색 주체	• 공항운영자가 통과 및 환승승객 검색 실시 • 항공사는 통과 또는 환승수하물의 하기 의무화
6	기타 항공보안 관련 내용	• 기내식 탑재 시 보안절차 수립 • 탑승권, 수하물 TAG, 비행서류에 대한 안전보관대책 수립
7	수감중인자의 호송조항 신설	• 기내안전 위해자를 호송할 경우, 사전 항공사에 통보조항 신설 • 항공사는 호송대상자가 안전운항에 위협이 된다고 판단 시 적절한 대책 보강요구 가능
8	벌칙조항 신설 및 강화	• 운항 중 항공기 손괴죄 신설 : 사형, 무기 또는 5년 이상 징역 • 항공기 안전운항 저해 또는 폭행죄 신설 : 5년 이하 징역 • 항공기 운항방해 허위정보 유포죄 신설 : 3년 이하 징역 또는 2천만 원 이하 벌금 • 항공기 점거농성죄 벌금 인상 : 3년 이하 징역 또는 벌금 1천만 원 → 3년 이하 징역 또는 벌금 2천만 원 • 조종실 무단출입 및 기장지시 위반 시 벌금 인상 : 1년 이하 징역 또는 벌금 5백만 원 → 1년 이하 징역 또는 벌금 1천만 원 • 보안검색 업무를 소홀히 한 자 : 벌금 1천만 원 • 통과 및 환승 승객이 휴대물품을 가지고 내리도록 조치하지 아니하거나, 보안검색을 하지 아니하고 탑승하도록 한 항공운송사업자 : 벌금 1천만 원

⑦ 항공안전본부 설립(2002.8.12)

항공안전본부를 설립하여 항공 보안감독관 활동을 강화하였다.

- 항공안전본부 및 지방항공청 공무원 중 항공보안교육 이수자 15명을 항공 보안감독관으로 지정(2002.10.25)
- 현장조사 : 국내 16개 공항에 대하여 2년에 1회 이상 실시
- 보안점검 : 국적항공사가 운항하는 국외공항을 포함하여 1년에 1회 실시
- 불시평가 : 공항 및 항공사에 대하여 모의테스트 장비를 활용하여 보안검색 실태 등을 불시에 수시평가
- 항공보안감독관에 의한 지적 시 항공사에 벌금 부과
- 항공안전본부의 세부 운영지침 배포(2003.6.1)

2) 항공보안지침

(1) 항공보안 관련 각 국가별 지침 및 규정

① MSP 개요

미 FAA MSPModel Security Program 주요사항은 다음과 같다.

- 목적 : 미연방항공규정FAR129.25-27 조항의 관련사항을 준수하기 위함이다.
- 범위 : 이 절차는 미국 내 전 공항 및 미국으로 운항하는 항공기가 출발하는 전 공항 지역에 대한 승객 및 승객물품 검색, 화물처리, 항공기 및 시설물에 대한 보안, 불법 방해 행위에 대한 처리와 보고, 교육훈련, 우발계획 등에 관한 사항을 관할한다.
- 대상 : 국제선을 운항하는 민간항공사는 불법방해 행위 방지책을 수립, 시행하여 적절한 승객에 대한 보호를 제공하여야 한다. 항공사가 실시하는 보안절차들은 해당공항의 보안프로그램을 준수하여 수립, 시행되어야 한다.

② MSP 중 항공사가 반드시 준수해야 하는 사항

- 승객 및 승객 휴대 수하물에 대한 검색
  - 항공사는 위험물품 은닉여부를 탐지하기 위해 물리적 검색 또는 검색장비에 의한 검색을 받은 승객 및 승객의 물품을 제외하고는 기타 승객 및 승객의 수하물을 탑승(재)하여서는 아니 된다.
  - 항공사는 검색이 완료된 승객과 그들의 물품에 대해 미검색 된 사람과의 접촉을 방지하기 위해 보안성이 유지되는 지역에 머물도록 하여야 한다.
  - 항공사는 승객검색을 수행하는 모든 검색요원은 보안프로그램에 명시된 승객 및 휴대 수하물검색 해당분야를 숙지하도록 하여야 한다.
  - 항공사는 보안프로그램에 의거하여, 승객이 신체검색이나 위탁 수하물 또는 휴대물품에 대한 보안검색에 동의하지 않을 경우, 해당 국제선 항공편에 승객 또는 휴대물품의 탑승(재)을 거절할 수 있다.
  - 항공사 직원, 용역업체 그리고 대리인을 통하여 검색 업무를 수행하는 항공사는 미국 내에서 FAA에 의한 검색테스트 시 FAA에서 승인한 검사/시험 대상

물체를 각 검색요원이 감지할 수 있도록 하여야 한다. FAA테스트는 불시에 실시되며, FAA인가 테스트 장비를 사용한다.

- 항공사는 특별한 승객처리(고가품을 소지한 승객, 의료 보조장비를 한 승객, 장애인 승객 등)에 대해 별도의 지역에서 검색을 하되, 모든 수하물은 물리적 또는 X-레이 검색(또는 수검색)을 실시하고, 검색이 끝난 직후 항공사 직원은 승객을 보안검색 완료 구역으로 에스코트해야 한다.

○ 위탁 수하물의 처리

- 미국 내에서 항공사는 유효한 티켓을 소지한 승객으로부터만 위탁 수하물을 접수하여야 하며, 항공사가 지정한 인가된 대리인에 의해 공항 체크인 카운터에서만 접수하도록 하여야 한다.
- 항공사는 일단 수하물이 접수되면 목적지에 도착하여 승객에게 반환될 때까지 또는 타 항공사로 환승 시 타 항공사에 전달될 때까지 수하물을 비인가자의 접근으로부터 보호되도록 하여야 한다.
- 항공사는 만약 승객이 항공기에 탑승하였거나 또는 승객이 탑승하지 않은 수하물에 보안통제 상 이상이 없어 운송 가능한 경우를 제외하고는 해당 승객의 위탁 수하물을 운송하지 않도록 하여야 한다. 항공사는 기상상태, 기계적인 문제 또는 기타 정당한 지연사유가 있을 경우 승객과 분리하여 위탁 수하물을 운송할 수도 있다.

○ 화물처리

- 항공사는 화물청사 보호구역 내에서 처리되는 화물과 관련하여 철저히 인원 및 물품에 대한 통제를 실시하여야 하며, FAA에서 승인한 보안프로그램에 따라 화물을 처리하여야 한다.
- 항공사는 상용화주나 비상용화주 또는 타 항공사로부터 화물접수 시 FAA에서 규정한 절차에 따라서 접수하여야 한다.

○ 항공기 및 시설물에 대한 보안

- 보호구역 내에서 근무하는 모든 항공사 직원은 출입증을 패용하도록 하여야 하며, 이 출입증은 근무복 정면의 눈에 잘 띄는 곳에 착용하도록 하여야 한다.

- 항공사는 의심스러운 물체 또는 미확인 물품이 탑재되어 있는지 확인하기 위해 항공기의 내·외부에 대해 승무원, 유지보수 직원 또는 해당 근무요원으로 하여금 검색하도록 하여야 한다.

(2) 각국 주요지침

① EU

- 유럽 통합대테러 특수팀 창설
- 미국과 보안협력체계 강화
- 테러조직 자금동결 법안
- 항공보안 비상대응체제 강화 : Health Security Committee 신설
- 항공보안정책 국내선 동일 적용
- 새법령 신설Regulations in the Field of Civil Aviation Security
  - 2002.12.16 시행
  - 보안조치 취약 공항 및 항공사에 대한 적절한 통제
  - 여객기 이용자에 대한 통제조치
  - 모든 여객화물에 대한 적절한 통제
  - 항공화물과 우편물품에 대한 적절한 통제
  - 항공산업 종사요원에 대한 교육, 훈련
  - 특별히 분쟁지역 및 보안취약지역 운송항공화물에 대한 보안강화
  - EU국가에 대한 항공보안점검 실시

② 캐나다

- 항공보안담당전문기구 설치 : 승객검색, 기내 보안업무담당기관 설치CATSA, Canada Air Transportation Security Authority
- 보안법 개정, 세금부과
- 항공보안 개선을 위해 10억 달러 투자
- 기내 무장보안요원 배치

③ 영국

- 미국, 캐나다행 휴대, 위탁 수하물 검색 강화
- 제한구역 반입물품 검색
- 미국행 항공기 경비배치 및 화물통제 강화
- 승객 프로파일링 강화
- 공항근무자 신원조회 강화
- 기내 조종실문 강화
- 기내 무장보안요원 배치 검토

④ 싱가포르

- 모든 위탁 수하물에 대한 폭발물검사를 위한 폭발물 탐지장비 설치 예정
- 생체인식 보안장비 설치 예정
- 모든 항공기 조종실 출입문 방탄장치 및 카메라 설치

⑤ 중국

- 기내 보안 강화: 조종실 강화문 설치, CCTV 설치
- 기내 보안요원 교육 강화
- 민간항공법 개정: 불법행위 발생 시 기내 기장, 승무원, 기내 보안요원 업무 명확화

02 항공안전 보안

1) 안전관리 일반

(1) 안전관리 개념

안전관리란, 각종 사고의 발생원인, 경과 및 방지대책에 대한 체계적인 관리방식으

로써, 그 내용은 안전설계나 유지관리 등의 기술에 편중된 것이 아니라, 인간을 포함한 설비의 관리체계와 안전조직 및 안전에 관한 경영관리 등을 체계적으로 포괄하는 것이다. 따라서 총체적 접근을 통한 모든 종사자의 참여로 고객에게 양질의 서비스를 제공하는 것이 안전관리의 목적이다. 안전에 중점을 둔 관리 자세는 다음과 같다.

- 모든 것은 안전으로부터 시작
- 안전의 중요성을 전부서 인원이 인식
- 안전지향 정책 확립을 위한 관리자 양성 및 운영
- 사고사례를 거울로 삼음
- 안전에 초점을 둠
- 효율적인 커뮤니케이션 → 피드백을 증대
- 표준화된 절차를 수행

각종 안전사고를 미연에 방지하여 인명과 재산의 손실을 극소화하고, 안전 저해요인을 색출·제거하여 절대 안전을 확보한다는 목표 하에 항공사는 [그림 10.3]과 같이 항공안전보안 전분야에 대한 총괄적 관리체계를 구축하고 있다.

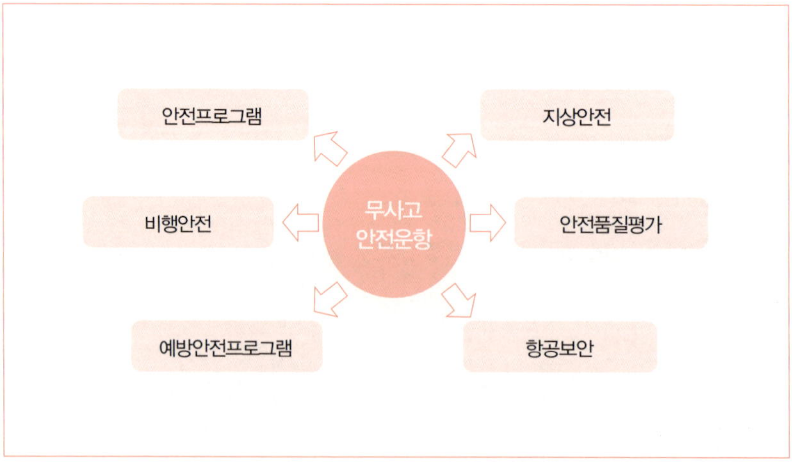

[그림 10.3] 무사고 안전업무

이러한 안전보안의 목표는 사고예방, 안전저해요인 분석, 내부평가, 규정준수를 위한 진취적 프로그램을 활용, 고객을 위한 최고의 항공안전 품질의 지속적 확보에 있다. 운영방침으로는 아래 3가지를 구축하고 있다.

- 예방안전이 최우선 정책
- 안전품질의 지속적 향상 유지
- 안전조직 문화 구축

(2) 스위스 치즈Swiss Cheese 모형

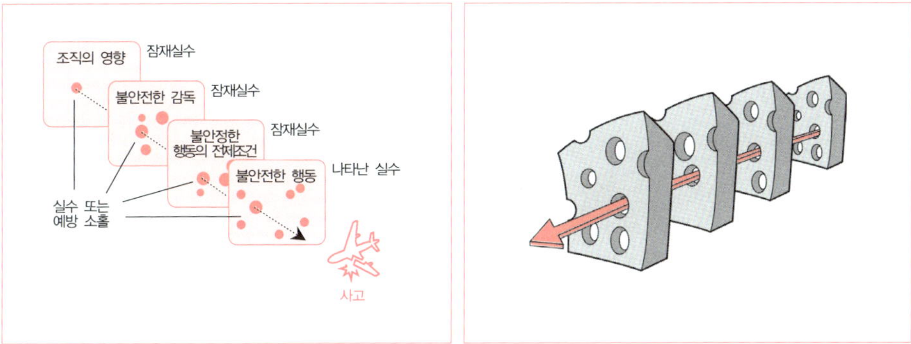

[그림 10.4] 스위스 치즈 모형

1990년 J. Reason은 사고의 경로에 관하여 'Swiss Cheese' 모델을 발표하였다. 사고에는 상호영향을 미치는 4단계 과정이 있음을 지적하고 있다. 안전보안관리 프로그램을 스위스 치즈Swiss Cheese 모델의 4단계 요인별 측면에서 분류하면 다음과 같다.

① 경영Management 측면

- 안전정책
- 안전규정
- Safety & Security Goal
- 안전운항 추진 계획서

② 시스템System 요인 관리측면

- 무사고 안전장려금제도
- 안전제보제도
- Safety Management Data Base
- 지상안전 Penalty제도
- Air Safety Report
- Flight Operation Quality Assurance
- Security Watchlist System
- Air Taser Operation
- Enhanced Cockpit Door

③ 인적요인 관리측면

- 안전보안 전자매뉴얼MMS
- Safety Information Circular
- 안전지SkySafety 21
- 안전보안 E-training System
- 산업재해 무재해운동
- Quality & Manual Control

④ 안전 방어측면

- Safety Manager
- 항공기사고 대응계획
- 이동지역 안전순찰제도
- Safety & Security Audit
- Accident Investigation
- Go-team
- Security Alert

항공사의 무사고 안전장려금제도 Safety Promotion Bonus Program

무사고 안전에 대한 전직원의 관심을 유도하고 안전의식을 고양함으로써, 무사고 안전운항을 정착시키기 위해 연간기준으로 일정수준의 목표점수를 정하고, 동 목표점수를 달성 시 안전장려금을 지급하는 제도이다.

- 시행일 : 1996년 1월 1일 ~
- 적용대상 : 대한항공 전부서
- 목표점수 : 완전무결한 안전도 평가점(30만 비행시간의 경우 1,000점)을 기준으로 22.5%의 허용 감점 설정
- 평가기준
  - 감점대상 : 인적요인으로 인한 인명피해, 물적 피해, 항공기 손상 또는 심각한 회사이미지 손상 등이 발생한 경우에는 유형별 감점을 부여
  - 가점대상 : 항공기를 위급한 상황에서 무사히 귀환조치 또는 중대한 안전 저해요인을 사전에 발견, 사고를 미연에 방지하여 안전포상을 수상한 경우에는 가점 부여
- 감점 및 가점요인

구 분	요 인	가점/감점 점수
감점요인	• Aircraft Damage	−10, 실격
	• Operational Irregularity	−3, −20
	• Cargo Handling Irregularity	−5, −20
	• Ground Operational Irregularity	−1, −2
	• Injury to Person	−1, −20
	• Fine	−3, −5
가점요인	• 안전관련 포상	+5, +30
	• 무재해 포상	+1, +5

2) 비행안전

(1) 항공사고

① 항공사고 및 준사고의 정의

〈표 10.2〉 항공사고 및 준사고 정의

사 고	준사고
• 사람이 사망하거나 중상을 입은 경우 • 항공기의 기체강도, 비행성능에 영향을 주는 항공기 파손 및 구조결함이 발생한 경우 • 항공기가 실종되어 교신이 불가능한 경우	• 근접비행 또는 지상과의 충돌위험 • 폐쇄 활주로에서의 이 · 착륙 • 비행 중 화재 • 중대한 엔진파손, 기체파손 • Undershooting, Overrunning, 활주로 이탈

② 항공사고 조사 참여자

〈표 10.3〉 항공사고 조사 참여자

구 분	참여자
사고 발생국	• 사고조사 주관, 조사결과 발표
사고조사 참여국	• 항공기 제조국, 설계국 및 조립국 • 항공기 운영국 • 항공기 소유국
조언자	• 항공사 • 항공기 제작사, 엔진 제작사, 부품 제작사

③ 사고 조사보고서

사고 조사의 주체국은 사고 조사 종결 후 사고 조사보고서를 작성한다. 작성된 조사보고서는 사고 참여 국가들에게 보내지며, 이들의 의견을 반영 혹은 첨부하여 최종 사고 조사보고서를 발표하고 ICAO에 보고한다.

④ 항공사고 비상조직

항공사고 비상조직이란, 항공기 사고발생 시 즉시 집결하여 사고현장에 파견, 조사 업무를 수행할 수 있도록 만들어진 비상조직이다. 조직적인 자체 조사활동으로 안전장애 요소를 검출하여 사내 안전개선 정책수립을 돕는다. 공식 사고조사 주체기관의 조사활동에 적극 참여하여 정확한 원인규명 및 기관의 안전정책 수립을 돕는다.

⑤ 사고 조사의 흐름Flow

- 사고 발생 및 통보
- 항공사고 비상조직 소집
- 현장파견 및 조사
- 현장 외 조사
- 사전조사 보고서
- 안전권고

[그림 10.5] 사고 조사의 흐름

항공사고가 발생하면 초기사고 상황 초도보고가 이루어지고 정부기관 및 ICAO에 통보된다. 항공사고 비상조직이 소집되어 현장에 파견되면 조직구성회의, 현장보고서 작성 등을 실행한다. 현장 외 조사는 연구소 실험, 시험비행, 모의비행, 항공사와 제작사 방문조사, 항공기 잔해 재생 등의 연구가 이루어진다. 사고 조사보고서가 완료된 후 마지막으로 사고예방을 위한 조치로 마무리된다.

[그림 10.6] TWA항공사의 항공기 Reconstruction 현장

(2) 항공사고 예방안전 프로그램

국내 항공사는 수집된 비행자료를 분석하여 비행조작의 표준화를 유도하고 잠재적 불안요소를 사전에 제거함으로써 안전운항 확보를 위한 예방안전 활동을 하고 있다.

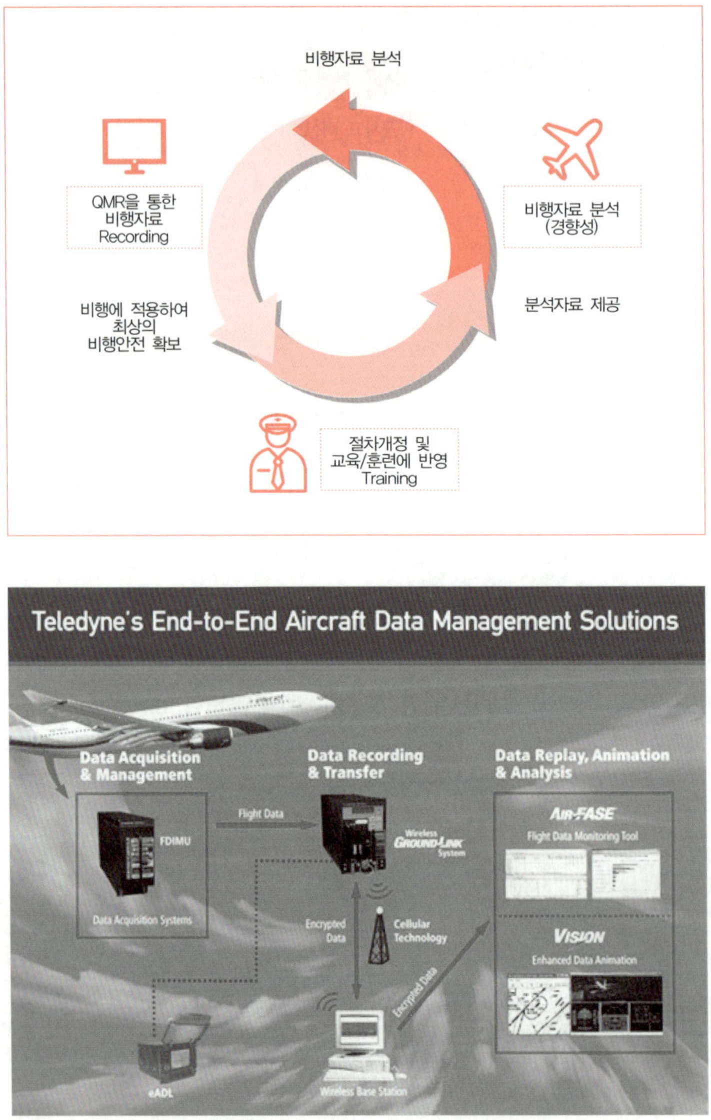

[그림 10.7] 항공사고 예방안전프로그램 활동

(3) 지상안전

지상안전은 항공기를 지상에서 안전하게 조업하는데 필요한 기준을 정하여 지상안전사고를 사전에 예방하고 항공기, 승객, 작업자 및 차량/장비 상호간의 안전을 확보하는 것을 말한다.

① 지상조업별 준수사항

- 항공기 도착
  - 주기장 안전선 내의 제반 차량/장비 및 이물질 제거
  - 유도사 및 Wing Guard양측 Wing 각 1명 배치
  - Bat 또는 Signal Light야간 사용 또는 Icao 표준 동작의 수신호에 의한 항공기 유도
  - Automated Guidance SystemDgs 또는 Gis이 설치되어 있는 공항인 경우, 항공기 Spot-in 전에 시스템의 정상작동 여부 확인
  - 조종사는 지상장애물 등 불안전요소 발견 시 항공기를 즉시 정지/관제기관 및 지상요원에게 확인 요청
  - 항공기의 모든 엔진이 정지 후 Nose와 Main Tire에 초크Chock 설치/적정 수량의 안전 콘Safety Cone 설치
  - 항공기 주기 및 계류 중 Static Ground Earth Line 설치
- 항공기 출발
  - 비행 전 착륙기어 지상 고정핀L/G GRD Lock Pin 장탈
  - ICAO 표준 수신호에 의한 Signal을 최종 확인 및 항공기 Light로 재확인 후 출발
- 조업장비 작동
  - 항공기에 Step Car 및 직접 조업장비를 접현 시, 항공기로부터 10m 떨어진 곳에서 일단정지 후 유도자의 유도에 따라 서행, 접현 후 Parking Brake를 세트 및 초크 설치
  - 항공기에 장비 접현 시, 항공기의 자세변화를 고려하여 적정 안전거리 유지 및 동체 표면에 밀착금지
  - 운전장비는 인가된 자에 한해 작동 및 장비작동 중 이탈금지

- 조업장비를 항공기에 접현 시, 제동조치 후 초크 설치

○ 차량장비 운용

- 이동지역 내에서의 차량, 장비는 소정의 운전승인을 받은 자가 운전 / 무면허, 음주, 과속운전 금지
- 이동지역 내에서는 운행속도 준수
- 항공기 견인 시 : 시속 8km 이내
- 화물 견인 시 : 시속 20km 이내
- 여객 / 화물 청사지역 및 항공기로부터 30m 이내 운행 시 : 시속 15km 이내, 상기 이외(별도 표지가 없는 경우) 운행 시 : 시속 30km 이내
- 차량, 장비는 주행로를 따라 운행하고 앞차와의 안전거리 10m 유지
- 화물 하역 또는 견인 시 서행(시속 20km 이내) / 급회전, 급정지 금지
- 탑승교 아래통과 시 탑승교 높이 확인 및 항공기 동체 또는 날개 하단 통과금지
- 시동중인 항공기로부터 엔진 전방 8m, 후방 50m 이내의 접근 및 주차금지
- 항공기로부터 10m 이내 접근통과 금지 / 직접 조업장비 이외 주기장 안전선 내 주 · 정차금지
- 활주(이동) 중인 항공기를 만났을 때는 항공기가 완전히 통과할 때까지 10m 이상 떨어져 정지 / 야간에는 전조등Head Light을 소등하고 위치등Small Light 점등
- 항공기 시동 시, 시동에 필요한 장비Gpu, Asu 외에는 항공기 엔진 전방 8m, 후방 50m 이내 접근 및 주 · 정차금지, 항공기 충돌 방지등Anticollision Light 점등 시, 항공기 주위 운행금지
- 횡단보도와 교차로에서는 반드시 일단 정지 / 악기상(안개, 비, 서리, 눈, 빙판) 하에서는 사주경계, 방어운전, 감속 등 안전운행
- 무리한 추월 및 끼어들기 금지 / 승차정원 및 화물적재량 초과운행 금지
- 이동지역 내에서 이동지역 안전관리자에 의한 음주측정 및 차량속도 측정 가능

○ 화물조업

- 화물기의 Cgo Loading / Unloading 시 Tail Post 또는 Nose Tethering 설치 / Ail Post 견인속도는 시속 4km 초과금지Ref B744P Combi A/C도 반드시 Tail Post 설치

- 항공기에 Tail Post를 접근, 이탈 시 반드시 유도자의 유도에 따라 항공기 우측 이용
- Tug Car로 Dolly나 Cart 견인 시, 3대 이하 연결 / 항공기 동체 또는 날개하단으로 통과 운행금지
- 화물탑재 시, 관련절차 준수 / 화물기 안전관리자Freighter Safety Inspector가 Check List에 의거 항목별 확인점검

○ 항공기 출입문 작동

- 항공기 출입문의 작동은 기종 Door 작동교육을 이수하고 OJT를 받은 직원에 한 한다.(비상시는 지휘계통의 명령에 따라 승무원이 내부에서 오픈Open)
- Wide Body A/C : B747, B777, Md11, A300 & A330 계열 외부에서 운송요원(지상조업사) 또는 정비사가 Door Wondow를 Knock하여 기내 승무원의 수신호 확인 후, 외부에서 오픈Open
- Narrow Body 항공기 : MD80 계열, F100, B737 계열 지상직원의 수신호 확인 후, 객실승무원이 내부에서 오픈Open

② 지상사고 유형 및 원인

지상사고의 유형은 아래와 같다.

〈표 10.4〉 지상사고 유형

작업 유형	확 률
화물(수하물) 탑재 / 하기	31%
화물 적재 / 취급	22%
지상조업 장비 / 차량	15%
정비	13%
끌기	6%
엔진 후류 / 강풍	4%
기내식 탑재	3%
항공기 운항 중	3%
연료 보급	2%
객실서비스 중	1%

지상사고 원인은 규정과 절차 미준수가 약 70%를 차지하면서 가장 높고, 작업 부주의, 관리/감독 소홀, 장비결함, 기타 등이 그 뒤를 잇고 있다.

③ 지상사고의 사례

○ 사례 1) 항공기 세척작업 중 기체손상

- B777항공기 세척작업 중 호스(Hose) 물 분사구(Nozzle)의 연결부위가 수압을 이기지 못하고 날아가 항공기 수직 안정판에 박히는 사고발생
- 원인 : 연결부위 마모로 인해서 정상적으로 고정되지 못함

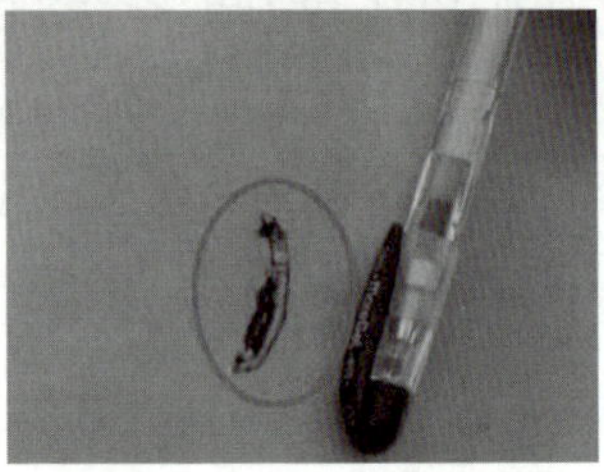

○ 사례 2) 항공기에 조업장비 접현 중 항공기 동체와 접촉

- Cargo Loader를 B744 항공기 하부 전방 화물칸에 접현 중 Cargo Loader가 정지되지 않고 항공기와 접촉, 동체가 파손되는 사고발생
- 원인 : 제동장치 유압호스 노후/장비 작동자의 조작 실수 및 비상조치 미숙

○ 사례 3) 기내식 탑재 준비 중 Escape Slide Inflation

- A330항공기에 기내식을 탑재하기 위하여 항공기 문을 여는 과정에서(정비작업으로 항공기 Door Mode가 변경되어있지 않음을 확인하지 않아) Escape Slide가 팽창, 항공기에 접현 중이던 기내식 탑재차량 앞 유리와 충돌되면서 Escape Slide가 파열됨
- 원인 : 기내식 조업직원의 도어작동 절차 무시(대형 항공기의 문은 반드시 외부에서 오픈), 정비작업 시, M/M 절차 미준수

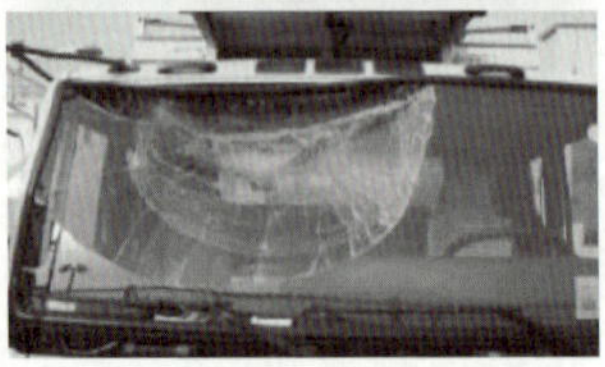

사례 4) 항공기에 연료보급 작업준비 중 연료보급 계기판과 접촉

- B744항공기가 도착 후 항공기 연료보급 계기판이 손상되고 열린 상태로 발견됨
- 원인 : 전(前)공항에서 연료보급을 위하여 연료차의 승강기를 항공기에 접현시키면서 승강기 난간과 접촉, 손상, 항공기 작업완료 후 Final Inspection 미실시

사례 5) 화물 Un-loading 중 항공기 Tipping 발생

- MD-11F 화물 하기작업 중 화물 하기 절차 미준수로 인해 항공기 무게가 후방으로 집중되면서 항공기 전방이 들려 항공기 후방동체가 지면에 닿는 사고 발생
- 원인 : 화물기의 Nose Tethering, Tail-post 장비가 구비되어 있지 않음에도 불구하고 Main Deck 내의 화물을 하기 절차와 관계없이 하기하는 과정에서 Tipping됨

사례 6) ADD Baggage 탑재 중 Tug Car 급발진

- 공항에서 추가 수하물을 Tug Car에 탑재 중 실려 있던 수하물이 차량 가속발판에 떨어져 급발진, 유도로 지시등을 깨면서 주기장 외곽 울타리와 추돌함
- 원인 : 작업 중 시동을 끄지 않고 주차브레이크, 쐐기(Chock)도 설치하지 않은 상태였으며 동 차량은 수하물 운반용으로 사용할 수 없음에도 사용함

④ 지상사고의 예방관리

도미노이론

하인리히H. W. Heinrich의 '도미노이론'을 근거로, 지상사고의 발생 원인을 이해하고 그 발생 고리를 끊을 수 있는 방법을 이해해야 함을 제시한다. 하인리히의 도미노이

론이란, 5개의 요인을 도미노처럼 세워두었을 때 하나의 도미노가 쓰러지면 연쇄적으로 마지막 도미노까지 쓰러진다. 이 중 하나나 두 개의 도미노만 제거하면 사고나 상해를 방지할 수 있게 된다는 것을 말한다.

- 사고방지 프로세스(5단계)

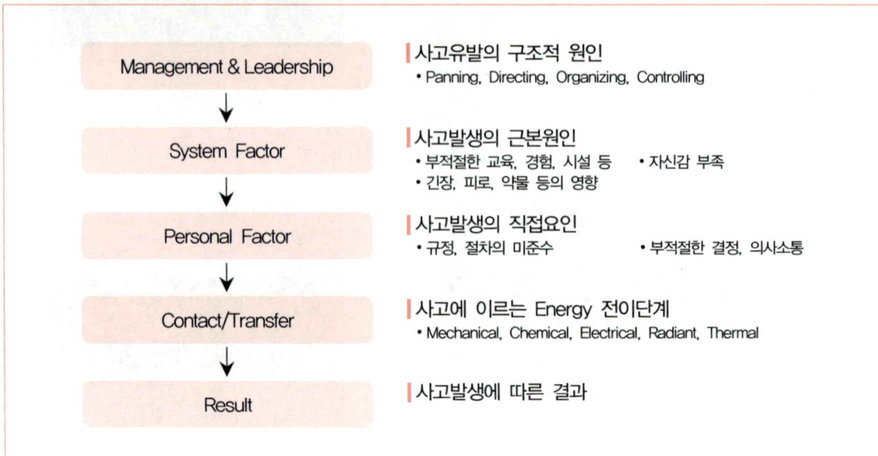

[그림 10.8] 하인리히의 도미노이론과 사고방지 5단계

3) 세계 항공보안 트렌드

(1) 승객 검색 신기술 개발

- 홍체망막
- 지문인식
- 장문인식Hand Geometry
- 얼굴인식
- 음성인식
- 신체투시용 X-레이X-ray

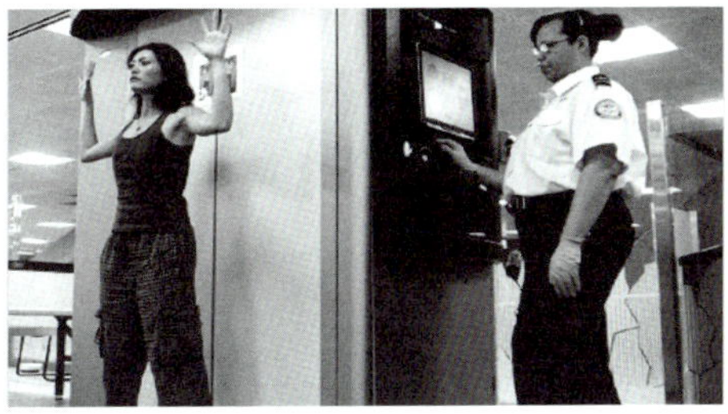

[그림 10.9] 승객 검색 신기술

(2) 위탁 수하물 검색시스템 개발

○ ETDEsplosive Trace Detector

[그림 10.10] ETD

○ ADEAdvance Substance Detector

근거리뿐만 아니라 원거리의 물질을 흡입하여 탐지하고 식별하는 특수장치이다.

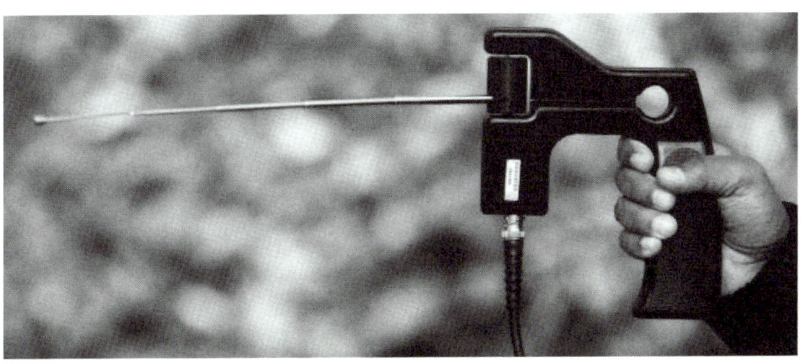

자료 : www.dailymail.co.uk

[그림 10.11] ADE

○ 폭발물 탐지기 CTX

자료 : www.businesswire.com

[그림 10.12] 폭발물 탐지기

(3) 화물검색시스템 개발

대형화물도 검색 가능한 대형 X-레이가 등장하였다.

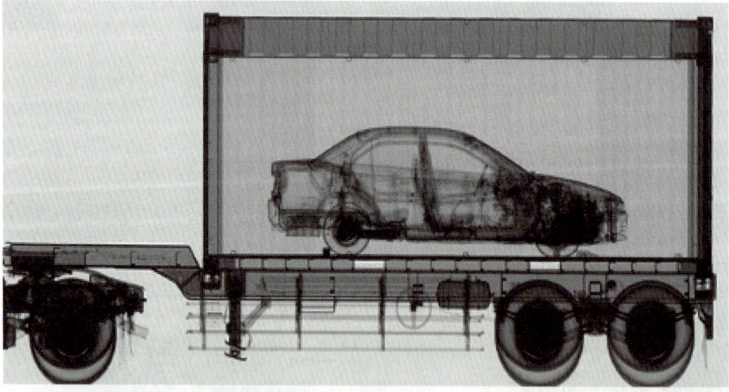

자료 : www.farlabs.edu.au

[그림 10.13] 대형화물 X-레이

(4) 조종실 출입제한 조치

○ 1단계 : 내부 잠금장치

○ 2단계 : 조종실 방탄문 장착

- 3단계 : 기내 CCTV 장착

4) 국내 항공사 항공보안대책 규정

「항공안전 및 보안에 관한 법률」 시행령 제8조 및 세부운영 지침 제27조의 항공사 시행계획 사항에 의거하여 아래와 같이 항공보안 규정이 실시되었다.

(1) 항공보안 규정

① 총칙 / 보안조직 및 업무활동 / 보안정보 전달 및 홍보

- 규정 통제 및 개정 절차를 명시하여 규정 통제 책임부서 및 업무 절차를 명시한다.
- 각 부서장 및 공항 지점장은 인사발령과 동시에 보안담당자로 임명된 것으로 보며, 규정 이행 및 분야별 항공 보안업무에 대한 1차적인 지휘 및 관리감독 책임이 있다.

② 승객 및 수하물 보안검색

- 승객 및 휴대물품과 위탁 수하물 보안검색 및 총기류 및 위험물품 처리 절차를 명시한다.

③ 항공기 보안

- 항공보안에 매우 중요한 요소인 항공기 보안절차를 서술한다.(운항 전 · 후 항공기 점검 절차, 출입통제 규정, 해외공항 보안활동 내역 등)
- 항공기 보안 체크리스트Checklist에 따른 상황별 점검을 실시한다.

④ 기내식 및 저장품 보안

- 기내식 보안 일반 및 포장에서 탑재까지의 전과정을 감독 및 통제 강화한다.

⑤ 화물보안

- 「항공안전 및 보안에 관한 법률 및 동법」 시행령, 시행규칙에 근거한 화물보안 절차 서술 및 방법을 명시한다.

- 모든 여객기의 탑재화물은 100% X-레이 검색을 행하여야 한다.

⑥ 보안 검색요원 및 보안장비

- 「항안법」에 의거 항공안전본부장이 정한 검색요원, 보안장비 기준 명시 및 항공사에 의한 규정준수 여부를 확인 명시한다.
- 보안 검색요원은 반드시 교육을 이수한 자만이 할 수 있으며, 보안장비는 항공안전본부의 고시기준을 충족해야만 한다.

⑦ 항공보안 교육훈련

- 항공안전본부장이 정하여 배포 예정인 국가항공보안 교육지침에 의거, 항공사 세부교육 훈련기준 수립 예정임을 명시한다.
- 정기 항공보안 교육은 전직원에게 반기별로 1회 이상 실시되어야 하며, 여기에는 항공사와 계약된 조업사 직원도 포함된다.

⑧ 효율성 평가

- 항공보안활동에 대한 당 팀의 보안점검 및 현장조사, 불시평가 및 모의훈련을 명시한다.
- 보안점검은 신규취항 공항 및 보안사고 또는 사건이 발생했던 공항이나 기타 정보기관에서 정한 보안 취약공항을 대상으로 실시되며, 규정 위반사항 적발 시 수검 책임자에게 이 사실을 즉시 통보하고 소명기회를 부여하고, 최종 위규사항에 대한 보고는 항공보안팀장이 작성 후 안전보안실장에게 보고한다.

⑨ 비상계획

- 「항안법」 세부운영지침에 의거한 보안 비상계획을 서술한다.(항공기납치, 항공기폭파 위협, 기내폭발물 발견, 검색장비 작동불가 등)
- 비상상황 발생 시 대응책 수립 및 사태수습의 책임은 해당국 관계기관에 있으며, 항공사는 관계기관의 요청에 최대한 협조한다.

⑩ 첨부 및 부칙

○ 규정과 관련된 각종 양식, 표를 별도로 취합 서술한다.

(2) 항공보안 Alert 단계별 정의

① Alert 단계별 정의

〈표 10.5〉 항공보안 Alert 단계별 정의

구 분	정 의
Alert 1	위협정보는 없으나 특정지역의 정치 · 사회 정세가 다소 불안하여 승무원 및 현장직원의 항공보안활동 의식고취 및 주의가 필요한 경우
Alert 2	비교적 구체적인 위협정보가 있거나 국가 중요행사 개최 또는 특정지역의 정치 · 사회 정세가 매우 불안하여 항공기의 안전운항에 위험이 있다고 판단되어 대책이 필요한 경우
Alert 3	항공사 항공기가 실제로 납치되었거나 전쟁발발 등으로 특정지역의 정치 · 사회가 극히 불안하여 항공기의 안전운항에 구체적인 위험이 있어 최고수준의 대책이 필요한 경우

② Alert 단계별 조치사항

〈표 10.6〉 항공보안 Alert 단계별 조치사항

구 분	Alert 1	Alert 2	Alert 3
운항/객실	• 공항지점과 비상연락망 유지 • 승객탑승 시 탑승권 확인	• 운항 중 30분마다 기내점검 실시 • 외출 시 단체행동 및 공항지점과 비상연락망 유지	• 운항 전 항공기 보안점검 실시 • 출 · 도착 시 30분 전 · 후 승객 이석금지 • 기내식 Sealing 직원과 상호확인 • 조종실 쪽 화장실 사용금지 : 호텔 외출금지
여객운송	• 영업장, 수하물 작업지역에 대한 순찰 강화 • 위탁 수하물 이름표 부착 여부의 확인 • 거동수상자, 의심승객에 대한 선별적 보안질의 실시 • 항공기 출입직원의 신원확인 철저 • 직원 및 관계기관 비상연락망 유지	• 승무원, 조업직원 항공기 입장 시 ID 확인 • 취약지역 순찰 강화 • 수하물 작업지역 감독자 배치로 감시 강화 • 위탁 수하물 일정비율 개봉검색 또는 EDS 검색 실시 • 탑승 시 휴대 수하물 선별 재검색 실시 • 탑승 시 승객의 ID 및 서류 본인 여부 100% 확인	• 탑승수속 지역 승객 이외 진입금지 • 항공기 주기 시 경비원 배치로 비인가자 통제 • 수하물 작업지역 경비원 배치 • 특정노선 수하물 ULD Sealing 실시 또는 이동 시 에스코트 실시 • 탑승 시 전 승객 및 휴대 수하물 재검색 실시 위탁 수하물 50% 개봉검색 또는 EDS 검색 실시 • 일정기준 이상 Late S/U 승객 수속 금지 • 공항 이외지역 접수 수하물은 공항에서 승객과 일치 재실시 또는 운영 중단

구 분	Alert 1	Alert 2	Alert 3
화물	• 일일 보안브리핑 실시 : 화물작업장 및 램프지역 순찰강화	• 비인가자 W/H 출입통제 강화 • 관리자 일일점검 실시	• 여객기에 화물탑재 금지 • 모든 화물검색 실시
정비	• 일일 보안브리핑 실시	• 특정지역의 L/O 항공기 출입문 Sealing 실시 또는 경비원 배치 • 운항 전 특정노선 항공기 보안점검 실시	• 모든 L/O 항공기 Sealing 실시 또는 경비원 배치 • 모든 항공기 운항 전 보안점검 실시
기내식		• 기내식 운송차량 • Escort 실시	• 기내식 Sealing 객실승무원 상호 확인

③ 위협정보 입수 시 처리절차

【항공보안 관련 비상사태의 유형】

- 항공기 납치 : 운항 중이거나 주기 중인 항공기에 대한 불법점유가 발생하여 정상적인 항공기 운항이 저해되는 경우
- 항공기 폭파 위협 : 폭발물 등 대량 인명살상 및 파괴력을 지닌 물건이 항공기 내에 반입되거나 설치되었다는 신고, 협박, 첩보 및 정황에 의거 항공기의 정상운항이 저해되는 경우
- 기내 폭발물 발견 : 운항중인 항공기 내에서 폭발물 또는 폭발물로 의심되는 물건을 발견하였을 경우
- 기타 항공사 항공기 운항지역 위협수준 증가 또는 고위협 항공기 운항 등 항공보안관련 별도의 대응책을 필요로 하는 경우

【운항 전 위협정보 입수 시 행동절차】

- 제보자(협박자)로부터 가능한 많은 정보를 입수(육하원칙에 의거)

> (예) Bomb Threat 전화 시
> - Where is the bomb?(for evacuation plan)
> - When will it go off?(time factor for evacuation)
> - What does it look like?(for recognition during search)
> - Who are you?(to see if the caller is from credible group)
> - Why are you doing this?(to keep the caller on the line)

- 해당 부서장(지점장)은 신속히 지역본부장 및 안전보안 실장에게 보고
- 위협대상 항공기가 운항 전일 경우에는 기장은 즉시 종합통제본부 또는 지상직원을 통하여 관계기관에 항공기 보안검색을 의뢰하여야 하며 아래사항을 의뢰하여야 한다.
  - 승객 신체 및 휴대품, 위탁 수하물, 화물, 케이터링, 기내용품 등에 대한 검색
  - 장비에 의한 검색과 개봉 확인검색 병행 실시
  - 항공기 및 보안 통제구역 경비 강화
  - 항공기 내·외부 보안점검 강화
  - 승객탑승 시 승객의 의심스러운 행동에 유의
  - 필요 시 승객신체 및 휴대품과 제반 탑재물 재검색 실시
- 보고방법
  - 정보입수 일시 및 장소Place and Time Found
  - 정보입수자 소속 직책Received By
  - 정보입수 경위Details of Threat
  - 용의자 인적사항 및 특징Personal Data and Features of the Informer
  - 제보 내용Messages
  - 조치결과Measures Taken
  - 결과Conclusion

【항공사 항공기 운항 중 위협정보 입수 시 행동 절차】

- 종합통제부
  - Company Radio 또는 유선 및 VHF/HF 무선 통신장치로 해당편 기장에게 통보한다.
- 운항승무원
  - 기장은 FOM(11.2.11.11.2.13) '운항중인 항공기의 위협정보 접수' 절차에 의거 대응 실시한다.

FOM 11.2.11.13

위협대상 항공기가 운항중일 경우에는 기장에게 즉시 통보하여 필요한 비상조치를 취하여야 하며, 전승무원은 담당구역별로 승객의 의심스러운 행동에 유의하고 조종실 출입통제를 강화하여야 한다. 비상착륙 후에는 관제탑에서 지정하는 주기 장소에 주기한다. 승객 하기 시에는 개인 수하물을 지참하고 모든 승객과 수하물에 대해 재검색을 실시한다. 필요시 항공기 내·외부 점검을 다시 실시한다.

- 기장은 사무장을 통하여 전승무원에게 위협정보 내용을 통보한다.

○ 객실승무원

- 사무장은 매뉴얼 '비행 중 파괴위협' 절차에 의거 대응을 실시한다.
- 객실승무원은 항공기 장비가 아니면서 소유자가 불분명한 의심스러운 물건이 기내에 있는지를 항상 점검한다.
- 객실에서 의심스러운 물건의 발견 시 물건의 해체를 시도해서는 안 되며, 즉시 기장에게 보고한다.
- 물건을 옮겨야 할 경우, 기장의 지시에 따라 '폭발물 피해 최소구역'으로 옮겨야 한다. LRBL : Least Risk Bomb Location 폭발물 최소구역
- 승객들을 의심스러운 물건으로부터 가급적 멀리 대피시킨다.
- 착륙 후 즉시 승객을 탈출시킨다.
- 전승무원은 담당구역별로 승객의 의심스러운 행동에 유의한다.
- 조종실 출입통제를 강화한다.
- 항공기 보안점검 체크리스트Checklist C에 의거 기내 보안점검을 실시한다.

○ 도착 공항에서는 관계 보안기관과 합심 후 보안대책을 실시한다.

- 승객 및 휴대품 제반 탑재물, 기내 재검색을 실시한다.
- 필요 시 항공기 내·외부의 보안검색을 실시한다.

5) 9·11테러 이후 항공사 항공보안 주요 진행사항

(1) 조종실 출입절차 강화

9·11테러 이후 FAA 및 ICAO에서 조종실 보안강화를 목적으로, 방탄 및 무단침입 차

단 등의 특수기능을 갖춘 Cockpit Door시스템을 항공기에 장착할 것을 의무화하였다.

① 주요 특징

- 방탄기능 및 물리적 충격에 대한 내구성
- 비인가자의 조종실 무단진입 봉쇄
- 비상시 조종실에서 탈출기능 및 객실에서 진입 가능
- 감압시 자동기압조절장치 작동
- 비밀번호Keypad 사용 조종실 진입

(2) TSA Watch List Search 시스템

TSA의 No. FLY 및 Selectee 승객의 이름을 항공사 전산망과 연결시켜 예약/발권/수속 시 자동적으로 표출되는 시스템이다.

(3) 보안담당자 임명 및 전문가 양성

ICAO Instructor 및 Air Taser Instructor, Auditor 자격취득 등 보안전문가 양성을 위한 교육을 지속적으로 실시한다.

(4) 기내 무기탑재

전자충격총Air-taser을 기내에 탑재한다.

- 배경 : 9·11테러 이후 항공보안강화 대책의 일환으로 국정원 및 국토교통부의 지시에 의거 탑재
- 탑재노선 : 미주노선YYZ, YVR 포함 및 영연방국가를 제외한 전 노선에 탑재
- 탑재장비 : 순간 5만 볼트 전압으로 목표물을 무력화 할 수 있는 비살상용 무기
- 탑재시기 : 2002년 5월 21일 이후부터 탑재

자료 : www.cnelectronicstore.com

[그림 10.14] Air Taser 및 Cartridge

(5) 사전 위험분석 기능 도입

- 목적 : 사전 항공사 취항 공항의 위협수준을 사전 평가 분석하여, 만약에 있을 보안 사고를 미리 준비하고, 항공사 직원들에게 경각심을 갖도록 하는 데에 그 목적이 있다.
- World Threat Map

자료 : FAM International Security - world Threat Map

[그림 10.15] World Threat Map

- Threat Assessment(예)

Location	AF	AM	AZ	CSA	DL	KAL
Acapulco, Mexico				NA	MEDIUM	NA
Amsterdam, Netherlands, Aruba, Athens, Greece				LOW	LOW	LOW
				NA	LOW	NA
				MEDIUM	HIGH	NA
Auckland, New Zealand, Bangalore, India, Bangkok, Thailand, Marcelona, Spain				NA	NA	LOW
				NA	MEDIUM	NA
				NA	NA	MEDIUM
				MEDIUM	MEDIUM	NA
Beijing, China, Beirut, Lebanon, Bermuda, Bogota, Colombia				NA	NA	HIGH
				HIGH	NA	NA
				NA	LOW	NA
				NA	VERY HIGH	NA
Brussels, Beigium, cairo, Egypt				MEDIUM	MEDIUM	NA
				HIGH	NA	HIGH

자료 : Korean Air

[그림 10.16] Threat Assessment(예)

(6) 녹취 및 발신자 추적시스템

- 목적 : 항공기 위협정보 입수 시 효과적인 대처를 위한 인프라 구축
- 국내공항 및 영업지점
- 통화녹음 가능 및 발신자 추적장치 표시기능 전화기
- 국내 · 외 예약센터 : 24시간 녹음 가능 및 3개월 저장기능

6) 항공위협 사례연구Case Study

(1) 국내항공사 위협정보 사례

① 샌프란시스코 공항 / 범인체포 사례

- 내용
  - 볼리비아 국적의 한 청년이 다른 항공편으로 연결되어 늦게 도착하는 여자친구를 탑승시키기 위해 4차례 항공사로 해당항공편 출발연기를 요청하였으나 거절되자, 샌프란시스코공항 안내센터에 전화를 걸어 그날 밤 서울행 항공기에 폭발물이 설치되어 있다고 위협전화 접수함
- 조치결과
  - 범인은 출발연기를 접수한 항공사 직원의 신속한 판단과 범인 여자친구에 의한 녹음된 위협전화 음성 확인으로 신원이 파악되어 FBI에 의해 체포됨
  - 범인은 징역 10월형의 실형을 선고받음

② 국내선 구간 / 범인체포 사례

- 내용
  - 최초 항공사로 "금일 서울에서 광주행 비행기에 탑승하는 승객 중 OOO라는 승객이 폭탄을 소지하였으니, 즉시 조사해 보라"라는 위협전화 접수함
- 조치결과
  - 관계기관 전파 후 녹취 및 발신자번호 확인으로 용의자 검거됨
  - 범인은 불구속입건 됨

③ 국내공항 / 범인체포 사례

- 내용
  - 친척이 일본으로 가면서 자신에게 인사를 하지 않는데 불만, 여러 사람에게 망신을 주려고 예약센터로 전화를 걸어 해당항공편에 예약된 OOO씨 수하물에 위험품이 지입되어 있다고 전화 옴

○ 조치결과

- OOO 승객 연락Contact하여, 용의자 추적하여 검거됨
- 범인은 징역 8개월에 집행유예 2년 선고됨

(2) 미 TSA/FAA 점검 사례

① HNL 공항 / 우수 사례

○ 점검사항

- FAA 점검관이 항공사 항공기가 주기된 Ramp Area에 S/U하여 Ramp담당 보안 용역 직원에게, 자신은 항공사 직원으로 Jet Bridge에 연결된 계단을 이용하여 기내로 들어갈 것을 주장함
- 동 점검관이 계속적으로 항공사 직원임을 주장하며 보안점검 없이 기내출입을 주장함에 따라, 보안 용역직원이 동 점검관의 출입을 재차 거부하며 I/D를 보여주지 않을 경우 APO Sheriff를 호출하겠다고 하자, 자신이 FAA 점검관임을 밝히고 항공사 직원의 철저한 근무자세에 대해 만족을 표시함
- 해당 용역업체에 포상금 지급(점검 우수사례)

② ORD 공항 / FAA Fine 사례

○ 위반내용

- FAA 점검관이 제한구역 출입문을 통하여 항공사 Station Manager의 뒤를 이어 허가 없이 Ramp지역으로 불법 출입 가능하였음

○ 진행사항

- FAA 지적사항 접수
- FAA에 회신 Letter 송부
- FAA Notice of Proposed Civil Penalty 접수
- Fine Amount : USD9,000

③ LAX 공항 / FAA Fine 사례

○ 위반내용

- FAA 점검관이 Test용 총기를 소지하고 문형탐지기로 통과함
- 알람이 울려 소지품을 꺼낸 후 두 번째 통과시도 시 경보음이 울렸음에도 불구하고 검색대를 통과하여 보호구역에 진입할 수 있었음

○ 진행사항

- FAA 지적사항 접수
- FAA에 회신 Letter 송부
- FAA Notice of Proposed Civil Penalty 접수
- Fine Amount : USD11,000

④ LAX 공항 / FAA Fine 사례

○ 위반내용

- FAA Special Agent가 승객으로 가장하여 탑승 수속하였으나, 보안 질의 미실시 및 Select 승객의 수하물 검색 절차 미준수함

○ 진행사항

- FAA 지적사항 접수
- FAA에 회신 Letter 송부
- FAA Notice of Proposed Civil Penalty 접수
- Fine Amount : USD22,000

⑤ DFW 공항 / FAA Fine 사례

○ 위반내용

- FAA 점검관이 승객으로 가장하여 탑승수속 후 항공기에 탑승치 않은 상태에서 암행점검 시 동 점검관의 위탁 수하물을 하기치 못하고 항공기 Push Back함에 따른 FAA 규정 위반함

○ 진행사항

- FAA 지적사항 접수
- FAA에 회신 Letter 송부
- FAA Notice of Proposed Civil Penalty 접수
- Fine Amount : USD9,000
- FAA에 벌금부과에 대한 회신 송부

⑥ GUM 공항 / 위규 사례(1)

비상용 화주Unknown Shipper 화물의 여객기 탑재

○ 위반내용

- 2002년 8월 19일에서 22일간 이행된 TSA의 GUM 공항점검에서 도큐멘트Document 점검 중 8월 12일 항공편에 비상용 화주에 의한 여객기 화물탑재가 된 것이 확인됨

○ 결과

- TSA EA 1546-01-07L의 비상용 화주에 의한 여객기 화물탑재 금지조항 위반
- Fine USD7,500

⑦ GUM 공항 / 위규 사례(2)

Wheelchair 승객에 대한 보안검색 미실시를 함

○ 위반내용

- 조업사 직원이 WCHR 승객 H/D시 TSA 검색 포인트에서 검색을 받지 않고, 경찰Police에게 Badge 및 승객여권 체크하는 절차로 보안검색 절차까지 종료되는 것으로 착각됨

○ 결과

- TSA의 전 승객에 대한 보안검색 재요청에 의해 1시간 16분 DLY

- 벌금부과

⑧ CGO Warehouse 내 비인가자 출입 미통제

ㅇ 위반내용

- TSA 점검관이 아무런 제지 없이 CGO Warehouse를 통과하여 램프Ramp까지 진입함

ㅇ 결과

- CFR 1546.101과 MSP Section 5 조항 위반
- Warning Notice로 Case Close

⑨ 고장 난 Hand Metal Detector로 보안검색 실시

ㅇ 위반내용

- 보안용역업체 직원이 기내 입장하는 청소요원 보안검색 중 고장 난 Hand Metal Detector로 보안검색 중인 것을 TSA 직원에 의해 발견, TSA 직원이 보안용역업체 직원 인터뷰 중 탑승구 검색에 대한 교육을 받지 않았다고 답변함

ㅇ 결과

- CFR 1546.407과 MSP Section 8 조항 위반
- Warning Notice로 Case Close

⑩ 보안검색 완료된 수하물 개봉

ㅇ 위반내용

- 조업사 직원이 TSA에 의해 보안검색 완료된 승객의 위탁 수하물 2개(악기)를 호기심 때문에 개봉함

ㅇ 결과

- CFR 1546.407과 MSP Section 8 조항 위반
- 재검색 실시로 항공기 Ramp Return 및 지연
- 벌금부과

항공용어 및 코드

Aviation
Transportation
& Industry

A_

ACL Allowable Cabin Load

객실 및 화물실에 탑재 가능한 최대 중량으로써 이·착륙 시의 기상조건, 활주로의 길이, 비행기의 총중량 및 탑재연료량 등에 영향을 받는다.

Actual Time of Arrival ATA

실제 도착시간

Actual Time of Departure ATD

실제 출발시간

Actual Flying Time

실제 비행시간

Address

5자리 혹은 6자리로 구성된 항공예약코드

APIS Advance Passenger Information System

출발지 공항 항공사에서 예약/발권 또는 탑승수속 시 승객에 대한 필요 정보를 수집, 미법무부/세관 당국에 통보하여 미국 도착 탑승객에 대한 사전점검을 가능하도록 함으로써 입국심사 소요시간을 단축시키는 제도이다.

Apron

계류장. 일명 Ramp. 승객, 우편물, 화물 등을 승·하기하거나 급유, 주기, 정비를 위한 항공기를 수용하기 위한 비행장 내의 구역이다.

ATM Automated Ticket Machine

자동발권기로서 보통 BSP가입 여행사의 경우 회사 자체적으로 항공권을 발생할 수 있는 ATM 발권기를 가지고 있다.

Agent

여행업계에서는 일반적으로 여행업자Travel Agent 또는 IATA 공인대리점Approval Agent 의미로 사용된다. 이 대리점Agent들이 항공권을 판매한 대가로 항공사로부터 지불받는 수수료가 Agent Commission이다.

Airline Code

IATA에서 지정한 각 항공사별 코드Code

Airport Code

전세계의 공항명을 알파벳 세 글자로 약자화하여 표기하는 공항코드

Air Tax Airport Tax

공항 이용료로 Airport Embarkation, Airport Service Charge라고도 한다.

Air Traffic Control Unit

항공교통관제기관. 항공관제소, 접근관제소, 관제탑 등 항공교통관제업무를 수행하는 기관이다.

ATR Air Ticket Request 대리점

여객 대리점 중 담보능력의 부족으로 항공권을 자체적으로 보유하지 못하고 승객으로부터 요청받은 항공권을 해당 항공사의 발권 카운터에서 구입하는 대리점을 말한다.

ASP Advance Seating Product

항공편 예약 시 원하는 좌석을 미리 예약할 수 있도록 하는 사전 좌석배정제도이다.

ATC Holding Air Traffic Control Holding

공항의 혼잡 또는 기타 이유로 관제탑의 지시에 따라 항공기가 지상에서 대기하거나 또는 공중에서 선회하는 것이다.

ATD Actual Time of Departure

실제 항공기 출발시간

ATA Actual Time of Arrival

실제 항공기 도착시간

Auth

여행사 카운터나 영업부 직원이 항공사 직원에게 항공요금 승인을 받는 경우이다.

B_

Baby Bassinet

기내용 유아요람

Baby Meal BBML

이유식

Baggage Claim Tag

위탁 수하물의 식별을 위해 항공회사가 발행하는 수하물 증표이다.

Boarding Time

각 항공사 카운터에서 항공권을 탑승권과 교체하여 C.I.Q를 통과한 후 항공기 출발 전에 승객이 기내에 탑승할 수 있는 시간이다.

BSP Bank Settlement Plan

항공사와 여객 대리점 간의 업무 간편화를 위해 도입된 제도로, 다수의 항공사와 다수의 대리점 사이에 은행이 개입하여 중립적인 항공권의 양식 배포, 판매대금 및 판매 수수료의 결제 등의 업무를 담당하는 제도이다.

Block Time

항공기가 자력으로 움직이기 시작해서부터 다음 목적지에 착륙하여 정지Engine Shut Down할 때까지의 시간이다.

Booking Class

기내에서 동일한 Class를 이용하는 승객이라 할지라도, 상대적으로 높은 운임을 지불한 승객에게 수요 발생시점에 관계없이 예약 시 우선권을 부여하고자 하는 예약등급이다.

Bulk Loading

화물을 ULD를 사용하지 않고 낱개상태로 직접 탑재하는 것이다.

Baggage

수하물. 항공기에 탑재한 여객 및 승무원의 수하물이다.

Baggage Check

항공권의 일부로서 여행객이 예탁 수화물의 운송을 약속하고, 그 여행객의 수화물에 대해 항공회사가 발행하는 수화물증을 말한다.

Baggage Claim Area

여행객이 탁송한 수하물을 찾는 곳

Baggage Claim Tag

수탁수화물의 식별을 용이하게 하기 위해 항공회사가 발행하는 증표이다.

Block

여행사나 기타 단체에서 호텔의 객실과 항공기의 좌석 등을 한꺼번에 예약하여 좌석을 확보해 두는 것을 말한다.

Boarding Pass

탑승권

C_

Complaint

승객이 불만을 표시하는 행위

Cabin Service Car

항공기 객실 기용품 상·하역 장비

Cargo Conveyor

화물/수하물 상·하역 장비

Cabin Attendant

항공기 승무원(Cabin Crew와 동일한 의미로 사용)

Cabin Baggage CBBG

Unchecked, Hand Baggage. 여객이 직접 보관하고 있는 수하물

Cabin Crew

객실승무원. 객실 내 업무를 담당하는 승무원으로서 Stewardess, Steward, Purser 등

Cancellation

결항. 기상불량이나 항공기 고장 등의 여러 요인으로 사전에 계획된 운항이 취소된 경우

Cargo Loader

Container/Pallet 하역장비

Cleaning Water Truck

항공기 외부세척 장비

Cabotage

한 국가영토(연안) 내의 상업적인 운송규제를 말한다. 원칙적으로 타국 항공사는 타국가 내에서의 국내 구간에서 운송이 금지되고 있다.

Cancellation Charge(취소료)

항공사에 예약된 좌석을 이용하지 않거나 또는 호텔의 예약된 객실을 예정대로 고객이 사용하지 않는 것에 대해 부과하는 요금을 말한다.

C.I.Q Customs, Immigration, Quarantine

세관, 출입국심사, 검역을 지칭하며 출국 또는 입국 시에 공항에서 행해지는 제반 수속절차를 말한다.

CNCL Cancel

이미 예약된 항공좌석이나 호텔 객실 등을 취소할 때 사용된다.

Carpet Cleaning Car

항공기 객실 Carpet 청소장비

Code-Sharing Agreement

특별한 항공기에 동일한 이름과 Carrier Code를 사용하도록 두 항공사 사이의 협약

Catering
기내에서 서비스되는 기내식 음료 및 기내용품을 공급하는 업무이다. 항공회사 자체가 기내식 공장을 운영하며 Catering을 행하는 경우도 있으나, 대부분 Catering 전문회사에 위탁한다.

Connection Time
어떠한 지점에 도착한 항공기에서 연결 항공편으로 갈아타는데 필요한 시간

Confirmation
확인. 항공사의 항공승객의 여정에 대해 행하는 예약의 확인

Conjunction Ticket
연결항공권

Connecting Flight
연결운항

Control Tower
관제탑

Co-pilot
부조종사

Convention On International Civil Aviation
국제민간항공협약

Customs
세관

CRS Computer Reservation System : 전산예약시스템
컴퓨터를 이용한 좌석 및 화물실 공간의 예약판매 및 관리시스템으로서, 컴퓨터 내에 저장되어 있는 각 운항편의 예약상황을 각 지점의 단말기로부터 수시로 조회하여 즉각적으로 예약에 필요한 조치를 취할 수 있도록 한다. CRS의 발달로 고객의 예약이나 발권서비스의 지역적인 한계를 넘어서서 다국 간 통합마케팅을 가능하게 하였다.

CRT Cathode Ray Tube
컴퓨터에 연결되어 있는 전산장비의 일종으로, TV와 같은 화면과 타자판으로 구성되어 있고 Main Computer에 저장되어 있는 정보를 즉시 Display해 보거나 필요시 In-put도 할 수 있다.

Charter Flight
운항구간, 운항시기, 운항스케줄 등이 부정기적인 항공운송 형태를 말한다.

CM Cargo Manifest
관계당국에 제출하기 위해 항공기 등록번호, 비행편수, 출발지와 목적지, 화물 개수, 중량, 품

목 등 탑재된 화물의 상세한 내역을 나타내는 적하목록이다.

Conjunction Ticket

한 권의 항공권에 기입 가능한 구간은 4개 구간이므로, 그 이상의 구간을 여행할 때는 한 권 이상의 항공권으로 분할하여 기입하게 되는데, 이러한 일련의 항공권을 말한다.

D_

De-icing

항공기 날개, 흡입계통 또는 구조물에 이미 형성된 얼음을 제거하는 것으로 제빙액, 제빙부트, 전기열 등이 사용된다.

DBC Denied Boarding Compensation

해당 항공편의 초과예약 등 자사의 귀책사유로 인해 탑승이 거절된 승객에 대한 보상제도

DEBIT

항공권 발권을 잘못했을 때 해당 항공사에서 여행사로 ADM Agent Debit Memo를 발송한다.

DSR Daily Sales Report

항공권 판매에 관한 일일 판매보고서

DUPE Duplicated Booking

동일한 여행객이 특정한 항공편에 2중으로 예약되어 있거나, 또는 상이한 항공편에 각각 동일한 여행객의 이름이 예약되어 있을 때 사용된다.

Declaration of Indemnity

동반자 없는 소아 관광객, 환자, 기타 면책사항에 관한 항공회사에 만일의 어떠한 경우에도 책임을 묻지 않는다는 요지를 기입한 보증서이다.

Deportee DEPO

강제 추방자, 합법, 불법을 막론하고 일단 입국한 후 관계당국에 의해 강제로 추방되는 승객

Deposit

연말연시 등 시즌에 무리한 좌석확보 경쟁으로 인한 실수요자의 피해를 방지하고, 예약 부도율의 최소화를 위해 해당기간 그룹 좌석 당 체결하는 일정금액의 담보금이다.

Dispatcher

운항관리사로 항공기의 안전운항을 위해 항공기 출발 전에 기상조건이나 비행항로 상의 모든 운항정보를 수집, 비행계획을 수립하여 기장의 합의를 받는다.

Diversion
목적지 변경, 목적지의 기상불량 등으로 다른 비행장에 착륙하는 것을 말한다.

E_

Endorsement
항공회사 간에 항공권의 권리를 양도하기 위한 것으로써, 항공권의 지정된 탑승구간을 다른 항공사로 옮기는 것을 말한다.

ETA Estimated Time of Arrival
도착예정시간

ETD Estimated Time of Departure
출발예정시간으로, 운송기관이 발행하는 시간표Time Table에 표시되어 있는 출발시각은 모두 ETD로 표시되어 있다.

Estimated Time of Enroute ETE
예정비행시간

Excess Baggage Charge
무료 수하물량을 초과할 경우, 부과되는 수화물 요금이다.

Extra Section/Flight
정기적으로 운항되지 않고 필요시마다 설정, 운항되는 부정기항로나 비행편이다.

E/D Card Embarkation Disembarkation
출입국 신고카드

Embargo
어떤 항공사가 특정구간에 있어 특정여객 및 화물에 대해 일정기간 동안 운송을 제한 또는 거절하는 행위이다.

F_

Ferry Flight
유상 탑재물을 탑재하지 않고 실시하는 비행을 말하며 항공기 도입, 정비, 편도 전세운항 등이 이에 속한다.

First Aid Kit

기내에 탑재되는 응급처치를 함

FOC Free of Charge

무료로 제공받은 Ticket으로 Sublo와 No Sublo로 구분된다.

Fare Adjustment

운임조정

Federal Aviation Administration FAA

미국연방항공국

First Freedom

영공통과의 자유. 타국의 영공을 무착륙으로 횡단·비행할 수 있는 자유이다.

Flight

항공편

Flight Attendant

객실승무원. 항공기에 탑승하여 승객을 안전하게 운송하는 승무원이다.

Flight Coupon

탑승용 쿠폰

Flight Number

편명

Flight Stage

비행구간

Flight Stage Distance

구간거리. 이륙공항과 착륙공항 간의 거리이다.

Flight Time

비행시간

Free Boarding System

자유탑승방식. 사전 좌석예약 없이 탑승 후, 여객이 자유롭게 좌석을 사용할 수 있는 탑승방식

Free Baggage Allowance

여객운임 이외에 별도의 요금 없이 운송할 수 있는 수하물의 허용량

Frequent Flyer Program FFP

상용고객 우대제도

G_

Galley

갤리. Oven, Hot Cup, Coffee Maker 등의 시설을 갖춘 기내식을 위한 조리실이다.

Gate

게이트

Gateway

관문. 항공기가 국내에서 최초로 출발 및 도착하는 곳이다.

General Declaration G/D

항공기 입출항보고서. 항공기가 출항허가를 받기 위해 관계기관에 제출하는 서류로 항공편의 일반적인 사항, 승무원의 명단, 비행 상의 특기사항 등을 기재한 운항허가서이다.

General Sales Agent GSA

항공사의 지점이 없는 지역에 항공사를 대행하는 총판대리점이다.

Go Show

예약을 하지 않은 여행자가 여행 출발 당일에 직접 공항에 나가 대기를 하다가, 예약고객이 갑자기 예약을 취소하거나 또는 출발시간이 되어도 탑승수속을 하지 않을 경우 남는 좌석을 배정받아 항공여행을 하는 자를 말한다. 공항에서 대기하는 여행자를 Go Show Passenger 또는 Standby Passenger라고 한다.

GV

GIVGroup Inclusive Tour운임을 적용하는 경우에 항공권 면에 표시하는 코드인데, 만약 GV25라고 한다면 이는 25명을 최대 필요인원으로 하는 GIT운임을 뜻한다.

GSE

Ground Support Equipment, 지상조업장비

Give Away

기내에서 탑승객에게 제공되는 탑승기념품

G/H Ground Handling

지상조업, 항공화물, 수하물 탑재, 하역작업 및 기내청소 등의 업무

Greenwich Mean Time GMT

표준시

Ground Handling Company

지상조업사

Ground Time

한 공항에서 어떤 항공기가 Ramp-in해서 Ramp-out 하기까지의 지상체류시간이다.

GTR Government Transportation Request

공무로 해외여행을 하는 공무원 및 이에 준하는 사람들에 대한 할인 및 우대서비스

H_

Hand Carry Baggage

출국수속 시 부치지 않고 기내에 여행객이 가지고 탑승할 수 있는 수화물이다.

Hydrant Servicer

항공기 연료 급유장비

Hangar

항공기의 점검 혹은 정비를 위한 격납고

Hindu Meal HNML

소고기를 먹지 않는 힌두교인을 위한 식사

Hub Airport

중추공항

Hub & Spoke System

허브 & 스포크 시스템. 효과적인 노선망 방식

I_

IATA

국제연합의 전문기구 중 하나로서 국제민간항공의 안전유지, 항공기술의 향상, 항공로와 항공시설의 발달, 촉진 등을 목적으로 1947년에 창설되었다.

In Bound/Out Bound

임의의 도시 또는 공항을 기점으로 들어오는 비행편과 나가는 비행편을 일컫는 용어이다.

Immigration

여행자의 출입국 관리를 총괄적으로 담당하는 정부기관이다.

Inadmissible Passenger NAD

사증 미소지, 여권 유효기간 만료, 사증목적 외 입국 등 입국자격 결격사유로 인해 입국이 거

절된 승객을 말한다.

Inbound

인바운드

Indirect Route

두 지점 간의 직항노선에 의한 운항 이외의 다른 노선이다.

IRR

Irregular의 약어

Inflight Entertainment

기내오락

Instrument Navigation Flight IFR

계기비행. 항공기의 고도, 위치 및 항로의 측정을 계기에 의존하는 비행이다.

Interline Transfer

다른 항공사의 운항편으로 이어지는 여객, 수하물, 화물, 우편물의 환승, Off-line이다.

International

국제선. 한 공항과 다른 국가의 공항 간에 수행되는 수송노선이다.

International Air Carrier Association IACA

국제항공기업협회, Charter 전문항공사 단체

International Airport

국제공항

International Air Transport Association IATA

국제항공운송협회. 세계 각국의 민간항공사의 단체

International Civil Aviation Conference

국제민간항공회의

International Civil Aviation Organization ICAO

국제민간항공기구

International Date Line

국제날짜선

International Flight

국제선 비행

International Flight Stage

국제선 비행구간

International Passenger Baggage, Cargo, Mail

국제여객(수하물, 화물, 우편물)

Invalid Passenger

운송제한승객. 정신적 · 육체적 결함으로 타인의 도움이 필요한 승객이다.

Involuntary Down Grade INV D/G

A/C Change 등으로 승객의 본의와 달리 Down Grade된 승객이다.

Involuntary Up Grade INV U/G

예약 및 체크 인상의 문제로 상위등급으로 Up Grade된 승객이다.

Itinerary

여정. 여객의 여행개시부터 종료까지를 포함한 전 구간이다.

Incentive Travel

회사가 성과에 대한 격려의 의미로 직원에게 제공하는 패키지여행이다.

Infant Fare

IATA 규정에는 2세 미만의 유아에게 적용되는 운임으로 성인요금의 10% 수준에서 결정된다.

J_

Joint Operation

영업효율을 높이고 모든 경비의 합리화를 도모하며 항공협정상의 문제나 경쟁력 강화를 위하여 2개 이상의 항공회사가 공동 운항하는 것이다.

Joint Fare

결합운임. 둘 이상의 항공사가 통일된 운임을 공시하는 것이다.

Jump Seat

점프시트. 접개식의 보조석으로 승무원 좌석이다.

K_

Kosner Meal

유대교를 위한 기내식

L

Landing

착륙

Landing Fee

착륙료

Landing Permission

착륙허가

Landside

청사지역

Leased Aircraft

리스 항공기. 항공사의 공급력을 높이기 위하여 사용하는 임차 항공기이다.

Label

각종표시가 인쇄된 꼬리표TAG

Lavatory Truck

항공기 화장실 오물 수거장비

Load Factor

탑승률. 공급좌석에 대한 실제 탑승객의 비율

Loading Bridge

탑승교. 항공터미널빌딩에서 항공기까지를 잇는 통로

Local Time

표준시GMT에 대한 현지지방의 시간을 말하며 모든 운송기관, 즉 관광여행자의 운송에 참여한 교통기관이 발간하는 시간표에 게재된 출발시각과 도착시각은 모두 현지시간으로 기록되어 있다.

Light Bus

승무원/귀빈 수송장비

Load Plan

화물탑재 계획

Loading

탑재

L/F Load Factor

공급좌석에 대한 실제 탑승객의 비율(탑승객 전체 공급좌석 100)

Long Haul

장거리 운항구간

Lost And Found

유실물 취급소. 공항이나 역에 있는 유실물 취급소

Low Calorie Meal LCML LCML

비만체중 조절용 기내식

M_

Man Lift

항공기 정비 / 세척 지원(고가작업) 장비

Manual Step

승객 승 · 하기 사용하는 계단

Maximum Certificated Take-off Mass

최대이륙중량

Maximum Flying Distance

최대 항속거리. 항공기가 이륙하여 착륙할 때까지 순항할 수 있는 총 비행거리

Miss Unload

화물을 내리지 않음

Missing

분실

Mis-connection

접속불능. 항공편이 지연 및 회항으로 예정된 항공편에 연결되지 못하는 것이다.

MAS Meet & Assist Service

VIP, CIP 또는 Special Care가 필요한 승객에 대한 공항에서의 영접 및 지원업무이다.

MCO Miscellaneous Charges Order

제비용 청구서, 추후 발행될 항공권의 운임 또는 해당 승객의 항공여행 중 부대서비스 Charge를 징수한 경우 등에 발행되는 지불 증표이다.

MCT Minimum Connection Time

특정 공항에서 연결편에 탑승할 경우 연결편 항공기 탑승 시 소요되는 최소시간이다.

N_

National Flag Carrier

국적기. 국제항공에서 국가를 대표하는 항공사

NOTAM Notice To Airmen

운항 통제정보

NIL

None의 약어

Name To Be Axised NTBA

예약 시 명단을 주지 않았으나 추후에 명단을 통보하겠다는 의미이다.

Non Endorsable

항공사가 항공권을 발행할 때 항공권편이나 타 항공회사 항공편으로 변경 불가한 경우로, 타 항공사 항공기로 탑승할 수 없도록 조치한 것을 말한다.

Non Refundable NON REF

발권 용어로는 환불을 금지하거나 제약하는 취지의 표시로서 항공권면의 Form of Payment란에 이를 기입한다. 이는 주로 할부방식 등과 같이 환불을 하는데 제약이 있는 지불수단에 의해서 항공권이 발행되거나 운임 자체가 대폭 할인되어 있어 환불을 금지하고 있는 경우에 사용된다.

Non Stop

무착륙 또는 도중 기항하지 않는 항공운항을 말한다. 즉 목적지까지 중간 기항지 없이 비행하는 것을 말한다.

No Record NOREC

항공권 상에는 예약 필이라고 기입되어 있으나, 탑승지 운송지점에서는 그 여객에 관한 예약 기록이 없는 상태를 의미한다.

Normal Fare(보통운임)

이는 1년간 유효한 운임으로서 특별운임Special Fare에 부수되는 제반 제한적인 조건이 일체 적용되지 않는 운임이다.

No-show

항공좌석을 사전에 예약하였다가 예약취소 통보 없이 탑승하지 않은 상황이다.

NO SUBLO No Subject To Load

무상 또는 할인요금을 지불한 승객이지만, 일반 유상승객과 같이 좌석예약이 확보되는 것을 말한다.

O_

Obligatory Service

필수서비스. 항공사의 잘못으로 인해 정상적인 운항을 못했을 경우에 제공되는 서비스이다.

Off Season Fare

여행비수기에 관광사업체들이 여행자를 확보하기 위해 제공하는 할인 운임이다.

Open

항공권 발권상의 용어로 탑승구간만 정해져 있을 뿐 탑승편과 일시에 관한 예약이 행해져 있지 않은 상태를 말한다.

OAG Official Airline Guide

모든 항공사의 리스트를 포함하고 있는 비행기 스케줄의 메인 가이드로, 전세계의 국내, 국제선 시간표를 중심으로 운임, 통화, 환산표 등 여행에 필요한 자료가 수록된 간행물로 수록된 내용은 공항별 최소 연결시간, 주요 공항의 구조시설물, 항공 업무에 사용되는 각종 약어, 공항세 및 CHK-IN 유의사항, 수하물 규정 및 무료 수하물 허용량 등이다.

On The Job Training OJT

실무훈련

Open Skies Policy

항공자유화정책

Off Line

미취항노선

On Line

취항노선

Overbooking

호텔이나 항공회사가 예약상태가 이미 만원임에도 불구하고 다소 취소가 있을 것으로 예상하여, 그 수용 가능한 객실과 좌석수의 예약을 접수하거나 판매하는 것을 말한다.

Over Load

초과탑재. 항공기의 최대중량을 초과하여 운항하는 상태이다.

Over Sale

초과판매. 특정 해당 항공편에 실제 공급좌석 수보다 더 많은 좌석을 판매한 경우이다.

P_

PAX Passenger

승객

Passenger Load Factor

여객탑승률. 유효좌석 킬로미터에 대한 유상여객 킬로미터의 백분율

Passenger Manifest

탑승자 명부

PDU Power Driving Unit

항공기 화물실의 화물 자동이동장치

PLT Pallet

화물 적재용기

Pilferage

도난

Potable Water Truck

항공기 용수 공급장비

Payload

유상 탑재량, 실제로 탑승한 승객, 화물, 우편물 등의 중량이다. 그 양은 허용 탑재량ACL에 의해 제한된다.

PNR Passenger Name Record

승객의 예약 기록번호

Pre Flight Check

객실승무원이 승객 탑승 전 담당 업무별 객실안전 및 기내서비스를 위해 준비하는 시간으로 비상장비, 서비스기물 및 물품점검, 객실의 항공기 상태 등을 확인, 준비하는 것을 말한다.

PTA Prepaid Ticket Advice

타 도시에 거주하고 있는 승객을 위하여 제3자가 항공운임을 사전에 지불하고, 타 도시에 있는 승객에게 항공권을 발급하는 제도이다.

Push Back

항공기가 주기되어 있는 곳에서 출발하기 위해 후진하는 행위로, 항공기는 자체의 힘으로 후진이 불가능하므로 Towing Car를 이용하여 후진한다.

Published Scheduled

공식스케줄. 기종 · 출발 및 도착시간을 정한 공식 운항시간계획

Purser

사무장

Q_

Quick Turn Flight

지상 체류시간이 짧은 운항편

Quarantine

동 · 식물 검역

R_

Rack Stand Container/Pallet

적재대

Ramp Bus, Vip Bus

승객수송장비

Regulation

항공규제

Return

회항

Revenue Flight

유상비행

Round Trip

왕복여행

Route

항공로

Rush Bag

긴급수송 수하물

Ramp-out

항공기가 공항의 계류장에 체재되어 있는 상태에서 출항을 하기 위해 바퀴가 움직이기 시작하는 상태이다.

Reconfirmation

여객이 항공편으로 어느 지점에 도착했을 때 다음 탑승편 출발시까지 일정시간 이상이 경과할 경우 예약을 재확인하도록 되어 있는 제도이다.

Refund

사용하지 않은 항공권에 대해 전체나 부분의 운임을 반환하여 주는 것이다.

Replacement

승객이 항공권을 분실하였을 경우, 항공권 관련사항을 접수 후 항공권을 재발행하는 것이다.

R/I Restricted Item

승객의 휴대 수하물 중 보안상 문제가 될 수 있는 Item으로 기내 반입이 불가능한 품목이다.

S_

S/T Stretcher

환자용 침상

SPCL Special

특별한

Special Fare

특별운임

SPML Special Meal

건강이나 종교, 혹은 나이, 식습관 등의 이유로 인해 항공사에서 제공하는 기내식을 섭취 불가한 승객들을 위한 특별식이며, 일반적으로 항공기 출발 24시간 전까지 주문이 가능하다. 여러 가지 이유로 인해 일반적인 기내식의 취식이 불가한 승객들의 식사이므로, 승무원은 서비스 전 반드시 해당승객이 주문한 식사가 맞는지를 반드시 확인해야 한다.

SVC Service

서비스

Ship Side

항공기 부근

Step Car

승객 승·하기 장비

Seat Configuration

기종별 항공기에 장착되어 있는 좌석의 배열

Segment

항공운항 시 승객의 여정에 해당되는 모든 구간

SHR Special Handling Request

특별히 주의를 요하여 케어Care해야 하는 승객으로, 운송부 직원으로부터 Inform을 받는다.

Short Haul

단거리 운송구간

Ship Pouch

Restricted Item, 부서 간 전달서류 등을 넣는 백Bag으로, 출발 전 사무장이 운송부 직원에게 인수받아 목적지 공항에 인계한다.

Simulator

조종훈련에 사용하는 항공기 모의비행 장치로, 항공기의 조종석과 동일하게 제작되어 실제 비행훈련을 하는 것과 같은 효과를 얻을 수 있다.

Squawk

비행 중에 고장이 있다든지 작동 상 이상한 부분이 있으면 승무원은 항공일지에 그 결함상태를 기입하여 정비사에 인도하게 되는데, 이것을 Squawk이라고 한다.

Stand By

Go Show. 예약 없이 체크인 카운터에 나타나서 좌석상황에 의해 좌석을 배정받는 여객이다.

STA Scheduled Time of Arrival

공시된 Time Table상의 항공기 도착 예정시간이다.

STD Schedule Time of Departure

공시된 Time Table 상의 항공기 출발 예정시간이다.

Stop Over

여객이 적정운임을 지불하여 출발지와 종착지 간의 중간지점에서 24시간 이상 체류하는 것을 의미하며, 요금 종류에 따라 도중 체류가 불가능한 경우가 있다.

Stopover on Companys Account

연결편 승객을 위한 우대서비스로서 승객이 여정 상 연결편으로 갈아타기 위해 도중에서 체류해야 할 경우, 도중체류에 필요한 제반비용을 항공사가 부담하여 제공하는 서비스이다.

SUBLO Subject to Load

예약과 상관없이 공석이 있는 경우에만 탑승할 수 있는 무임 또는 할인운임 승객의 탑승조건이다.(항공사 직원 등)

T_

Tag

꼬리표

Tag Torn Off

TAG 분실

Tail Post

항공기 후방 동체 지지대

Take Off

이륙

Tank Lorry

장비연료 급유장비

Tow-bar

항공기 견인용 연결대

Towbarless Tractor

항공기 견인장비

Towing Tractor

항공기 견인장비

Transporter

Container/Pallet 이동장비

Trash Car

항공기 기내 오물 수거장비

Tug Car

비동력 장비 견인장비

Tariff

항공관광객 요금이나 화물요율 및 그들의 관계 규정을 수록해놓은 요금, 요율책자

Taxing

Push Back을 마친 항공기가 이륙을 위해 이동하는 행위로, 그 경로를 Taxi Way라고 한다.

Technical Landing

여객, 화물 등의 적하를 하지 않고 급유나 기재정비 등의 기술적 필요성 때문에 착륙하는 것이다.

Timatic

승객이 필요한 정보를 업데이트된 상황에서 신속히 제공할 목적으로 200여 개국의 여권, 비자, 검역 등 해당국 출입국에 필요한 각종 여행정보를 수록한 책자Tim : Travel Information Manual를 전산화한 것이다.

Transit

여객이 중간 기착지에서 항공기를 갈아타는 것이다.

Transit Passenger

통과여객. Through Passenger

TTOL Ticketing Time Limit

매표 구입시한으로, 항공권을 구입하기로 약속된 시점까지 구입하지 않은 경우 예약이 취소될 수 있다.

TWOV Transit Without Visa

항공기를 갈아타기 위해 짧은 시간 체재하는 경우를 말하며, 비자를 요구하지 않는다.

Turn-around Time

운항회전시간. 항공기가 운항을 끝낸 후에 다음을 위해 운항을 개시하는데 소요되는 시간이다.

U_

Unloading

하기

ULD Unit Load Device

Pallet, Container 등. 화물(수하물)을 항공기에 탑재하는 규격화된 용기이다.

Unaccompanied Baggage

비동반 수하물

UM Unaccompanied Minor

성인의 동반 없이 혼자 여행하는 최초여행일 기준 5세 이상 12세 미만의 유아나 소아이다.

Upgrade

상급 클래스Class에의 등급변화를 일컬으며 관광객의 의사에 따라 행하는 경우와, 회사의 형편상 행하는 경우가 있으며, 후자의 경우 추가요금 징수가 없다.

V_

VAL

Valuable, 고가품

VIP

Very Important Person, 귀빈

Visual Flight Rules VFR Flight

시계비행. 다른 비행기, 구름, 지표면 등을 조종사가 직접 눈으로 보면서 행하는 비행이다.

Vacuum Collector

항공기 기내 가축 오물 수거장비

Void

취소표기. AWB나 Maifest 등의 취소 시 사용되는 표기이다.

VWA Visa Waiver Agreement

양 국가 간에 관광, 상용 등 단기 목적으로 여행 시 협정체결 국가에 비자 없이 입국이 가능하도록 한 협정이다.

VWPP Visa Waiver Pilot Program

미국 입국 규정에 의거, 당 협정을 맺은 국가의 국민이 협정가입 항공사를 이용하여 미국 입국 시 미국비자 없이도 입국 가능토록 한 일종의 단기비자면제 협정이다.

W_

W/H

Ware House, 창고

Waiting List

대기자 명단. 예약이 만적Full일 경우에 예약취소나 No Show를 기대하고 대기자로 등록하는 것이다.

W/B Weight & Balance

항공기의 중량 및 중심 위치를 실측 또는 계산에 의해 산출하는 것을 말한다.

Weight & Balance Sheet

항공기가 이 · 착륙할 때 항공기의 중심관계를 조사하기 위하여 중량배분을 기록한 표이다.

Winglet

비행기의 주날개 끝에 달린 작은 날개이다.

Y_

Yield Management

기업의 수익을 극대화하는 경영방식

References

국토교통부 항공정책실. 항공시장동향, 2015.

대한항공 2013지속경영보고서, 2013.

아시아나 ABACUS(주)(2014). 국제선 항공예약, Academy 항공운임 발권실무.

아시아나항공(주)(2015). 국제선 발권교육, 국제선 예약기초, 예약실무.

이형섭 · 조인환(2015). 국제항공예약.

정호진 · 현복희(2014). 항공예약실무.

토파스여행정보(주)(2015). 항공예약, 발권실무, 항공예약실무.

A. T. Wells(1999). Air Transportation, 4th ed., Wadsworth Publishing Co., pp.372–373.

ACI, Monthly International Passenger & Freight Reports.

ACI, Monthly World Traffic Reaport.

ACI, Worldwide Airport Traffic Statistics, 2012, 2013.

FAM International Security-World Threat Map.

Flight Global, Aircraft Finance, 2014.

Flight Global, Commercial Engines, 2014.

IATA, Carrier Tracker.

IATA, Economic Performance of the Industry, Mid-year, 2014.

IATA, World Air Transport Statistics, 2012, 2013.

ICAO, Annual Report of th Council, 2012, 2013.

Sports World.

스카이뉴스

연합뉴스

위키미디어

대한항공 홈페이지

대한항공카고 홈페이지

델타항공 홈페이지

싱가포르항공 홈페이지

아시아나항공 홈페이지

에미레이트항공 홈페이지

에어프랑스 홈페이지

인천국제공항 화물운송 홈페이지

인천국제공항공사. 항공통계. http://www.airport.kr

한국공항공사. 항공통계. http://www.airport.co.kr

한국관광공사. 관광통계. http://kto.visitkorea.or.kr
한국무역협회. 무역통계. http://www.kita.net
ACI, http://www.aci.aero-monthly traffic data
Airliners, http://airliners.net
airportlogistics.lodige.com
CAPA, http://www.centreforaviation.com
cargo.koreanair.com
IATA, http://iata.org
KDI, http://www.kdi.re.kr
http://ufl.edu
http://vintagraph.com
http://wright.nasa.gov
http://www.abacus.co.kr
http://www.topas.net
http://www.travelportal.co.kr
http://www.worldspan.co.kr
www.456fis.org
www.businesswire.com
www.cnelectronicstore.com
www.ctisystems.com
www.dailymail.co.uk
www.dailymail.co.uk
www.farlabs.edu.au
www.flickriver.com
www.freshgasflow.com
www.freshgasflow.com
www.hans-peter-zerwas.de
www.junglekey.fr
www.quora.com
www.suvarnabhumiairport.com
www.theguardian.com

Profile

이향정

백석대학교 관광학부 항공서비스전공 주임교수
대한항공 선임사무장 역임(18년 근무)
항공사 재직 시 여승무원 최초 박사1호 취득
『하늘을 나는 여우 스튜어디스의 해피플라이트』 저자

엄경아

백석대학교 관광학부 항공서비스전공 전임교수
대한항공 부사무장 및 객실훈련원 훈련교관 역임
대한항공 최우수 여승무원 사장표창
新한국인 교육인 부문 대상(코리아헤럴드)

연지영

백석대학교 관광학부 항공서비스전공 전임교수
아시아나항공 캐빈서비스팀, 홍보팀
금호아시아나그룹 전략경영본부
아시아나항공 고객만족팀 차장

나윤서

광주여자대학교 항공서비스과 교수
충남대학교 예술학사
세종대학교 호텔관광경영학 석사, 박사
인하공업전문대학, 백석대학교, 한국교통대학교 출강

백남규

아시아나항공 근무